基于学科核心素养的
高考日语研究

刘小珊　陈访泽　著

·南京·

内容提要

本书介绍了日语核心素养的界定及内容构成,论述了发展具有中国特色日语学科核心素养的价值,着重分析了2003年以来普通高中日语课程标准存在的问题。在此基础上,围绕十几年来高考日语评价框架、试卷难度、试题构成、备考策略等方面做了较为全面的考察和分析,既有详细的大数据统计,又有核心考点的归纳,更有考试策略的提出,层层递进,逐步深入,探求真谛。

本书自2019年开始由研究团队撰写,凝聚了研究者们的智慧和心血;团队成员由高校日语教师及中学第一线的日语教师组成,期待能够让核定的内容要素、认知水平、评价指标的实用性得到中学日语的教学验证,且在中学日语实践中进一步完善,将理论研究和教学实践做到完美的结合。

本书适合中学阶段学习日语的学生阅读,也可供从事中学日语教育的教师和管理者参考。

图书在版编目(CIP)数据

基于学科核心素养的高考日语研究/刘小珊,陈访泽著. —南京:东南大学出版社,2024.2
 ISBN 978-7-5766-1080-2

Ⅰ. ①基… Ⅱ. ①刘… ②陈… Ⅲ. ①日语课-教学研究-高中 Ⅳ. ①G633.462

中国国家版本馆CIP数据核字(2024)第002684号

责任编辑:张绍来 责任校对:子雪莲 封面设计:顾晓阳 责任印制:周荣虎

基于学科核心素养的高考日语研究
JIYU XUEKE HEXIN SUYANG DE GAOKAO RIYU YANJIU

著　　者:	刘小珊　陈访泽
出版发行:	东南大学出版社
社　　址:	南京市四牌楼2号　邮编:210096
出 版 人:	白云飞
网　　址:	http://www.seupress.com
经　　销:	全国各地新华书店
印　　刷:	广东虎彩云印刷有限公司
开　　本:	710 mm×1000 mm　1/16
印　　张:	17
字　　数:	350千字
版　　次:	2024年2月第1版
印　　次:	2024年2月第1次印刷
书　　号:	ISBN 978-7-5766-1080-2
定　　价:	48.00元

本社图书若有印装质量问题,请直接与营销部联系。电话(传真):025-83791830

前　言

　　培养学生的核心素养是世界教育改革的发展趋势，也是我国全面深化课程改革、落实立德树人根本任务所追求的重要目标之一，《基于学科核心素养的高考日语研究》便是顺应这一时代大背景来展开编写的。核心素养以培养"全面发展的人"为核心，包括"文化基础、自主发展、社会参与"三个维度，由"人文底蕴、科学精神、学会学习、健康生活、责任担当、实践创新"六大素养组成。2017年版新课标中的外语课程目标从发展学生的"综合语言运用能力"提升为提高学生的"外语学科核心素养"。日语学科核心素养具体分解为语言能力、文化意识、思维品质、学习能力四个方面。语言能力包括对语言知识的积累与理解、内化与运用、整合与创建；文化意识涵盖感知与比较、尊重与包容、认同与传播；思维品质则包含理解与分析、论证与概括、批判与创新；学习能力的内容涉及获取与选择、调控与管理、独立与合作。

　　本书用六个章节来分析国际上关于外语核心素养的界定及内容构成，论述了发展具有中国特色外语学科核心素养的价值，着重分析了2003年以来普通高中日语课程标准存在的问题：要特别重视育人价值的体现；应进一步关注学生思维品质的培养等。在此基础上，围绕近13年高考日语的评价框架、试卷难度、试题构成、备考策略等几个方面做了较为全面的考察和分析，既有详细的大数据统计，又有核心考点的归纳，更有考试策略的提出，层层递进、逐步深入、探求真谛。

　　本书适用于中学阶段学习日语的学生，以及从事中学日语教育的教师和管理者。本书自2019年开始由研究团队撰写，凝聚了研究者们的智慧和心血；团队成员由高校日语教师及中学第一线的日语教师组成，期待能够让核定的内容要素、认知水平、评价指标的实用性得到中学日语的教学验证，且在中学日语实践中进一步完善，将理论研究和教学实践做到完美的结合。

2023年8月

于广州白云山麓

目　　录

1 绪论 ·· 1
　1.1 研究背景 ·· 1
　1.2 研究现状 ·· 2
　1.3 理论依据 ·· 4
　1.4 研究目的和意义 ·· 5
　1.5 研究方法和思路 ·· 6

2 基于学科核心素养的高考日语现状分析 ·· 8
　2.1 "核心素养"概念提出的背景及我国现状 ······································ 8
　　2.1.1 欧盟核心素养框架的三个维度 ·· 8
　　2.1.2 中国特色"核心素养"的三个原则和维度 ···························· 9
　　2.1.3 核心素养框架中的外语核心素养 ······································ 11
　2.2 我国高考日语现状 ·· 12
　　2.2.1 参加高考日语的人数 ·· 12
　　2.2.2 选择高考日语的原因 ·· 13
　　2.2.3 高考日语的专业定位 ·· 15
　　2.2.4 高考日语的就业前景 ·· 16
　2.3 高考日语试题结构和布局 ·· 17
　　2.3.1 高考日语试题结构 ·· 17
　　2.3.2 高考日语时间分配及认定标准 ·· 18
　2.4 基于核心素养的高考日语评价框架及命题思想 ······················ 19

3 基于核心素养的高考日语试题难度分析 ······································ 22
　3.1 日语学科核心素养的四个要素及内容 ······································ 22
　3.2 高考日语听力试题结构和达标要求 ·· 23

3.2.1　高考日语听力卷面结构 …………………………………… 23
　　　3.2.2　高考日语听力达标要求 …………………………………… 24
　　　3.2.3　高考日语听力试题难度分析 ……………………………… 24
　　　3.2.4　高考日语听力试题考点分析 ……………………………… 25
　3.3　高考日语词汇试题结构和达标要求 ……………………………… 29
　　　3.3.1　高考日语知识运用卷面结构 ……………………………… 29
　　　3.3.2　高考日语词汇达标要求 …………………………………… 29
　　　3.3.3　高考日语词汇试题难度分析 ……………………………… 29
　　　3.3.4　高考日语词汇考点分析 …………………………………… 30
　3.4　高考日语语法试题结构和达标要求 ……………………………… 34
　　　3.4.1　高考日语知识运用卷面结构 ……………………………… 34
　　　3.4.2　高考日语语法核心考点分析 ……………………………… 35
　3.5　高考日语阅读理解试题结构和达标要求 ………………………… 36
　　　3.5.1　高考日语阅读文章体裁构建 ……………………………… 37
　　　3.5.2　高考日语阅读核心考点分析 ……………………………… 38
　3.6　高考日语写作考试 ………………………………………………… 39
　　　3.6.1　高考日语写作形式及达标要求 …………………………… 39
　　　3.6.2　高考日语写作评分标准及扣分依据 ……………………… 40
　　　3.6.3　高考日语写作主题及写作提示 …………………………… 41
　3.7　基于核心素养的日语学科人才培养 ……………………………… 42
　　　3.7.1　高考日语学科核心素养的内涵要求 ……………………… 43
　　　3.7.2　高考日语学科教学中存在的问题 ………………………… 43
　　　3.7.3　基于核心素养的日语学科人才培养途径 ………………… 44

4　基于核心素养的高考日语试卷分析 ……………………………………… 47
　4.1　日语学科核心素养的产生背景 …………………………………… 47
　　　4.1.1　日语教学大纲到课程标准的转变 ………………………… 47
　　　4.1.2　2003年版和2017年版核心素养之比较 …………………… 48
　　　4.1.3　新课标中日语课程追求的五个特性 ……………………… 49
　4.2　高考日语听力试题分析 …………………………………………… 49
　　　4.2.1　高考日语听力题型及考点分布 …………………………… 49
　　　4.2.2　听力问事类题型说明及案例分析 ………………………… 50
　　　4.2.3　听力场所类题型说明及案例分析 ………………………… 52

4.2.4　听力时间类题型说明及案例分析 ………………………… 53
　　4.2.5　听力原因类题型说明及案例分析 ………………………… 54
　　4.2.6　听力物品类题型说明及案例分析 ………………………… 56
　　4.2.7　听力数字类题型说明及案例分析 ………………………… 57
　　4.2.8　听力独白类题型说明及案例分析 ………………………… 58
　　4.2.9　听力状态类题型说明及案例分析 ………………………… 60
　　4.2.10　听力方式类题型说明及案例分析 ………………………… 61
　　4.2.11　听力人物类题型说明及案例分析 ………………………… 62
　　4.2.12　听力推断类题型说明及案例分析 ………………………… 64
　　4.2.13　听力顺序类题型说明及案例分析 ………………………… 65
　　4.2.14　高考日语听力内容范围的总结 ……………………………… 66
4.3　高考日语词汇试题分析 ……………………………………………… 67
　　4.3.1　高考日语词汇题型及考点分布 ……………………………… 67
　　4.3.2　动词类题型说明及案例分析 ………………………………… 68
　　4.3.3　名词类题型说明及案例分析 ………………………………… 72
　　4.3.4　副词类题型说明及案例分析 ………………………………… 75
　　4.3.5　形容词类题型说明及案例分析 ……………………………… 78
　　4.3.6　寒暄语类题型说明及案例分析 ……………………………… 81
　　4.3.7　日本文化知识题型说明及案例分析 ………………………… 83
　　4.3.8　外来词题型说明及案例分析 ………………………………… 86
　　4.3.9　惯用语题型说明及案例分析 ………………………………… 89
　　4.3.10　数量词题型说明及案例分析 ………………………………… 91
　　4.3.11　连体词题型说明及案例分析 ………………………………… 96
　　4.3.12　代词题型说明及案例分析 …………………………………… 98
　　4.3.13　接续词题型说明及案例分析 ………………………………… 100
　　4.3.14　高考日语词汇内容范围的总结 ……………………………… 102
4.4　高考日语语法试题分析 ……………………………………………… 102
　　4.4.1　高考日语助词题型及考点分布 ……………………………… 102
　　4.4.2　高考日语助动词题型及考点分布 …………………………… 107
　　4.4.3　高考日语动词语态题型及考点分布 ………………………… 110
　　4.4.4　高考日语敬语题型及考点分布 ……………………………… 111
　　4.4.5　高考日语授受表达及考点分布 ……………………………… 112
　　4.4.6　高考日语惯用句型题型及考点分布 ………………………… 114

4.4.7　高考日语语法内容范围的总结 …………………………………… 115
4.5　**高考日语阅读试题分析** ……………………………………………………… 115
　　　4.5.1　高考日语阅读理解及考点分布 ……………………………………… 115
　　　4.5.2　阅读细节理解题型说明及案例分析 ………………………………… 116
　　　4.5.3　阅读选词填空题型说明及案例分析 ………………………………… 117
　　　4.5.4　阅读原因理解题型说明及案例分析 ………………………………… 118
　　　4.5.5　阅读具体指示题型说明及案例分析 ………………………………… 119
　　　4.5.6　阅读指示词理解题型说明及案例分析 ……………………………… 120
　　　4.5.7　阅读词句理解题型说明及案例分析 ………………………………… 122
　　　4.5.8　阅读文章主旨题型说明及案例分析 ………………………………… 123
　　　4.5.9　阅读作者意图题型说明及案例分析 ………………………………… 124
　　　4.5.10　阅读选句填空题型说明及案例分析 ……………………………… 125
　　　4.5.11　阅读句子成分设问题型说明及案例分析 ………………………… 126
　　　4.5.12　高考日语阅读文选范围的总结 …………………………………… 127
4.6　**高考日语写作试题分析** ……………………………………………………… 127
　　　4.6.1　高考日语写作高频体裁设置 ………………………………………… 127
　　　4.6.2　议论文体裁的写作 …………………………………………………… 128
　　　4.6.3　记叙文体裁的写作 …………………………………………………… 131
　　　4.6.4　应用文体裁的写作 …………………………………………………… 137
　　　4.6.5　高考日语写作选题的总结 …………………………………………… 145

5　基于核心素养的高考日语备考策略 …………………………………………… 146
5.1　**核心素养视域下高中日语课程标准** ………………………………………… 146
　　　5.1.1　2003年版高中日语课程标准存在的问题 …………………………… 146
　　　5.1.2　高中日语课程标准的目标要求 ……………………………………… 147
　　　5.1.3　日语课程标准修订中的关注问题 …………………………………… 148
5.2　**核心素养视域下高考日语考试策略** ………………………………………… 149
　　　5.2.1　基于日语课程标准的考试策略 ……………………………………… 149
　　　5.2.2　2017年版高中日语课程标准的四项策略 …………………………… 150
5.3　**高考日语听力的考试策略研究** ……………………………………………… 151
　　　5.3.1　提高高考日语听力的策略 …………………………………………… 152
　　　5.3.2　高考日语听力的备考攻略 …………………………………………… 158
　　　5.3.3　高考日语听力的解题技巧 …………………………………………… 166

5.4 高考日语词汇出题倾向研究 …………………………………… 181
　　5.4.1 动词出题概率分析 ………………………………………… 181
　　5.4.2 名词出题概率分析 ………………………………………… 183
　　5.4.3 副词出题概率分析 ………………………………………… 184
　　5.4.4 形容词出题概率分析 ……………………………………… 186
　　5.4.5 寒暄语出题概率分析 ……………………………………… 190
　　5.4.6 日本文化知识出题概率分析 ……………………………… 192
　　5.4.7 外来词出题概率分析 ……………………………………… 199
　　5.4.8 惯用语出题概率分析 ……………………………………… 200
　　5.4.9 数量词出题概率分析 ……………………………………… 201
　　5.4.10 连体词出题概率分析 …………………………………… 204
　　5.4.11 代词出题概率分析 ……………………………………… 205
　　5.4.12 接续词出题概率分析 …………………………………… 208
5.5 高考日语语法出题倾向研究 …………………………………… 211
　　5.5.1 助词出题概率分析 ………………………………………… 211
　　5.5.2 助动词出题概率分析 ……………………………………… 212
　　5.5.3 动词语态出题概率分析 …………………………………… 213
　　5.5.4 日语敬语出题概率分析 …………………………………… 214
　　5.5.5 授受表达出题概率分析 …………………………………… 215
　　5.5.6 惯用句型出题概率分析 …………………………………… 216
5.6 高考日语阅读的考试策略研究 ………………………………… 218
　　5.6.1 阅读理解答题策略 ………………………………………… 218
　　5.6.2 细节理解答题策略 ………………………………………… 220
　　5.6.3 选词填空答题策略 ………………………………………… 220
　　5.6.4 原因理解答题策略 ………………………………………… 221
　　5.6.5 具体指示答题策略 ………………………………………… 222
　　5.6.6 指示词答题策略 …………………………………………… 222
　　5.6.7 词句理解答题策略 ………………………………………… 223
　　5.6.8 文章主旨答题策略 ………………………………………… 224
　　5.6.9 作者意图答题策略 ………………………………………… 224
　　5.6.10 选句填空答题策略 ……………………………………… 225
　　5.6.11 阅读中常见问题及对策 ………………………………… 226
5.7 高考日语写作的考试策略研究 ………………………………… 229

  5.7.1 高考写作的精神准备 ………………………………… 229
  5.7.2 高考写作的构思布局 ………………………………… 232
  5.7.3 高考写作的遣词造句 ………………………………… 234
  5.7.4 高考写作的写作技巧 ………………………………… 236
  5.7.5 高考写作的高水平要求 ……………………………… 241

6 基于核心素养的研究思考及建议 …………………………… 244
 6.1 高考日语历程及回顾 ……………………………………… 244
 6.2 高考日语试题基于核心素养的三个维度 ………………… 246
 6.3 高考学生基于学习活动的认知提升 ……………………… 247
 6.4 高中日语学科核心素养现状及原因分析 ………………… 248
  6.4.1 日语学科核心素养存在的问题 ……………………… 248
  6.4.2 日语学科核心素养存在问题的原因 ………………… 249
 6.5 提升高考日语学科核心素养的若干建议 ………………… 250
  6.5.1 关于日语学科的教学目标和理念 …………………… 250
  6.5:2 关于高考日语试题的思考和建议 …………………… 251
 6.6 高中日语学科的未来展望 ………………………………… 253
  6.6.1 语言交流的情境受到关注 …………………………… 254
  6.6.2 语篇能力的体现和提高 ……………………………… 254
  6.6.3 文化理解纳入核心素养中 …………………………… 256
 6.7 学科核心素养在日语课堂中的培养 ……………………… 257
  6.7.1 核心素养的背景及定位 ……………………………… 257
  6.7.2 思维方式和批判性品格的培养 ……………………… 258
  6.7.3 渗透思维品质和文化素养的教育 …………………… 258
  6.7.4 增加思想品德方面的教育元素 ……………………… 259
 6.8 结语 ………………………………………………………… 259

参考文献 ……………………………………………………………… 261

1 绪　　论

1.1　研究背景

习近平总书记在全国教育大会上明确要求教育的根本宗旨是"立德树人",强调"四个坚持",提出要发展学生的综合素养教育,立足基本国情,遵循教育规律,坚持改革创新,以凝聚人心、完善人格、开发人力、培育人才、造福人民为工作目标,培养德智体美劳全面发展的社会主义建设者和接班人。加快推进教育现代化,建设教育强国,办好让人民满意的教育。

为此,2020年教育部修订了《普通高中日语课程标准(2017年版)》(简称"新课标"),将核心素养纳入该修订版的核心理念,并根据学科特点得出各学科的核心素养。日语学科五个维度的核心素养成为日语教学与高考测评最核心的部分,它指导教师的备课、教学和学生的学习考试。日常的教学如何落实核心素养,中学考试测评与高考日语的命题如何落实核心素养的考查,显得尤为重要。

在教育教学上,新课标积极践行"教、学、评"三位一体,力求让学生的日语素养得到不错的发展。新形势下日语高考不仅需要符合新课标的要求,也要落实核心素养的考查。高考在新课程的落实中扮演着重要的角色,是高中教育教学的指挥棒。高考日语试题是高考外语不可或缺的一部分,新课标及核心素养与高考相辅相成、有机统一,才能使教育的根本宗旨得以达成。

中学外语教育学科课程承载着党的教育方针和教育思想,规定了教育目标和教育内容,是国家意志在教育领域的直接体现,在立德树人中发挥着关键作用。新课标明确了日语教育的定位,以人为本,优化了日语课程结构,精心挑选了知识点,增强了考试的指向性和知识的逻辑性、趣味性、选择性,全面指向学生未来的

综合发展。其中新课标还提炼了核心素养,并把它作为学科的基本理念,提出日语学科五个维度的核心素养,构建以核心素养为框架的命题思路,为高考的命题、学业质量水平标准的制定指明方向。

1.2　研究现状

　　高考日语作为高考外语学科的一个语种,肇始于我国恢复普通高等学校招生全国统一考试后的1978年,迄今已走过了45年的历程。几十年间,高考命题随着《普通高中日语课程标准》的变化,经历过若干次的变革,相关研究也在积极进行中。

　　在日语课程标准的研究方面,高升(2010)以"课标·教材·评价三位一体 强化高考日语'文化'考查"为题,上篇对日语教学中的文化元素,以及高考日语试卷"日语知识运用"文化背景知识题进行了考查和统计;下篇围绕日语的言语行为特征、恩惠意识、委婉表达、省略现象、指代词、交际用语等语言现象做出分析,提出了"深层文化"这一概念。黎伶俐(2021)指出,2017年新修订的课标与2003年教育部印发的课标相比,凝练了日语学科核心素养,更新了教学内容,研究制定了学业质量标准,增强了对教考学的指导性。张卫(2011)指出,普通高等学校招生全国统一入学考试日语学科在2011年高考中首次使用课程标准试卷。与以往相比,课程标准试卷在试卷结构的设计、试题的命制理念和考查的语言能力等方面都发生了变化,以便更好地考查学生的综合语言运用能力。本书通过分析具体试题来阐述命题者的设计意图以及在试题设计的过程中如何贯彻新课标的理念,以期对中学的日语教学产生正面的助推作用。张卫(2012)进一步提出,高考日语新课标试卷从2011年开始正式使用,根据新课标命题的试卷与旧考试大纲相比,在试卷结构、命题思路方面发生了一些变化,阅读理解部分减少了试题量,加大了对篇章的考查,并将阅读任务的真实性和多样性相结合,全面考查学生的阅读技能。同时,难易度适合考生群体特征。该研究通过分析2011年高考日语阅读理解试题,阐述考查的意图,总结试卷呈现的特点,并对中学的新课标日语教学提出若干建议。

　　关于高考日语现状与问题分析的研究,安蓉等(2021)指出,随着"一带一路"建设的高质量发展,我国对于小语种人才的需求呈井喷态势,在这样的背景下,我

国近年来选择日语作为高考科目的考生逐年增加,然而任何新事物的发展中必然存在一些问题和困难。通过研究我国高考日语制度现状,总结目前高考日语存在的问题,并提出具体的解决方案。张绍华(2022)根据问卷调查得知,河北省中学日语高考教育主要存在三个方面的问题:日语教材多样化,没有成熟的教材体系;师资力量薄弱,以大学应届毕业生为主,教师的综合素质亟待提高;高考日语运行模式以校企合作形式为主,学生需要额外支付相关的学习费用,且有很大的不稳定性。为此,应尽快完善教材体系、提高教师的教学能力、采用适当的教学模式、开展实践应用活动,从而提升我国中学教育和人才培养的国际竞争力。程青等(2018)以江苏省已开设高考日语教育的学校为调查对象,从高考日语、高考日语运行模式、高考日语教育中存在的问题、高考日语教育对高等日语教育的影响这四个方面对江苏省高考日语的发展情况进行了考察。殷志诚(2018)指出,高考日语以"容易学""提分快""题型简单"等优势,逐渐获得英语成绩不理想考生的喜爱,社会上许多针对日语高考的教育培训机构如雨后春笋般出现。不少学生因选择日语参加高考,成绩得到提升,进入了理想的高校。但也有部分培训机构培训质量堪忧,导致学生成绩受影响。高考日语难度逐年加大,也为今后高考日语的发展前景带来不利影响。

研究高考日语试卷和试题方面的成果有杨译等(2021)基于SOLO分类理论的高中日语思维结构层次的研究,这是首创的一种以等级描述为特征的学生学业评价方法。刘洋(2021)回顾高考日语阅读命题形式在21世纪"新课改"的浪潮中经历了数次变迁,这些变迁集中体现了高考日语阅读命题模式的逐步完善、新课改目标的基本实现、核心素养要求的贯彻落实和命题者对高考命题探索的坚持。该研究从考核目标与要求、文章篇数与体裁、设问数量与分值三个方面进行研究,力图还原2002—2020年高考日语阅读命题形式演进的历史。通过分析其中的变化,推测高考日语阅读命题方式在新高考改革中的发展趋势。程青等(2018)指出,高考作为衡量一个高中生在高中阶段所学知识的检测手段,几乎已经成为一个定终身的事情了。日语高考是自恢复高考后的1978年开始就已经实施的高考外语考试科目。其中高考命题随着《普通高中日语课程标准》的变化,经历过若干次的变革。其以2016年、2017年、2018年三年的高考真题为研究对象,进行比较分析研究,探讨了这三年高考真题试卷的命题难易度走向。高升(1998)提到,自恢复高考以来,普通高校招生全国统一考试日语试卷中始终没有设置写作题,这成为日语试卷与英语试卷最大

的不同点。李隽峰(1984)总结说,1983年的高考日语试题无论从试题形式,还是从试题内容来看,绝大部分是符合教育部制定的《中学日语教学纲要》的要求的。试题中去掉了一些怪题和不恰当的部分,重点考查了考生的基础知识和基本技能,检测出了考生的实际水平。

除上述几个方面之外,还有着眼于日语知识点分析、日语高考生前景的展望、试卷趋势及应对策略、高考日语教学个案等多方面的研究。文献调查结果显示,近几年有关高考日语的研究成果呈现出逐年繁荣的态势。

对高考日语研究文献的统计表明,基于核心素养的高考日语试题研究似乎很少见,其中的原因可能是我国对于核心素养的研究与欧美发达国家比较起来相对较迟。2016年的《中国学生发展核心素养》正式确定了符合我国国情的核心素养,2017年日语学科核心素养才在新课标中出现,开始受到人们的关注。在以上若干方面的高考日语研究论文中,尚未见到专门针对高考日语"核心素养"这一主题进行的研究。有的学者只是在论文中偶尔提到,并未展开叙述,这给我们的研究留下了可以大展拳脚的空间。近年来,对高考日语核心素养进行考查的倾向开始呈现,由于我国对核心素养的研究相对较晚且数量不多,所以基于核心素养的高考日语研究有待进一步加深。

1.3　理论依据

本书是基于学科核心素养的高考日语研究。"核心素养"这一概念最早由国际性组织 OECD(经济合作与发展组织,简称"经合组织")于20世纪末提出,外文称"Key Competences",直译是"关键能力"。以美国为代表的西方国家研究制定符合未来人才需要的素养标准,相继出台政策推动核心素养的发展,使核心素养成为教育与课程改革的理论支柱,成为国际教育的共识。为落实立德树人的宗旨,提升国家在世界上的竞争力,教育部研究制定了《关于全面深化课程改革　落实立德树人根本任务的意见》,倡议教育工作者要思考学生各阶段应具有的核心品质、要到达的层次和具备的能力,并把学生的综合素养与适应社会的能力作为研究制定的核心。我国教育专家根据国情将核心素养归纳为必备品格和关键能力,它是小学、初中、高中教育中培育学生能够适应整个社会变化发展和个人终身发展的素养。

不同的学者在核心素养概念的理解上存在差异。唐智松等(2018)阐释了核心素养的内涵与概念,认为核心素养不能仅从字面理解,因为它本身在概念表达上就多样、复杂。另外,核心素养应该注重量少而精,而不是多而全。褚宏启(2016)认为,核心素养关注学生社会发展需要和学生自我发展需要。它不仅要求德智体美劳全面发展,更要求关键能力的培养。核心素养是"高级的素养",它包含人文社科、科学能力等,它是高级的、全面的、跨学科的、综合的素养。我们认为尽管对核心素养概念的理解存在差异,但其内涵和本质大体相当。

日语学科的核心素养是在"发展素养"的基础上提炼出来的,它是具体的、独具日语风格的,是新课标的灵魂。它是指学生在学习日语知识、解决高考试题问题时所表现出来的必备品格、关键能力和正确价值观念。它的关键是培养学生的必备品格、关键能力和正确价值观,三者共同决定一个人在真实情境中解决问题的能力。

1.4 研究目的和意义

由于国际政治的多极化、社会生活的信息化和经济活动的全球化,外语在世界各国的交流中发挥着越来越重要的作用,外语教育已经成为国民素质教育的有机组成部分。20世纪80年代,日语正式成为我国中学外语必修课程的语种之一。日语课程的开设,是培养多元化外语人才,促进中日政治、经济、文化的需要,也是增进中日两国人民之间互相理解和交流的需要。日语是普通高中的必修课程之一,属于"语言与文化"领域,是在完成义务教育阶段的基础上实施的。

高考日语学科中提出"核心素养"这一概念,让核心素养逐渐引起日语师生的关注;立足于学生的未来发展,追求知识、语言技能、学习态度这三个层次的高度融合,而不是单一地灌输知识,授予解题技能。努力探寻高考试题与核心素养之间的内在联系,将"知识""问题""情境"三者有机融合,相辅相成。在具体应用日语学科核心素养分析试题时,从"关键能力""实际问题""真实情境""学科知识"着手进行分析,并建立这四个分析角度的试题评价框架。让日语学科五个维度的核心素养成为日语教学与高考测评最核心的部分,为教师的教学和学生的学习考试提供指导。而日常的教学中如何落实核心素养,考试测评与高考日语试卷的命题

中如何落实核心素养的考查,显得尤为重要。本研究的研究意义可归纳为以下若干点:

1) 为高考日语的师生提供指导和学习的思路

作为辛勤工作在第一线的日语教师,必须熟悉高考日语试题的考查内容及特点,才能更好地服务于教学。研究高考日语试题,可以为学生学习日语知识提供指引,同时也可以为教师的教学提供参考建议。

2) 唤起教师在教学中重视学科核心素养、用核心素养来指导日语教学与测评的意识

基于近年来对高考日语试题与核心素养一致性程度的研究,笔者发现,只有引起教师对核心素养的重视,并且使他们熟悉核心素养,才有可能培养学生具备德才兼备的综合素养,让他们成为符合国家需要的未来栋梁。

3) 为高考日语的教学工作提供思路

高考日语是对学习日语成效的检测,对日语基础知识和关键能力的考查能较好反映日语核心素养的落实情况。因此,对高考日语试题的研究也能给高考日语的命题提供反馈意见,积累经验,以便更好地指导中学日语教学和复习工作。

高考是国家选拔优秀人才的重要手段之一,是多数学子改变命运的路径,它的功能决定了历年高考的重要地位。本研究旨在对2010—2022年全国外语试卷中的日语试题做出归纳统计,通过分析日语试题考查的学科知识、真实情境、呈现方式、分值及比重等数据,发现近年来高考日语试题的命题特点和倾向,为教师的教学和学生的学习提供参考。

1.5　研究方法和思路

高考日语经历过若干次的变革,高考日语命题思路究竟呈现出怎样的发展趋势?高考日语试卷是如何体现学科核心素养的?本研究以历年高考日语题型的布局、考点的设置为重点,对高考日语试卷的沿袭和变革,即高考日语发展变化的历程做出概括性评析和研究。本研究采用的研究方法主要是文献检索法、统计分析法、案例分析法三种。

(1) 文献检索法。对中国知网文库、维基百科等数据库进行"外语核心素养""高考日语"等主题词的检索,了解高考日语的现状和存在的问题,以及日语核心

素养在教学中的体现情况。

（2）统计分析法。主要从基于学科核心素养的高考试题内容、真实情境、呈现方式、分值及比重等方面进行统计分析，通过大数据归纳和总结历年高考日语的出题倾向和核心考点。

（3）案例分析法。选取2010—2022年13年内的典型高考日语试题，从核心素养视角分析试题考查的具体表现形式。

本研究的基本思路是研究日语学科核心素养的内容要素和认知能力维度与高考日语试题考查的一致性，相信本研究可以为反馈日语核心素养培养成效及落实情况提供重要的参考依据，同时给教师的教学和学生的学习提供方向。具体思路如下：

（1）基于对一线教师的调查，了解教师和学生在高考日语的教学中存在的困惑，以及日语教师对核心素养的认识现状。

（2）基于日语学科核心素养的高考试题分析框架，对2010—2022年全国高考日语试题的学科内容、真实情境、呈现方式、分值及比重、试题特点进行统计，并结合各类型的案例做出分析。

（3）基于建立的评价指标，对日语学科核心素养五个维度与高考日语试题的一致性进行统计分析，总结两者间一致性匹配程度及差异的原因。

（4）基于以上研究思路提出高考日语教学的建设性意见。

本研究选取的案例主要锁定近13年（2010—2022年）的高考日语试题，同时也涉及前十几年的部分真题，努力做到个别维度和试题特点统计结果尽量精确。团队成员均为高校日语教师，具有多年的日语教学研究经验，但在学科核心素养建立的内容要素、认知水平的评价指标的实用性检验方面，尚需与第一线的中学教师联合做出验证，即在日语教学实践中得到证明与完善。

培养学生的核心素养必然成为未来外语教育的大趋势。高考日语是对日语学习成果的检验，能够为日语学科核心素养的构建做出一定贡献。作为资深的高校日语老师，笔者希望在学习和领会学科核心素养的内涵与外延的基础上，积极提倡高考日语落实核心素养的理念，为国家外语教育的变革贡献力量。

2 基于学科核心素养的高考日语现状分析

2.1 "核心素养"概念提出的背景及我国现状

21世纪初,各国为应对未来将要面临的种种挑战纷纷调整各自的教育政策,以美国为代表的西方发达国家开始研究制定符合未来人才需要的素养标准,相继出台政策推动核心素养的发展,掀起了以构建学生核心素养为导向的教育改革浪潮,使核心素养成为教育与课程改革的理论支柱,成为国际教育的共识。

2.1.1 欧盟核心素养框架的三个维度

核心素养是各国、各地区根据本国或本地区的实际需要,为培养能够在未来知识经济与全球化社会下具有国际竞争力的新型人才而建立的教育发展目标体系,目前国际上比较有代表性的核心素养体系有国际经合组织(OECD)DeSeCo项目组发表的核心素养系列研究报告,以及2006年欧洲议会与欧盟理事会通过的《以核心素养促进终身学习》(Key Competences for Lifelong Learning)建议案中的八大领域核心素养等。

关于欧盟核心素养从其整体框架(见表2-1)及对外语核心素养的表述可以看出,基本符合OECD提出的核心素养模型中"人与工具、人与自己、人与社会"三个维度,即每项核心素养都是"发展自我,融入社会及胜任工作所必需的",同时每项核心素养又是"一系列知识、技能和态度的集合"(见表2-2)。从"使用外语交流"这一领域核心素养来看,欧盟核心素养体系不仅从知识、技能和态度三个方面做出了具体要求(人与工具、人与自己的维度),还从总体上要求使用外语交流时必须融入相应的社会文化情境中(人与社会的维度)。可见欧盟核心素养中的

每一项素养并不是针对OECD核心素养模型中的某一维度展开的,而是多维度、多功能的概念,具有整体性和综合性,但其外语核心素养仍较多地关注外语的工具性(理解、表达、解释、交流、协调)。

表2-1 欧盟核心素养的定义及内容构成

	内涵描述
定义	核心素养代表了一系列知识、技能和态度的集合,它们是可迁移的、多功能的,这些素养是每个人发展自我、融入社会及胜任工作所必需的。在完成义务教育时这些素养应当形成,从而为学生的终身学习奠定基础
内容构成	● 使用母语交流(Communication in the mother tongue) ● 使用外语交流(Communication in foreign languages) ● 数学素养与基本的科学技术素养(Mathematical competence and basic competences in science and technology) ● 数字素养(Digital competence) ● 学会学习(Learning to learn) ● 社会与公民素养(Social and civic competences) ● 主动意识与创业精神(Sense of initiative and entrepreneurship) ● 文化意识与表达(Cultural awareness and expression)

表2-2 欧盟外语交流核心素养的定义及内容构成

	内涵描述
核心素养	外语交流(Communication in foreign languages)
定义	① 在适当范围的社会文化情境中理解、表达与解释的能力 ② 跨文化理解、交流与协调能力
知识	① 外语词汇、语法及语言表达形式等知识 ② 社会习俗与文化方面的知识
构成技能	① 口语会话、阅读和理解文本 ② 使用词典等辅助工具及自学外语
态度	① 欣赏文化多样化 ② 对语言和跨文化交流的兴趣和好奇心

2.1.2 中国特色"核心素养"的三个原则和维度

世界教育改革的发展趋势对我国深化课程改革产生了一定的影响,因此发展学生的核心素养也成为我国素质教育的必然选择。为落实立德树人的宗旨,提升

我国在世界上的竞争力,2014年国家教育部颁布了《关于全面深化课程改革 落实立德树人根本任务的意见》,提倡教育工作者要思考学生各阶段应具有的核心品质,要到达的层次和具备的能力,把学生综合素养与适应社会的能力作为研究制定的核心。进而在2016年又颁布了《中国学生发展核心素养》,提出了具有中国特点的核心素养。此后,构建学生核心素养体系的讨论和研究成为我国教育界关注的热点,高中外语课程标准的修订工作也在这样的背景下启动了。借鉴国际上有关核心素养的研究成果,吸收其科学的方法及合理的内容,构建具有中国特色的外语学科核心素养体系已经成为未来我国外语教育发展的趋势。

我国的核心素养研究课题组在借鉴国际经验的基础上,充分考虑我国的国情特点,在制定中国学生核心素养框架的过程中,重点把握"科学性、时代性、民族性"三个方面的原则,体现了对中华民族传统文化的继承与创新。作为一个能够适应全球化发展的人,外语素养是必不可少的,因此国际上都均把外语素养列为核心素养的内容之一。对我国外语核心素养研究影响较多的当数欧盟核心素养体系。

我国核心素养框架是以培养"全面发展的人"为核心,包括"文化基础、自主发展、社会参与"三个维度,由"人文底蕴、科学精神、学会学习、健康生活、责任担当、实践创新"六大素养组成(见表2-3)。其中三个维度可以大致对应OECD提议的"人与工具、人与自己、人与社会"。六大素养中虽然没有直接提到外语核心素养,但根据核心素养多维度和多功能的特征,我国外语核心素养实际已体现在三个维度的核心素养当中。比如在文化基础维度的"人文底蕴"核心素养中,包含了"人文积淀、人文情怀、审美情趣"三个基本要点,其中人文积淀重点指的是"具有古今中外人文领域基本知识和成果的积累;能理解和掌握人文思想中蕴含的认识方法和实践方法等"。

表2-3 我国发展学生核心素养的定义及内容构成

		内涵描述
定义		学生发展核心素养,主要是指学生应具备的、能够适应终身发展和社会发展需要的必备品格和关键能力
内容构成	文化基础	人文底蕴:人文积淀、人文情怀、审美情趣 科学精神:理性思维、批判质疑、勇于探究
	自主发展	学会学习:乐学善学、勤于反思、信息意识 健康生活:珍爱生命、健全人格、自我管理
	社会参与	责任担当:社会责任、国家认同、国际理解 实践创新:劳动意识、问题解决、技术应用

2.1.3　核心素养框架中的外语核心素养

只有具备一定的外语素养,才能有效获取世界其他国家人文领域的先进成果,才能在中外不同语言文化背景下加深对世界各国人文思想精华的理解。人文情怀重点是"具有以人为本的意识,尊重、维护人的尊严和价值;能关切人的生存、发展和幸福等"。而外语核心素养便是培养学生人文情怀的途径之一。具有外语素养的人具备跨文化理解的意识及能力,在与跨文化的个体沟通交流的过程中,能够尊重和包容人作为个体文化载体的存在。自主发展维度的"学会学习"核心素养是一种跨学科的素养,它与各科学习都紧密相关,核心素养研究课题组所做的调查报告指出,"学习素养在所有学科课标中高频率地被提及,体现了当前教育对学习素养的重视"。

因此,外语核心素养中自然要体现"学会学习"的核心素养内容,即"乐学善学、勤于反思、信息意识"。需要特别指出的是,社会参与维度中"责任担当"核心素养应当在外语核心素养中给予充分的体现。我国在21世纪初制定的外语课程标准主要以提升学生语言能力为出发点,在语言学习和运用方面提出了五个方面的内容标准,即"语言知识、语言技能、文化意识、情感态度、学习策略",但没有提及社会责任、国家认同和国际理解方面的要求。

2016年9月,在北京师范大学举行的中国学生发展核心素养研究成果发布会上正式公布了我国学生发展核心素养的总体框架及基本内涵,作为进一步深化课程改革的依据和出发点,该框架指导着各学段、各学科课程目标之间的垂直衔接与横向整合。高中外语课程标准的修订也将课程目标由"综合语言运用能力"提升为"外语学科核心素养",并将外语学科核心素养定义为培养"具有中国情怀、国际视野、多元文化沟通等品质与能力的人",即通过外语课程的学习,加强学生对祖国语言文化的理解,比较文化间的异同,在跨文化交际过程中理解并尊重对方,接受文化的多样性,形成正确的价值观,并能够在国际交流中传播中华优秀文化。目前提出的外语学科核心素养不仅重视语言本身的功能,更关注外语学习在培养学生人文情怀及社会责任方面的价值,即以外语学习为载体,帮助学生形成开阔的国际视野,在中外语言文化的交流中,让学生建立家国情怀,最终形成基于全球化的多元文化沟通能力。这一点是与国际组织的外语核心素养最明显的差别,体现了具有中国特色的外语核心素养。

高考外语一直是师生经常谈及的话题,不仅因为外语成绩在高考中占比较

重,也因为外语试题具有丰富的趣味性和社会性的特质。近年来,参加高考的考生基于自身英语成绩不理想、短时间内难以突破,开始选择日语等小语种参加高考外语考试,再加上日语的难度等级稍低于英语,学科知识涉及不太繁杂等原因,很多考生学起来似乎感觉比较轻松,进步比较快。各方面因素让考生开始重视日语学习,被日语的趣味性和有效性所吸引。这几年参加高考日语的考生人数呈现成倍上升的趋势,2022年更是达到了50万人之多的高峰期。这使得研究高考日语试题结合核心素养的融合显得非常必要。

2.2 我国高考日语现状

2.2.1 参加高考日语的人数

近年来,选择小语种参加高考的人数呈现逐年递增的趋势,据大数据统计,日语明显成为小语种中最热门的选项。2016—2022年全国参加高考日语的人数见表2-4。

表2-4 2016—2022年参加高考日语的人数一览

年份	高考日语人数	增长率/%	排名靠前的省份
2016	9 600人		不详
2017	16 000人	67	不详
2018	23 000人	44	广东、江苏、浙江、贵州、湖北
2019	48 128人	109	广东、浙江、江苏、湖北、山东、贵州、江西、福建、湖南、辽宁
2020	10万人	107	广东、江苏、浙江、贵州、湖北
2021	20万人	100	广东,其他不详
2022	50万人	150	不详

注:数据引自疯乐教育(https://baijiahao.baidu.com/s?id=1735960303163961160&wfr=spider&for=pc)

根据2019年一份网络数据的统计结果,全国参加高考日语的人数排名前十的省份如表2-5所示。(除辽宁省外均有较大幅度的增加。)

表 2-5　2019 年各省市参加高考日语的人数排名

省份	人数	排名
广东省	9 916 人	第一
浙江省	6 401 人	第二
江苏省	5 574 人	第三
湖北省	3 732 人	第四
山东省	3 614 人	第五
贵州省	3 222 人	第六
江西省	3 154 人	第七
福建省	1 851 人	第八
湖南省	1 504 人	第九
辽宁省	1 359 人	第十

注：数据引自疯乐教育（https://baijiahao.baidu.com/s？id=1735960303163961160&wfr=spider&for=pc）

2.2.2　选择高考日语的原因

为什么每年选择高考日语的考生呈现井喷式的态势？根据对高考日语大纲的解读、对历年试卷的分析以及对相关任课教师和考生的问卷调查，我们归纳出高考日语的几个优势。

1）日语考试词汇数量少

现行的考试大纲规定了高考日语测试的基本范围，词汇数量约为 2 400 个。其中涵盖日语课程标准规定的课程词汇，以及考试部门的大纲制定专家组确定的日常生活中比较贴近学生生活、较为常用的、非课标词汇。此词汇范围的规定基本接近于日本语能力测试 N3 级所要求的约 2 500 个词汇量。这意味着想参加高考日语的考生只要在中学外语学习的几年中，日语能达到 N3 级的水平就可以参加高考了。

2）日语拥有大量汉字词

中国与日本是同属汉文化圈的国家，这对于参加高考日语的考生是最大优势。日语受汉语影响很深，大量使用汉字，所以没有学过日语的同学都能看懂 50% 左右的试卷内容。对中国学生来说，日语是一门相对简单易学、容易考取高分的外语。据调查，很多选择学习日语的学生，有的出于对日本动漫的喜好，有的想日后从事中日文化交流的工作，更多是因为日语中有着中国人所熟悉的汉字。日语汉字源自中国的繁体文字，这似乎成为中国人学习日语具有的得天独厚的优

势。即便是一个从未学过日语的中国人,他们看到日本大街小巷琳琅满目的宣传广告,或翻阅一份日文报纸和杂志,凭借着汉字词语的引导,也能猜懂不少意思。这便是很多中国学生选择高考外语时弃英从日的主要理由之一。出于同样的原因,也有不少日本人因此而选择学习中文。因为汉字的缘故,日语的阅读变得简单了许多。一般只需要60~100个课时的学习,人们基本就能看懂一般的指示性文字,如日文简介、导游图以及一般的新闻,也能跟日本人做简单的日常交流。这对于耗费多年来学习英语的人来说,是不可想象的事情。

3)考试的题型基本固定

纵观历年的高考日语试卷,每年大致上延续了前几年的考试风格,考试题型没有发生变化,保持着相对的稳定性和全面性。在每年的高考大纲和考试说明的指导下,历年试题的整体难度基本持平,充分覆盖了考生应该掌握的日语语言知识,适合相应的语言能力。因为高考日语的难度和题型基本都是固定的,那些想用日语代替英语参加高考的考生,完全可以参照往年的考试题型,在扎实掌握必备的语法知识的基础上,加强听力和阅读的强化训练。有了集中的、系统的、大量的专项练习,学习就可以由量变达到质变。

4)日语平均分数高出英语25分

熟悉高考的人都应该了解,高考试卷分为两种形式:一种为全国统一试卷,一种为各地自主命题试卷。在高考外语试卷方面,各地自主命题水准多受城市国际化程度的直接影响。国内经济发达的城市和地区,从社会到学校、家庭对英语教育一直高度重视,中学生整体的英语水平逐年提高,所以这些城市和地区自主命题的高考外语试卷的考查程度通常会高于全国平均水平,外语试卷的出题难度较大。相对而言,高考小语种除少数城市外,一般只有全国试卷。日语试题需均衡考虑,基于国内不同地区的教学水平差异,以全国平均水平出题,可想试题难度不会太大。考生可以参加其他科目的自主命题考试,而外语科目则参加日语的全国试卷考试。这样可以避开难度较大、短时间内难以有突飞猛进希望的英语考试,达到提高外语分数的目的。

5)日语有望在不长时间内取得突破

参加高考日语的大部分考生学习日语的时间为3年左右,即从高一,最迟高二开始学习比较合适,越早接触日语越有利于参加高考日语,因为有足够的时间能强化训练和提高答题正确率,在高考中考生可以得心应手地完成各类题目,轻松提高外语分数。有的考生到高三阶段才从零开始学习,难度会较大,时间上会

比较紧迫,毕竟还有其他的科目需要准备和复习。当然其中会有一些特殊的例外,有一些高三考生仅通过半年以上的集中学习和冲刺,也有望掌握基本的日语知识考点,平均达到70~90分,不过仅仅半年的学习时间终究具有较大的不确定性。

6)考纲提供了高考日语的基本范围

因为考试大纲是高考命题的依据,所以大纲规定的词汇自然就是高考试题命题时参考的词语范围。但是考试大纲规定的约2 400个词汇也不是每年都会出现在试题中。在高考日语中,听力、日语知识运用(词汇和语法)、阅读理解、写作部分会出现或使用到一部分词汇。例如阅读理解部分,虽然文章篇幅较长且主题较为丰富,可能会出现较多的词汇,但高考阅读理解部分的文章数量和考查的内容范围毕竟有限,也不可能出现太多超出大纲的词汇,有些生僻的词汇甚至会以加注的形式进行补充说明。研究团队通过分析近几年的高考试题发现,约2 400个词汇中有一些是高考常考、必考的高频率词汇,其中大约有1 000个词,考生需要重点掌握和熟悉。与以往的高考英语做一对照,高考日语具有表2-6中的几个特点。

表2-6 高考日语和高考英语对比一览

特点	高考日语	高考英语
参加人数	参考学生人数逐年增长,但数量尚不多	参考学生人数众多,层次相差较大
学习时间	学习日语、冲刺高考的时间约为2~3年	学习英语的时间最长达到12年
词汇量	考纲所规定的词汇量约为2 400个	考纲规定的词汇量约为4 500个
词汇	词汇中含有70%的汉字词汇,容易掌握	全是英文词汇,对于中国学生没有阅读上的优势
	试题有四种类型,形式基本上固定	试题类型有六大类,构成复杂且有相当难度

2.2.3 高考日语的专业定位

经常会有一些考生和家长在选择外语考试语种的时候提出这样的担心,高考选日语在高校录取时候是否会有影响?进入大学后好选择专业吗?据我们的调查了解,目前我国境内的大多数高校的很多专业,对考生高考时选择的外语语种

并没有严格的限制。很多学校均录取英语,或规定的小语种,但考生在通常情况下可根据自己的喜好选择高校和专业。一般以下情况可能会有所限制:

(1) 英语、翻译、对外汉语、外交、国际经贸等,这些专业大都接受英语考生。

(2) 军队、航海、航天、航空、警察类别的仅接受英语或俄语专业,国防生一般只招收英语考生。

(3) 部分特别需要用英语开展教学的专业,如中国和英语国家的合作办学专业可能不招收非英语考生,或在大学教学过程中会采用全英教学的专业。

(4) 各院校最新招生简章中,明确规定的不招收小语种考生的其他专业。部分高校入学后不开设小语种外语课程,统一采用英语作为外语语种,由此会对考生高考外语语种的选择造成一定的限制。

不过,对于中文、历史等专业,日语考生是有很大优势的,日语不仅仅具有高考外语提分的优势,也将成为在大学学习、从事研究的绝对优势。

2.2.4 高考日语的就业前景

外语教育和高考的多样化是未来不可忽略的趋势,不论家长还是学生对新鲜事物的接受度越来越广,所以才会有越来越多的学生选择高考日语。从长远的发展来看,选择高考日语还是有很多进一步深造学习和就业的好处。

1) 方便申请留学

随着中日关系的改善、中日文化交流的日益频繁,申请去日本留学的年轻人有增无减。日本各个大学对申请人员的日语成绩是有一定要求的,一般要求达到 N2 级或 N1 级的水平,才有可能获得入学录取通知书。学生若有在中学阶段学习日语 2~3 年的经历,进而通过高考日语获得在大学阶段继续学习日语的机会,同时完成专业课程学习,一旦有申请赴日留学、赴日做交换生等机会,这些学生具备绝对的优势完胜其他日语水平较低、甚至是零基础的同学。

2) 就业前景看好

随着经济全球化的高速发展,复合型国际化的人才是目前高校毕业招聘市场上最为稀缺的人才资源。你若拥有一个较为理想的专业,又同时具备英语和日语的水平考试等级证书,这将意味着在当今这个竞争激烈的时代,你具有更多的外语技能,有望从众多应聘者中脱颖而出,获得从事国际化交流工作的机会。

2.3 高考日语试题结构和布局

2.3.1 高考日语试题结构

关于高考日语的试题结构,历年的考试题型的构成是:考试分数满分 150 分,时长 120 分钟,考试题目类型分为听力(30 分)、日语知识运用(40 分)、阅读理解(50 分)、写作(30 分)4 个部分,其中作文基本上要求字数在 300~350 字。对各部分试题的具体解析如下:

1) 听力

听力由两节录音内容组成,满分为 30 分。第一节设有 7 个小题,每小题 2 分,满分 14 分。要求考生认真听 7 段录音,再根据每段录音后设置的 1 个小问题,从试卷中给出的 A、B、C 三个选项中选择最佳选项。听完每段录音后,考生大概有 10 秒钟的答题时间,每小题的录音仅播放 1 遍。

第二节设有 8 个小题,每小题 2 分,满分 16 分。要求考生认真听 4 段录音,每段录音后设有 2 个小问题,考生从试卷所给的 A、B、C 三个选项中选出最佳选项。听每段录音前,考生有时间阅读听力部分的各个小问题,每题约为 5 秒钟,听完录音后各小题有 5 秒钟的答题时间,每段录音读 2 遍。

2) 日语知识运用

日语知识运用涵盖日语词汇知识和语法知识两项内容,共计 40 小题,每小题 1 分,满分 40 分。要求考生根据题目内容,从 A、B、C、D 四个选项中选出最佳选项。这部分的试题全部为单选题。

3) 阅读理解

阅读理解共设置 20 小题,每小题 2.5 分,满分 50 分。这部分提供 4 篇短篇和中篇阅读文选,每篇文章后设有 5 道四择一的选择题,要求考生在阅读和理解文章的基础上,从每个题目后所给的 A、B、C、D 四个选项中选出符合文章内容的最佳答案。

4) 写作

日语写作是高考日语中的得分重头戏,在高考日语中日语写作的分数占到了 30 分,是整个试卷得分比例的 20%。日语写作出题大都为日常生活相关的方向,规定了较为开放的写作要求。对于考生来说,写作空间大,这反而是高考日语中

比较难的部分。

本研究在对2010—2022年13年内高考日语试卷进行梳理的基础上,将4个部分的考试范围、试题数量、题目分值等归纳如表2-7所示,提供给一线上课教师和准备考试的学生们参考。

表2-7 2010—2022年高考日语试卷试题的分布一览

年份	题型								总分/分
	听力		日语知识运用				阅读理解(4篇文章)/(2.5分/题)	写作分	
	第一部分/(2分/题)	第二部分/(2分/题)	词汇题/(1分/题)	语法题/(1分/题)	句型题/(1分/题)	日本社会文化知识/(1分/题)			
2010	7	8	14	13	12	1	20	30	150
2011	7	8	18	14	7	1	20	30	150
2012	7	8	18	14	7	1	20	30	150
2013	7	8	12	18	9	1	20	30	150
2014	7	8	16	13	10	1	20	30	150
2015	7	8	17	12	10	1	20	30	150
2016	7	8	13	16	10	1	20	30	150
2017	7	8	12	15	12	1	20	30	150
2018	7	8	15	14	10	1	20	30	150
2019	7	8	17	16	6	1	20	30	150
2020	7	8	12	17	10	1	20	30	150
2021	7	8	16	13	10	1	20	30	150
2022	7	8	21	14	4	1	20	30	150

2.3.2 高考日语时间分配及认定标准

高考日语试卷难易度级别、构成、评定标准见表2-8所示,听力、日语知识运用、阅读理解、写作4大部分所占时间、题量、分数各不相同。

表 2-8　高考日语试卷难易度级别、构成、评定标准

级别	构成				评定标准
	类别	时间/分钟	题量/道	分数/分	
N3级左右	听力	20	7+8	30	掌握较高难度的语法、汉字（800字左右）、词汇（2 400词左右），具有对一般事物的表达能力，能读能写（学习日语600个课时左右，达到完成中级日语课程的水平）
	日语知识运用	30	40	40	
	阅读理解	45	20	50	
	写作	25	1	30	
	合　计	120	76	150	

根据高考日语的出题难度，可判断其处于日本语能力测试N3级的水平。参照N3级的日语标准，我们对高考日语试卷中4个部分试题的基本要求归纳如下：

（1）在一定程度上能够理解日常生活中使用的日语；

（2）能够阅读、理解并写出围绕日常话题的文章；

（3）能够从报纸的标题等很好地获取信息的概要；

（4）对于有一定难度的文章能够进行置换表达、理解文章的主旨思想；

（5）在日常场合能够听懂接近正常语速的连贯对话，结合出场人物的关系等能够大致掌握对话的具体内容。

按日本语能力测试N3级的描述方法，可以用日文归纳如图2-1所示：

● 日常的な場面で使われる日本語をある程度理解することができる。

● 日常的な話題について書かれた具体的な内容を表す文章を読んで理解し、書くことができる。

● 新聞の見出しなどから情報の概要をつかむことができる。

● 日常的な場面で目に觸れる範囲の難易度がやや高い文章は、言い換え表現が与えられれば要旨を理解することができる。

● 日常的な場面で、やや自然に近いスピードのまとまりのある會話を聞いて、話の具体的な内容を、登場人物の関係などとあわせてほぼ理解できる。

图 2-1　基于高考日语四部分试题归纳得出的日语水平要求、评定标准（日文描述）

2.4　基于核心素养的高考日语评价框架及命题思想

新课标对高考日语试题的命题做了明确的要求：必须将日语学科核心素养

的考查具体落实,准确把握高考试题与核心素养之间的内在联系。将"知识""问题""情境"三者有机融合,使之相辅相成。在具体分析体现日语学科核心素养的试题时,可以从"关键能力""实际问题""真实情境""学科知识"入手,并建立这四个分析角度的试题评价框架,如图2-2所示。

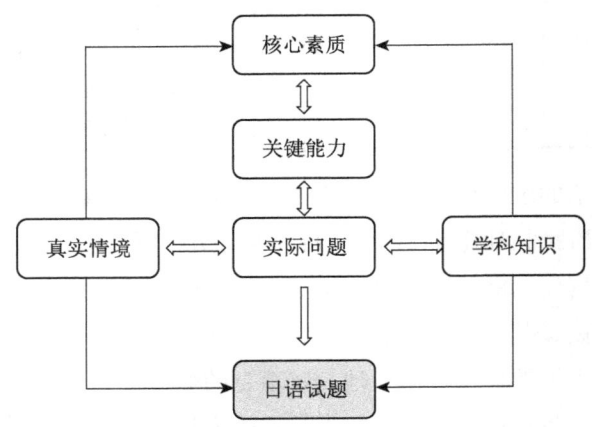

图2-2　基于核心素养的高考日语评价框架

基于核心素养的高考日语评价框架,我们根据对13年高考日语试题的大数据统计,发现每一年的转变轨迹直接反映出高考日语命题思想正在从知识立意转向素质能力立意,并呈现出以下几个特征:

1) 试卷长度及分值基本不变,坚持核心素养教育

从表2-7可以看出,13年间高考日语试卷无明显加长趋势,这意味着对信息量的要求趋于平稳。"听力"第一部分7题、第二部分8题,共计40分,"阅读理解"部分4篇短篇或中篇文选、20道理解题,以及"写作"部分300~350字的要求、30分的分值等都保持不变,只有"日语知识运用"部分词汇、语法、句型的考点比例略有变化,其中的"日本文化知识"每年都为1题。40道试题的分值为1分/题,13年均无变化。

2) 技能类试题基本保持不变,突显实际情境实例

自1998年开始设置写作题、2001年开始设置听力题以后,需要考生通过"听"来接受的信息量、通过"写"来产出的信息量加大,这些年来以考查"听、说、读、写"等语言技能为目的的"听力""阅读""写作"基本保持不变。

3) 题型完成由繁到简的整合,关键能力得到重视

高考日语的题型经过十几年的改革,发生了蜕变。13年来,高考日语试卷的

大题划分逐渐由按考查方式划分转变为按语言技能划分。题型种类也完成了由繁到简的整合，大题数目明显减少。虽然试卷长度比十几年前有所增加，但整个试卷的布局显得更加简洁、明朗化。

4）更关注信息传输的有效性，学科知识融会贯通

受传统外语教学观念和教学法的影响，以前在设计高考日语试题时往往倾向于对语法精确性的要求，强调日语的语法、词形变化等细节部分是否准确无误。而近十几年来日语试题设置听力、阅读理解、写作等的命题出发点几乎都围绕着"信息"这个宗旨。听力着重考查考生能否获取会话或独白中的重点信息；阅读理解考查考生能否读懂文章中作者所要传递的信息；写作考查考生能否较好地使用日语表达信息；即全面检测考生能否通过听、读、写等手段，正确地接受和产出信息，而不再是单纯地考查考生准确复现日语知识的能力。这似乎已成为目前或将来高考日语的追求目标。

3 基于核心素养的高考日语试题难度分析

3.1 日语学科核心素养的四个要素及内容

日语学科核心素养具体分解为语言能力、文化意识、思维品质、学习能力四个方面。语言能力包括对语言知识的积累与理解、内化与运用、整合与创建；文化意识涵盖感知与比较、尊重与包容、认同与传播；思维品质包含理解与分析、论证与概括、批判与创新；学习能力涉及获取与选择、调控与管理、独立与合作（见图 3-1）。

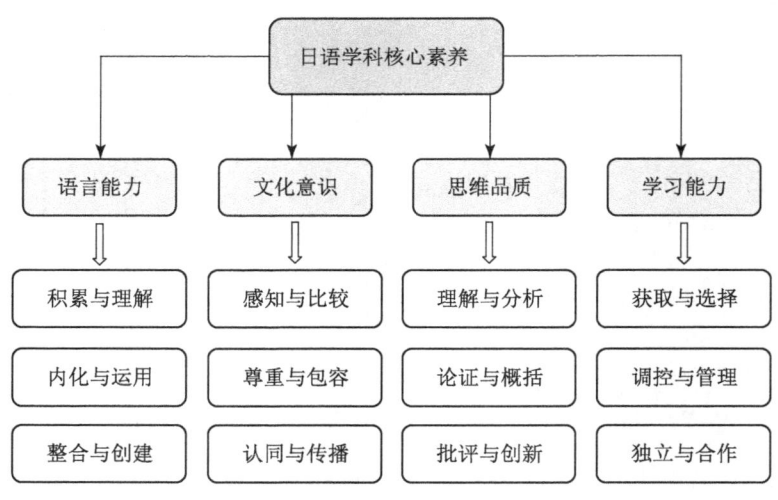

图 3-1 日语学科核心素养的内涵

对于高考日语试题的研究，学科核心素养聚焦为什么考，即育人目标。育人目标是落实立德树人的必要条件，是高考试题中各方面要传达的核心。这些核心

目的对高考命题有积极的指导作用,同时也为学科核心素养的五个维度在试题中的一致性分析提供参考。我们知道学科素养主要从实践探索、思维方法、学科观念、态度责任四个方面进行构建。日语的核心素养则是语言知识探究和创新意识、证据推理和模型认知、宏观辨识和微观探析、科学态度和社会责任、变化观念和平衡思想,这些素养是高考日语出题的宗旨。为此,我们将各个核心素养维度的内容和高考日语的四个考核内容(听力、日语知识运用、阅读理解、写作)的结构和测试要求作为考察对象。

3.2　高考日语听力试题结构和达标要求

听力是学习外语的人与外国人直接交往中必不可少的一种语言能力。该部分要求考生听懂有关日常生活中所熟悉话题的简短独白和对话。

3.2.1　高考日语听力卷面结构

高考日语听力卷面结构如表3-1所示。

表3-1　高考日语听力卷面结构

听力部分	录音和问题数量	分值分布	播放录音
第一节	共计7段录音 每段设置1个问题	每小题2分 共计：14分	每段录音播放1遍
第二节	共计4段录音 每段设置2个问题	每小题2分 共计：16分	每段录音播放2遍

新课标和考试大纲对参加高考日语考生的具体要求如下:

(1) 理解主旨要义。任何一段对话或独白总会围绕一个主旨或者一个中心思想展开,有时主旨要义会比较明确,有时则会贯穿整个对话或独白,考生需要自己去归纳、概括。

(2) 获取事实性的具体信息。为了说明和支持主旨,对话或独白中总会出现一些具体信息,如时间、地点、人物等。这些信息是理解和把握对话或独白主旨必不可少的内容,也常常是听力部分重点考查项目之一。

(3) 对所听内容做出简单推断。话语发生的场合、说话者之间的关系等,对话语含义的理解起着举足轻重的作用,对这些背景知识的推断能力在一定程度上

可以体现一个人对口语的理解能力，因而也是听力测试所要考查的重点项目之一。

（4）理解说话者的意图、观点或态度。一般来讲，说话人总会有说话的意图，提出或回答问题，阐述自己的想法，或是表明自己的态度或意见，对此的理解或推断在一般交往中非常重要。有时说话人的意图或观点是明说出来的，有时则是隐含在对话的字里行间，需要听者自己去揣摩、推断。

3.2.2　高考日语听力达标要求

高考日语听力达标要求如图3-2所示，要求考生在日常场合能够听懂接近正常语速的连贯对话，并能够结合出场人物的关系等大致听懂对话的具体内容。

按日本语能力测试N3级的描述方法，可以用日文归纳如下：

> 日常的な場面で、やや自然に近いスピードのまとまりのある会話を聞いて、話の具体的な内容を、登場人物の関係などとあわせてほぼ理解できる。

图3-2　高考日语听力达标要求（日文描述）

3.2.3　高考日语听力试题难度分析

1）内容方面

高考日语的听力考试分为两大部分：第一部分有7段简短的对话或独白，第二部分包括4段长度适宜的对话或独白。每段对话或独白的内容多为日常生活中的一般题材，涉及人们日常的衣食住行、学习和工作等。谈话主题大都是文化习俗、社会问题等方面的常见话题，也不乏教育、体育、科普、人情等方面的基本知识。

2）词汇方面

基本上限于高考日语考试大纲的词汇规定范围。录音中的男女对话所使用的词汇均属于口头交际用语，也就是日常生活和学习中最常见、使用频率最高的词汇，很少出现书面语、专业术语和学术用语。

3）语法方面

听力部分日语对话中的句子结构都比较简单，句子的长短基本稳定，句型规范，多为简单句，很少有复合句。还有一个特点是省略句比较多，考生需要从对话或独白的上下文、对话的语气，以及谈话双方的语感等各方面来做出正确的推断。

4）题型方面

高考日语听力题型非常单一，主要是听录音选答案。听力的第一节，每段录音不到1分钟。第二节的录音每段在1分钟左右，播放2遍。每个问题都有3个

选项,会给考生 5～10 秒的答题时间。

5) 语速方面

高考日语听力的语速一般不会很快,用大家熟知的日本语能力测试和 J.TEST 考试来比较的话,高考日语听力的难度相当于日本语能力测试的 N3 级水平,或者 J.TEST 考试的 F～G 级别,而且语速也略慢于 N3 级和 F～G 级别。考生只要平时听力训练达到足够多的时间和练习量,考试时不用担心会跟不上录音的语速和节奏。

6) 难度方面

从最近 5 年高考日语试题的整体情况来看,题目的难易程度相差不大。听力部分出现的词汇大都比较简单,大致相当于日本语能力测试 N5～N4 级的水平。不过录音中会出现一些干扰的因素,尤其是第一部分只能听 1 遍录音,且在 5 秒钟内就必须做出正确的选择,这无疑给听力测试带来一定的难度,给考生造成一定的心理压力。

7) 设问方面

高考日语的听力设问一般简单直白,基本上都能从录音中直接得到正确答案。例如关于时间或数字类型的题目,即使可能稍微绕一下弯,但找到正确答案也不难,通常将录音中提到的数字做一下相加,便可得出正确答案。不过也有的问题会绕个弯,像设置了一个陷阱,如果考生只是粗略地听录音,在没有完全听懂录音意思的前提下选择答案,就有落入设问陷阱的可能性。

关于听力试题,首要的任务是理解一段录音的主旨、中心思想。这就需要考生进入录音场景中,联想在此场景下可能会发生的不同主题的录音。还可以以题目的设问为切入口,例如针对「お客さんは何を注文しますか」的设问,我们要很快确定录音的场景是购物场所,接着联想起平时所积累的相关词汇,再根据录音中的关键词、人物关系、事件发展等,对录音内容进行简单的推断,进而理解说话人的意图,并结合试题的设问做出正确的回答。

3.2.4 高考日语听力试题考点分析

面对高考外语,无论是英语、日语还是其他语种,考生最担心的恐怕就是听力考试,很多人似乎总是对听力考试不太有信心。在备考阶段,考生会耗费很多用于适应听力题型、进行专项训练的时间。基于此原因,总结试题范围、归纳语言功能、确定关键词语等工作就变得非常重要,应该为考生和指导老师提供必要的学

习资料和线索。2010—2022年听力试题核心考点归纳如表3-2所示。

表3-2　2010—2022年听力试题核心考点归纳一览

语言功能	关键词语	真题例句
陈述 主张	実は、ええ、うん、やっぱり、やっと、久しぶり、…なんです	○ **実は**ね、最近アルバイトをしすぎて、疲れているのよ。 ○ **ええ**、これからの土曜と日曜は楽になりますね。 ○ **うん**、駅の前ですね。 ○ **やっと**金曜日ですね。 ○ じゃ、**やっぱり**、図書館で勉強しましょう。 ○ 昨日は**久しぶり**の休みでしたね。 ○ ええ、フランスとイギリス**なんです**。
承接 转换	では、それでは、じゃ、じゃあ	○ **では**、会議を始めよう。 ○ **それでは**、あの本はもう読んでしまったのですね。 ○ しょうがないね。**じゃ**、半分でいいわ。 ○ **じゃあ**、すみません。ご馳走様です。
转折 逆接	…のに、でも、しかし、…けれど、…けど、…が	○ 家で雑誌でも読んで過ごそうと思っていた**のに**。 ○ **でも**、気に入っているから。 ○ 天気は悪い。**しかし**、出発しよう。 ○ 私はいいと思います**けれど**。 ○ 一万円だった**けど**、今回は六千円ぐらいにしたいわ。 ○ さっき調べました**が**、ほしいのがないんです。
询问 疑问	…でいいですか、特に…か	○ じゃあ、土曜日の十時**でいいですか**。 ○ イギリスが**特に**好きです**か**。
原因 理由	…から、ですから、だから、…ので	○ お風呂は沸きます**から**、お先にどうぞ。 ○ 天気がいい**ですから**、散歩に行きます。 ○ まだ高校生**だから**、ちょっと高くありませんか。
许可 允诺	…てもいいです、どうぞ、いいんですか	○ その時間に工場の入り口で待ってい**てもいいでしょうか**。 ○ **どうぞ**、お上がり下さい。 ○ ほんと？**いいんですか**、先輩。 ○ 夕食は？準備しなく**ていいの**。
劝诱 提议	しよう、しましょう、どう、…に行こう、…にする(します)、…ましょうか	○ それなら、一緒に料理を作るっていうのは**どう**。 ○ じゃあ、みんなで郊外**に行こう**。 ○ できるだけ朝早く出発**しましょう**。帰りも早めにしたいわ。 ○ じゃあ、花か果物を買うお店のところ**にする**。 ○ 駅の前は込むから、病院の前**にしましょうか**。 ○ しかたがないわ。映画でも行き**ましょうか**。 ○ じゃあ、やっぱり自分の車で**行こうか**。

(续表)

语言功能	关键词语	真题例句
禁止拒绝	ちょっと、ええと、…てはいけません、いいです	○ 山は**ちょっと**。 ○ **ええと**、まだわからない。 ○ 図書館では携帯電話を使っ**てはいけません**よ。 ○ もう載せ**なくていいです**。
抱歉负疚	すみません、ごめん、ごめんなさい	○ そうですか。**すみません**。 ○ **ごめん**、先日約束を守らなかった。 ○ あっ、今日約束していたんですね。**ごめんなさい**。
预定约定	…にしようか	○ 晩ご飯、何**にしようか**な。
附和应答	はい、いいえ、ええ、そうですね、それにしよう、そうしましょう、そうだね、なるほど、あ、そう	○ **はい**、分かりました。 ○ **いいえ**、大学のプールです。 ○ **そうですね**。僕がやります。 ○ **そうですね**。お昼は何を食べたの。 ○ **なるほど**。それで、頭が痛いのか。 ○ **あ、そう**。体育も試験があるの。
愿望打算	…たい、…予定です、…ようと思う、…にしようかな、ぜひ…たい	○ ここに行き**たい**ですが、迷ってしまいまして。 ○ 明日から三日間休みですね。何をする**予定です**か。 ○ 一日目の明日は昼まで寝**ようと思います**。 ○ そうですか。私も1度古里へ帰り**たい**ですね。 ○ 私はうどんを食べたから、今度は肉**にしようかな**。 ○ 懐かしくて、**ぜひ**もう1度行って見**たい**な。
选择决定	それとも、それにします、…ようにします、…のほうが…	○ また、課長に叱られたの?**それとも**、誰かに嫌なことを言われたの。 ○ ですから、わたしはほとんどカードを使わない**ようにします**。 ○ 何時頃の電車**にします**か。 ○ 私はヨーロッパ**のほうが**好きです。
命令指示	…てください、…なさい	○ 8時45分までに学校に來**てください**。 ○ おやすみ**なさい**。
并列列举	ながら、でも、し、…たり…たりする、…とか…とか	○ 考えごとをし**ながら**歩いています。 ○ 風邪**でも**引いたの?それとも、よく寝られなかったの。 ○ 友達がみんな短い髪だ**し**、運動の時はさっぱりしていて。 ○ 休みの日には、ビデオを見**たり**音楽を聞い**たりしています**。 ○ じゃあ、服の色**とか**言葉使い**とか**で。
授受给予	…てくれる、…てやる、…てもらう、…てあげる	○ おじいちゃんが一緒に食事をし**てくれる**の。 ○ わたしは弟に日本語を教え**てやります**。 ○ ええ、來る前に、お風呂の入り方を友達に教え**てもらい**ました。 ○ その本なら、僕貸し**てあげる**よ。

(续表)

语言功能	关键词语	真题例句
比较对照	より、それより、…のほうが…より	○ お金がたくさん持つ**より**、カードのほうが便利です。 ○ **それより**、まずごみを出して。 ○ 飛行機**のほうが**新干線**より**速いですね。
传闻传言	…そうです、だって、って	○ 田中さん、日本の大学生はみんなアルバイトをする**そうです**が。 ○ 山田さん、来週の交流会は名古屋に変わったん**だって**。 ○ 来年からイギリスへ行くんです**って**、本当ですか。
拒绝否定	いや、いいえ、ううん、違う、いいですよ、ではないです、ないんだ、そうじゃないんだ	○ **いや**、私じゃないよ。 ○ **いいえ**、所によって違いますよ。 ○ **ううん**、部屋を出る時にあいさつをしなかったの。 ○ **違う**わ。今日は4日よ。 ○ A：明日時間ありますか？　B：**いいですよ**。 ○ 名古屋**ではないです**よ。お知らせでは横浜です。 ○ **そうじゃないんだ**。仕事がぜんぜん面白くないから。
频率程度	たまに、ときどき、ずっと、いつも、よく、…ことがある、ゆっくり、ほとんど、なかなか、ずいぶん	○ **たまには**　ご馳走させてください。 ○ 彼は**ときどき**映画を見に行きます。 ○ 夏休みは**ずっと**出かけていて留守でした。 ○ 私は**いつも**その店で買い物をします。 ○ 日本人は**よく**みそを食べますが、そのみそはどこでも同じですか。 ○ はい、よくわからないので、困る**こともあります**。 ○ 二日目は**ゆっくり**休みますか。 ○ この仕事は**ほとんど**完成しています。 ○ **なかなか**進まなくて、困っているんだ。 ○ 最初はイギリスかオーストラリアか、**ずいぶん**迷っていたんだけど。
感动感叹	わあ、ああ、ほんとう、あら、うれしい、はあ、悔しかった、あっ、よかったわ、いいですね、いいわね、へえ、羨ましい	○ **わあ**、嬉しい。 ○ **ああ**、不思議だわ。 ○ **ほんとう**？うれしい。 ○ **あら**、そう。それは困ったでしょう。 ○ 東京に近くて、**いいですね**。 ○ **はあ**、**悔しかった**。 ○ **あっ**、バス行っちゃった。 ○ **よかったわ**ね。授業はどう。むずかしい。 ○ **いいわね**。そんなに長く取れるの。 ○ **へえ**、夢みたい。**羨ましい**。
委婉含蓄	…でいいですか、何でしょうか、…でしょうね	○ 一杯だけ**でいいですか**。 ○ いいですけど、どんなパーティーにしたら**いいでしょうか**。 ○ はい、**何でしょうか**。 ○ でも、だんだん多くなっていく**でしょうね**。

3.3 高考日语词汇试题结构和达标要求

3.3.1 高考日语知识运用卷面结构

高考日语知识运用卷面结构如表 3-3 所示。

表 3-3 高考日语知识运用卷面结构

涉及的考点	问题数量	分值分布	占据比例
词汇辨析设问	17～20 个不等	每个小题 1 分	40%～50%
语法点设问	20～25 个不等	每个小题 1 分	50%～60%

3.3.2 高考日语词汇达标要求

高考日语词汇的达标要求在 N3～N2 级，对考生的词汇量要求大概是 2 000～2 500 个，难度中等；考点主要以 N3 级的词汇为主，其中日常词汇的理解和掌握非常重要。

按日本语能力测试 N3 级的描述方法，可以用日文归纳如下：

> 大学入試の日本語の難易度はN3～N2レベルの間にあり、受験生の語彙量に対する要求は大体2000から2500の語彙が必要です。難度は中等ぐらいであり、試験點は主にN3の語彙を主とします。それに、日常語彙の理解と把握はとても重要です。

图 3-3 高考日语词汇达标要求（日文描述）

3.3.3 高考日语词汇试题难度分析

1) 内容方面

高考日语的日语知识运用涵盖两部分内容：一是日语词汇意义的辨析和选择；二是日语语法的运用和意义辨析。40 个考点的词汇内容多为日常生活中的常用词汇，涉及人们日常的衣食住行、学习和工作等。谈话主题大都是文化习俗、社会问题等方面的常见话题，但也不乏教育、体育、科普、人情等方面的基本知识。

2) 词汇方面

基本上限于高考日语考试大纲的词汇规定范围。试题中的对话所采用的词汇均属于口头交际用语,也就是日常生活和学习中最常见、使用频率最高的词汇,很少出现书面语、专业术语和学术用语。

3) 语法方面

日语知识运用中的句子结构都比较简单。句子的长短基本稳定,句型规范,多为简单句,基本没有复合句。考生需要根据题目的前后内容、表达语气,以及句子的意义等各方面来做出正确的推断。

4) 题型方面

高考日语词汇题型非常单一,主要是看题目、看选项、四择一选答案。按照历年的出题概率,主要有动词类、名词类、副词类、形容词类、寒暄语类、日本社会文化知识类、外来词类、惯用语类、数量词类、连体词类、代词类、接续词类等12个题型。

5) 难度方面

从近13年来高考日语试题的整体情况来看,题目的难易程度相差不大。日语知识运用中出现的词汇大致相当于日本语能力测试N3级、N4级的水平。因为试题中会出现一些近义词的干扰因素,而且还需要在短时间内就必须做出正确的选择,这无疑给词汇基础不扎实的考生带来一定的难度,需要考生平时有充分的词汇方面的学习和积累。

6) 设问方面

高考日语的词汇考点的设问一般非常简单,基本上都能在理解四个选项意义的基础上获得正确答案。不过,考生需要对试题展示的内容有充分的或者一定意义上的了解,分析它们跟需要选择词汇之间的逻辑关系,语句上通畅,便可顺利地找到正确的答案。当然也有的设问选项是意义接近的词汇,如同设置了一个陷阱,如果考生仅仅根据意义去选择,完全不考虑词汇之间的细微区别就匆忙选择答案的话,有可能就会掉入设问的陷阱,做出错误的选择。

3.3.4 高考日语词汇考点分析

面对高考日语,考生首先需要做的工作就是词汇的记忆和积累。很多考生对学习和记忆词汇有一定的信心,一方面,高考日语的词汇量要求并不高,数量有限;另一方面,通过一段时间的努力是有可能掌握考试必备词汇的。进入备考阶段,考生在适应词汇题型的基础上,要花一些时间进行专项训练,定期做一些模拟试题。

为了帮助考生有目标、有效地学习和记忆日语常用词汇,我们在提出试题范围、总结难度、分析内容的基础上,有必要进一步梳理高考日语涉及的词汇属性以及词汇功能、关键词语,旨在为考生和指导老师提供必要的学习思路和例句索引。2010—2022年词汇试题核心考点归纳如表3-4所示。

表3-4 2010—2022年词汇试题核心考点归纳一览

词汇属性	关键词汇	真题例句
动词类	〈2022—2019年〉捨てる、入っていく、切れる、見つける、しまう、外出する、見る、見つかる、見せる、出ていく	○ まだ使えるものがこんなにたくさん**捨て**られているなんて、ひどいよ。 ○ 電池が**切れ**そうになったら、交換してください。 ○ 先生が教室に**入って**いきました。 ○ ずっと探していたかぎは鈴木さんが**見つけて**くれた。 ○ 栄養があると言っても、**食べ過ぎる**と体によくない。 ○ あっ、花に水を**やる**のを忘れちゃった。
名词类（形式名词）	〈2022年/2019年〉つもり、ところ、まま、わけ、はず、ため、うえ、もと、ほう、こと、とおり	○ おかしいなあ。木村さんまだなの？先に着いている**はず**なんだけど。 ○ 3日間も夜中まで働いていた**ため**か、2キロも痩せた。 ○ 学生一人一人の**こと**を考えながら授業をしなければなりません。 ○ お知らせに地図があるから、会議の場所が分かる**はず**です。 ○ 彼が書いた地図の**とおり**に行ったけど、本屋はなかった。
副词类	〈2022—2018年〉さっぱり、しっかり、がっかり、ゆっくり、いくら、どうして、だんだん、わざと、じっと、きっと、けっこう　めったに	○ ずっと期待していた交換留学がだめになっちゃって、**がっかり**した。 ○ **いくら**安くても、必要のないものは買いません。 ○ 雨が**だんだん**激しくなり、風さえ吹き出してきた。 ○ 絵本をもらったら、子どもたちは**きっと**喜ぶでしょう。 ○ このケーキを作るには**けっこう**時間がかかった。 ○ **すぐ**戻りますから、ここで雑誌でも読んでおいてください。 ○ 風邪ぐらいなら、1日**ゆっくり**休めば治ります。
形容词类	〈2022—2018年〉ひどい、強い、よい、丈夫だ、広い、高い、大変だ、静かだ、おとなしい、寒い	○ 森山さんは中国文化に**強い**関心を持っています。 ○ **小さい**子どもを一人で外出させないほうがいい。 ○ アルバイトをしてはじめて、仕事の**大変さ**が分かった。 ○ あの店はあまり**高くない**し、店員も親切です。 ○ 父は旅行が好きなので、日本の地理に**詳しい**。

(续表)

词汇属性	关键词汇	真题例句
寒暄语类	〈2022—2018年〉失礼します、ごめんください、お邪魔しました、お出かけですか	○ **ようこそいらっしゃいました**。 ○ **どうぞおあがりください**。 ○ **お変わりありませんか**。 ○ **ちょっとお願いがありますが**。 ○ **それは残念でしたね**。
日本社会文化知识类	〈2022—2016年〉日本地理知识、日本服饰礼仪、日本国际性活动、日本"三雅道"、日语基本知识 日本法定假日、日本社会生活、日本饮食文化、日本灾难事件、日本料理文化、日本语言文化、日本住宅文化	○ 日本の国土面積は約(37**万**)平方キロメートルです。 ○ 日本の民族衣裳は(**和服**)です。 ○ 2020年のオリンピク大会は(**東京**)で行われることになりました。 ○ 日本の茶道は(**抹茶**)というお茶が使われている。 ○ 日本語の表記法には、仮名、漢字と(**ローマ**)字などがあります。 ○ 日本では、1月の第2の月曜日は(**成人の日**)です。 ○ 日本式の家の特徴の1つは(**畳**)が敷いてあることです。 ○ (**米**)は日本の農業の中で最も重要な作物で、酒、お餅、寿司などを作るのになくてはならないものです。 ○ 2011年の東日本大震災で、震源地に一番近い大都市は(**仙台**)です。 ○ 日本では最も伝統的な主食は(**ご飯**)です。 ○ 日本人は、普段なるべく婉曲的な表現を(**使う**)ようにしています。 ○ 中国語の"住宅小区"は日本語の「(**団地**)」に当たります。
外来词类	〈2021—2016年〉ステージ、スタッフ、カロリ、スカート、グラム、センチ、スーパー、アニメ、ニュース、レジ、キログラム、ミリ、カレンダー、ロビー、ボランティア、マイナス、アルバム、モーター、ステレオ	○ ケーキは**カロリ**高いから、あまり食べません。 ○ 今日は卒業式だから、姉が買ってくれた**スカート**をはいて行きたい。 ○ 中国の1斤は500**グラム**で、0.5キロに当たる。 ○ ちょっと**スーパー**まで行ってくる。 ○ その**アニメ**は人気があるらしく、見る人が多いですね。 ○ ここ数年、大学に入る人が増えているような**ニュース**を聞いた。 ○ **レジ**の前に立っていると、後ろから後輩に声をかけられた。 ○ 友だちから新しい**カレンダー**をもらいました。 ○ 学生時代の最後の思い出として、卒業の紀念写真を**アルバム**の中に入れました。

(续表)

词汇属性	关键词汇	真题例句
惯用语类	〈2018—2010年〉声をかける、病気を治す、気をつける、気がつく、気に入る、気にする、話が通じる、姿を消す	○ 急にうしろから**声をかけ**られて、びっくりしました。 ○ 温泉によって、**病気をなおす**こともできます。 ○ 面接試験では話し方はもちろん、服装などにも**気を付ける**必要がある。 ○ **気がつく**と、もう夜の11時だった。 ○ 日本語を使ってみたら、やっと**話が通じた**。 ○ 伝統のある食べ物がつぎつぎと食卓から**姿を消して**しまった。 ○ すみませんが、エアコンの**スイッチを入れて**ください。 ○ いいえ、**気にしない**でね。
数量词类	〈2022—2014年〉枚、件、番、本、着、個、台、頭、冊、階、通、度、回、人、歳、匹、回目、番目、時間	○ 妹はセーターを**10枚**も持っている。 ○ もしもし、空港へ行きたいのですが、タクシーを**1台**お願いします。 ○ そこからもう**一本**の電車に乗り換えなければならない。 ○ 昨日、電気屋で新しく出た携帯電話を**2台**も買った。 ○ 先週、国立図書館からビデオを**2本**借りてきました。 ○ 帰宅したら、母と弟から手紙が**1通**ずつ來ていました。
连体词类	<2022—2014年>この、その、あの、どの、それ、そこ、こんな、そんな、あんな、どんな	○ へえ、ぜひ**その**方に教えてもらいたいね。 ○ 明日の発表は最初が山田さん、**その**次は田中さんだ。 ○ どうぞ、お入りください。わたしの部屋は**こんな**感じですが。 ○ 受付に佐藤さんという人が来ていますから、**その**人に**この**資料を渡してください。
代词类	〈2022—2015年〉これ、それ、あれ、ここ、そこ、あそこ、どれ、どこ、どちら	○ **それ**は料理人への心造いでもあろう。 ○ **それ**だけでなく、生徒の態度や心の状態にもいい変化が見られるようだ。 ○ **それ**だけじゃなくて、**それ**を子どもたちと視線を合わせて、共有することで、さらにもっと楽しくなっていく。
接续词类	〈2022—2018年〉それで、すると、しかし、けれども、そして、および、または、それから、それとも、あるいは、つまり、すなわち	○ 携帯の料金も含めてお小遣い5 000円あげるから、**それで**何でも自分でやってみない?」と話した。 ○ **しかし**、テレビのない時代の謎には、テレビで見ることなどはあるはずがない。 ○ **こうして**、諺の意味もニュアンスが変わってしまうのだ。 ○ **つまり**、教員の行動にはそれだけの影響力があるから、**これから**教員になりたいみなさんに覚えてほしいと思います。

3.4 高考日语语法试题结构和达标要求

3.4.1 高考日语知识运用卷面结构

考查语法能力的试题设置在高考日语第二部分"日语知识运用"中,这一部分的考查内容包括日语词汇、日语语法和日本社会文化知识。其中,语法试题所占的比重最大,据 2010—2022 年的高考真题来看,在总分 40 分(共 40 题,每题 1 分)中,约有 30 分属于语法范畴(见表 3-5),可见"日语知识运用"部分的考查重点是在语法上。考试大纲规定,语法部分的考查目标为考生能否在语境中正确识别、理解和运用语法知识。考试题型与听力、阅读理解一样也是选择题,即在给出的 4 个选项中选出最佳答案。根据对历年试题的分析可知,试题难度相当于日本语能力测试 N3 级水平,偶尔有 1~2 道相当于 N2 水平的题目。试题中所涉及的词汇基本上在考试大纲的词汇规定范围内,以日常生活和学习中常见的高频词汇为主,几乎不会出现难度高的书面语、专业术语和学术用语等。

表 3-5　2010—2022 年日语知识运用试题考点归纳一览

年份	语法试题	词汇试题	日本社会文化知识试题	合计
2010	29 题	10 题	1 题	40 题
2011	29 题	10 题	1 题	40 题
2012	29 题	10 题	1 题	40 题
2013	31 题	8 题	1 题	40 题
2014	30 题	9 题	1 题	40 题
2015	30 题	9 题	1 题	40 题
2016	31 题	8 题	1 题	40 题
2017	30 题	9 题	1 题	40 题
2018	30 题	9 题	1 题	40 题
2019	29 题	10 题	1 题	40 题
2020	30 题	9 题	1 题	40 题
2021	28 题	11 题	1 题	40 题
2022	25 题	14 题	1 题	40 题

3.4.2　高考日语语法核心考点分析

语法试题的内容主要涵盖助词、助动词、补助动词、动词的语态、敬语表达、授受表达、用言的活用、句型等知识。从2010—2022年高考试题的统计结果来看，在属于语法范畴的试题中各知识点所占比重依次为：句型约38%，助词约21%，助动词约10%，补助动词约8%，敬语表达约7%，授受表达约7%，动词语态约6%，用言活用约3%（见表3-6）。由此可知，句型的比重明显大于其他项目，是日语知识运用考查的重中之重。此外，通过表3-6不难发现，格助词、接续助词、补助动词、敬语表达、授受表达是每年必考的知识点，而副助词、样态助动词、比况助动词、愿望助动词以及动词的被动态和使役态的出现频率也很高，都是应该重点关注的知识点。

表3-6　2010—2022年高考日语语法试题考点归纳一览

序号	考点	考试年份													合计
		2010	2011	2012	2013	2014	2015	2016	2017	2018	2019	2020	2021	2022	
1	格助词	1题	5题	4题	2题	5题	3题	3题	3题	3题	3题	4题	3题	3题	42题
2	提示助词	2题			2题		1题		1题		1题		1题	1题	9题
3	副助词	1题		1题	1题	1题	1题	1题		1题	1题	1题	2题	1题	12题
4	并列助词										1题				1题
5	接续助词	1题	2题	1题	1题	1题	1题	1题	1题	1题	1题	2题			13题
6	语气助词		1题							1题			1题		3题
8	推量助动词			1题					2题						7题
9	比况助动词	1题	1题	1题	1题	1题					1题	1题	1题	1题	10题
10	样态助动词	1题	1题	1题	1题	1题		1题		1题		1题		1题	9题
11	传闻助动词												1题		1题

(续表)

序号	考点	考试年份													合计
		2010	2011	2012	2013	2014	2015	2016	2017	2018	2019	2020	2021	2022	
12	愿望助动词		1题			1题	1题	1题	1题		1题	2题		1题	9题
13	否定助动词							1题	1题						2题
14	补助动词		3题	4题	3题	3题	3题	3题	3题	3题	1题	2题	3题	4题	35题
15	被动态	1题	1题	1题		1题		1题		1题		1题	1题		9题
16	使役态	1题			1题					1题	1题	1题			9题
17	可能态	1题			1题	1题			1题		1题				5题
18	自发态														0题
19	使役被动态														0题
20	敬语表达	2题	2题	3题	3题	2题	2题	2题	2题	2题	4题	2题	2题	2题	30题
21	授受表达	3题	3题	1题	2题	3题	2题	2题	2题	2题	1题	2题	2题		28题
22	句型	10题	9题	11题	13题	9题	13题	14题	11题	12题	8题	12题	9题	4题	135题
23	用言的活用		3题			1题			1题		3题		2题	2题	12题
	合计	29题	29题	29题	31题	30题	30题	31题	30题	30题	29题	30题	28题	25题	381题

3.5 高考日语阅读理解试题结构和达标要求

高考日语阅读理解作为高考日语的重要组成部分,占据全卷三分之一的分值。在《普通高等学校招生全国统一考试大纲及考试说明(日语)》中明确规定,阅读是我国考生接触外语的最主要途径,因此阅读理解在试卷中所占权重较大。要求考生能读懂熟悉的有关日常生活话题的简短文字材料,例如公告、说明、广告以

及书刊中关于一般性话题的简短文章。考生应能做到：

（1）理解主旨要义；

（2）理解文中的具体信息；

（3）根据上下文推断生词的词义；

（4）做出简单判断和推理；

（5）理解文章的基本结构；

（6）理解作者的意图和态度。

3.5.1 高考日语阅读文章体裁构建

阅读部分的总阅读量为2 000字左右，共有4篇文章，体裁涉及记叙文、说明文、议论文、散文等。每篇500字左右的篇幅，每篇文章后有5道小题，一共20道小题，每小题2.5分。要求考生根据文章内容，从每题所给的4个选项中选出最佳选项，本部分所需时间约为35分钟。2010—2022年高考日语阅读部分文章篇数与体裁类型统计见表3-7。

表3-7　2010—2022年高考日语阅读文章类型一览

年份	文章类型				
	议论文/篇	记叙文/篇	说明文/篇	对话/篇	其他
2010	3			1	
2011	3				1篇（报道）
2012	2		1		1篇（随笔）
2013	2	1	1		
2014	1		2		1篇（人物小传）
2015	1	1	2		
2016	1		3		
2017		1	2		1篇（小故事）
2018	3				1篇（随笔）
2019	3				1篇（活动感想）
2020	2	1	1		
2021	2	1			1份（问卷调查）
2022	3	1			

根据表 3-7 的统计，2010—2022 年的高考真题中，共考查了 26 篇议论文、6 篇记叙文、12 篇说明文、1 篇对话以及 7 篇其他类型的文章。由此可以看出议论文、说明文、记叙文是以往考查最多的三类体裁，也是今后命题的趋势所在。尤其是议论文，占了近一半的数量，可见高考日语阅读考试对考生理性思维能力的重视。指导教师和考生在今后的教与学中，都应当加强对这三类体裁文章的重视和训练，注重思维能力的培养。

3.5.2　高考日语阅读核心考点分析

2010—2022 年的高考日语阅读试题可以分为 10 个类别，分别是细节理解、选词填空、原因理解、具体指示、词语理解、词句理解、文章主旨、作者意图、选句填空、句子成分设问。其中出题数量排名前三的是细节理解（48 题，占 18.25%）、选词填空（47 题，占 17.87%）、原因理解（42 题，占 15.97%）。2010—2022 年高考试题核心考点归纳见表 3-8。

表 3-8　2010—2022 年高考试题核心考点归纳

序号	考点	2010	2011	2012	2013	2014	2015	2016	2017	2018	2019	2020	2021	2022	合计
1	细节理解	5题	1题	2题	3题	2题	6题	2题	1题	5题	5题	5题	8题	3题	48题
2	选词填空	2题	5题	3题	4题	5题	5题	1题	4题	5题	3题	4题	3题	3题	47题
3	原因理解	4题	3题	3题	1题	3题	1题	4题	7题	3题	3题	3题	4题	5题	42题
4	具体指示	3题	1题	5题	3题	2题	5题	4题	3题	2题	3题	2题	1题		33题
5	词语理解	2题	3题	1题	2题	4题		2题		3题	2题	3题	1题	1题	24题
6	词句理解	1题	3题	1题	2题			5题				3题	1题	4题	20题
7	文章主旨	3题		2题	1题	1题	1题		2题	1题	1题	1题		2题	15题
8	作者意图	1题	2题	3题							2题	1题	3题	1题	13题
9	选句填空	2题	2题			1题	1题	1题	1题			2题	1题		11题
10	句子成分设问	2题	2题	1题	2题	2题		1题				1题			10题
	合计	25题	20题	20题	20题	20题	20题	20题	20题	19题	20题	20题	20题	19题	263题

根据表 3-8 的统计，细节理解、选词填空、原因理解、具体指示为阅读理解的核心考点。阅读是为了理解文章的内容，获取文章所要传达的信息。在试题的设计上，可以看出命题者遵循了以下几点原则：

（1）将获取信息作为测试的主要目标。阅读理解是考查考生从文章中获取

信息的能力,而不是以考词汇和语法为目的,考生在阅读过程中应该将重点放在文章本身所包含的内容上,通过阅读获取相应的信息,理解文章观点。

(2) 将文章中的未知信息作为主要考点。阅读理解试题设计的目的是考查考生的阅读能力。要实现对这种能力的考查,试题就应设计成需要考生在阅读文章的基础上能够回答相应的问题。

(3) 问题的设计多层次、多范畴。阅读理解试题显示出一个包含不同层次的过程,文章也是由不同层次的内容所构成。为了测试考生的阅读能力,出题者要对信息进行深入挖掘,设计出不同层次的问题点,对考生的考查逐步深入。

(4) 问题点包括文章材料的所有内容。每篇材料由不同部分组成,在设计问题点的时候要做全面考虑,而不是过于集中在某一部分。

3.6 高考日语写作考试

3.6.1 高考日语写作形式及达标要求

高考日语的第四部分是写作,设置的宗旨是测试考生运用日语撰写短文的基本能力。高考写作要求考生根据出题者给出的信息,用日语书面语言写出一篇300~350字的短文。考试的形式是命题写作,提供信息的形式有图画、图表、提纲、词组、短语等(见表3-9)。

表3-9 高考作文形式及达标要求

考试形式	规定语种	字数要求	提供的信息
命题写作	日语书面文字	300~350字	图画、图表、提纲、词组、短语等

高考日语考试大纲对高考写作的具体要求还有如下两点:

1) 准确使用语法和词汇,规范书写格式和标点

语言的准确性是写作中不可忽视的一个重要方面,因为它直接或间接地影响到信息的准确传输。运用语法结构和词汇的准确程度是写作部分评分表中的一项重要内容。书写格式和标点符号是否正确,也会在一定程度上影响考生的成绩。

2) 使用必要的句型和词汇,清楚地表达自己的思想

任何一篇文章都需要一个主题。考生应该围绕主题,借助恰当的句型、词组

和词汇的支持，清晰而流畅地表达自己的思想。

高考日语写作如何达到合格甚至优秀的标准，首先命题写作要求立意必须严格服从题目的指向，而且作文的标题也不能改变。因为命题本身就是话题，有些命题已经是作者的观点或主张。其他达标要求归纳为 12 个关键词语：切合题意、中心突出、内容真实、感情真切、结构合理、语言流畅、语法准确、表达清晰、书面文体、字体工整、格式标准、标点规范。考生可以这个为目标来练习写作，努力提高写作的水平。

日语写作是高考日语中全卷占分最多的一项，分值达到 30 分，占整个试卷得分比例的 20%，所以考生在备考的时候应该非常重视。高考日语每年在卷面上明确提出来的一般性的写作要求是这样的：

（1）字数为 300～350 字。

（2）格式正确，书写清楚。

（3）使用「です、ます」体。

3.6.2　高考日语写作评分标准及扣分依据

关于高考日语写作的评分标准，按照《2021 年普通高等学校招生全国统一考试大纲及考试说明（日语）》的规定，在高考日语作文的评卷中，先根据考生写作的内容和语言表达能力确定档次，然后依据该档次的标准并结合评分说明确定或调整，最后给分。高考日语写作评分方法及档次标准见表 3-10。

表 3-10　高考日语写作评分方法及档次标准

档次	分数范围	评分说明
第六档	26—30 分	写出"写作要点"的全部内容，语言准确流畅，句型及表达形式丰富
第五档	20—25 分	写出"写作要点"的全部内容，语言表达恰当
第四档	15—19 分	写出"写作要点"的大部分内容，语言表达通顺
第三档	10—14 分	写出"写作要点"的一部分内容，语言表达基本通顺
第二档	5—9 分	写出"写作要点"的少部分内容，语言表达欠通顺
第一档	0—4 分	写出"写作要点"的很少内容，语言表达不通顺或字数少于 100 字

写作评卷的扣分依据

参加高考日语评卷的老师，根据作文中出现的各种问题，将依据以下四点来进行扣分：

(1) 少于300字者，每少写一行扣1.5分；
(2) 每个用词或书写错误扣0.5分（不重复扣分）；
(3) 每出现一个语法错误（活用、时态、助词、句型等）扣1分，扣分总值不超过5分；
(4) 标点符号及格式错误，扣分总值不超过2分。

3.6.3　高考日语写作主题及写作提示

2009—2022年高考日语写作主题及写作提示见表3-11。

表3-11　2009—2022年高考日语写作主题及写作提示

考试年份	写作主题	写作提示要点
2009	仕事を選ぶ時の基准について	每年到了毕业季，大学生找工作的新闻常见诸报端。选择一份称心的工作也是每一位毕业生的心愿，请以「仕事を選ぶ時の基準について」为题，谈谈自己的看法。
2010	普通語と方言	写作要点：①阐述普通话和方言各自的作用。 ②分析普通话和方言都在使用的原因。 ③表明你的看法。
2011	小学生の外国語の勉強について	写作要点：①简单介绍你学外语的经历。 ②结合你的经历，表明你对这一问题的看法。 ③说明你持有上述看法的理由。
2012	（伝言を書き残す）	写作要点：① 晚上6点之前回来。 ② 房东交办：(a)去市立图书馆还CD；(b)去超市买麻婆豆腐调料（マーボー豆腐のもと），两事均已办妥。调料已经放入冰箱。 ③ 有个叫山口的人来电话说，原定明天中午一起吃饭的事因故取消，并且已通知了其他相关人员，晚上会再打来电话。
2013	映画はどこで見ればよいか	写作要点：① 表明你的观点。 ② 阐明持有这种观点的理由。 ③ 总结全文。
2014	家族で食事をとることについて	写作要点：① 简述你家的情况。 ② 表明你的看法。 ③ 说明你的理由。

(续表)

考试年份	写作主题	写作提示要点
2015	天気とわたしたちの生活	<u>写作要点</u>：① 写出天气与人类生活的关系。 ② 简单写出随着科技的进步，人类对天气认知情况的变化。
2016	自由な時間があったら	<u>写作要点</u>：① 简单介绍你将如何支配自由时间。 ② 列举实例，具体说明。 ③ 叙述你那样做的理由。
2017	細やかな幸せにも感謝の気持ち	<u>写作要点</u>：① 举出几件你感到幸福的小事。 ② 谈谈你的感受。 ③ 阐述你的观点。
2018	雨の日に	<u>写作要点</u>：① 列举一两件你在雨天里所做的事。 ② 叙述你当时的心情或感想。
2019	最近読んだもの	<u>写作要点</u>：① 简单介绍一下该书（或文章）。 ② 谈谈你介绍这本书（或文章）的理由或读后的感受。
2020	紙の本と電子書籍	<u>写作要点</u>：① 叙述电子书的优势和劣势。 ② 叙述纸质书的优势和劣势。 ③ 简述自己是如何看待两者的。
2021	日本人の目から見る中国	<u>写作要点</u>：① 介绍交流会的基本情况。 ② 写明邀请的原因。 ③ 发出邀请。
2022	こどもと親のコミュニケーション	这是各阶段学生与家庭交流的调查问卷结果，请你根据这份调查问卷结果，以「こどもと親のコミュニケーション」为题写一篇日语短文。 <u>写作要点</u>：① 描述表格中显示的内容。 ② 请结合自己的经验，分析并谈谈自己和父母的交谈方式。 ③ 你是怎么和父母交流的。

3.7 基于核心素养的日语学科人才培养

2018年的全国教育大会提倡"要把立德树人融入思想道德教育、文化知识教育、社会实践教育各环节，贯穿基础教育、职业教育、高等教育各领域，学科体系、教学体系，教材体系、管理体系要围绕这个目标来设计，教师要围绕这个目标来

教，学生要围绕这个目标来学"。在立德树人目标的指导下，高考日语学科进行了考试模式的改革。新的测试理念和方法，除了检测学生掌握的日语语言知识外，也考查考生具备文化底蕴、社会理想和国际视野等方面的核心素养的情况。按照中国学生发展核心素养总体框架及基本内涵的论述，近年来我国对基于核心素养的课程设计、课程标准的改革等进行了深入探讨。从一般核心素养的研究转向学科核心素养的研究，已成为学校各学科推进课程改革的大趋势。将核心素养发展构架与日语学科人才培养实践相融合，符合我国社会主义核心价值观的导向。核心素养体系的建立为日语学科的发展树立了风向标，高考日语学科的改革创新需要以落实立德树人的根本教育任务为最终目标。

3.7.1 高考日语学科核心素养的内涵要求

随着全球化、信息化时代的发展，当今时代对人才培养提出了新的要求。当代大学生必须具备广泛的核心素养以应对世界的迅猛变化。在此背景下，我国高考日语学科的培养模式势必要与时俱进，对人才培养定位进行调整。以中国学生发展核心素养的基本内涵为基准，高考日语学科的人才培养定位应包括以下几个方面：

（1）具备综合运用日语的能力，以及运用日语思考问题、表达观点和情感态度的品质；具备运用日语分析问题、解决问题的能力，以及逻辑性、思辨性、创新性等思维品质。

（2）具备持续的日语学习意识，以及勤于反思、获取有效信息的品质和能力；具备正确认识自我、自我管理的能力，以及身心健康发展、积极规划人生的生活态度。

（3）具备发现日本文化与其他国家文化之间不同的能力，并能在此基础上加深对中华文化的理解和认同，增强民族自信心；具备中国情怀，尊重和包容人类文化多样性的品质。

3.7.2 高考日语学科教学中存在的问题

日语学科核心素养定位标准应以我国学生发展特点为出发点，紧密对应一般核心素养的内涵，从而辐射到学科教学中。但目前，日语学科的核心素养建设与实践还存在以下几方面问题。

1) 核心素养构架没有得到充分体现

日语学科教育普遍以书本知识为中心，内容单一，且缺乏广度和深度，已难以

满足信息化社会发展的需要。而由"知识中心"转向"能力（素养）中心"，培养学生形成高于学科知识的学科素养已成为社会发展和学科发展的必然要求。但目前，日语学科与通识教育学科以及其他专业学科的互通连接较少，这导致学生在通融识见、博雅精神的情感态度等方面的文明教育程度不足。

2）课程体系设置与核心素养培养目标不相符

目前，日语学科的课程体系大多仍以语言知识课程为主体，较为缺乏以素养培养为目标的课程，这导致学生的文化理解能力不足，个别学生存在自我认知不准确、执行力不足、缺乏社会责任感等问题。

3）教学模式和教学策略单一

传统的教学模式以向学生传授语言知识、进行语句和篇章的听、说、读、写、译训练为主，学生主动学习的意识淡薄，学习方法和获取信息的途径单一，缺乏对有效信息的反思和反馈，在解决问题和技术应用等方面能力不足。

4）考试评价机制不完善

过于强调专业知识评价会片面定位学生能力和综合素养，这样会造成人才评价标准与市场需求不符，与立德树人的教育目标不符。创新评价机制，应改变以往只注重知识评价的模式，加强综合素质测评，重视实践和社会参与等环节的评价。

3.7.3　基于核心素养的日语学科人才培养途径

将核心素养教育融入高考日语学科建设，需要进行课程设计、教学实践、考试评价等方面的改革和实践。

1）完善教学课程体系改革

逐步完善教学课程体系改革包括课程设置、课程内容整合、教学大纲建设、教材体系完善等方面。将以知识为中心的教学转向以素养和能力为中心，不断使知识教学科学化、合理化，实现知识和素养的协同发展。

首先，创新和优化核心课程建设。以近年来市场需求量较大的日语信息技术服务和日语教育等方向的人才培养为例，教学过程中，应以市场需求为导向，开设日语教学实践等课程，着力培养学生的跨学科能力和素养，提升学生与社会需求的契合度。同时，课程标准要落实到教学大纲中，并完善教材体系建设。

其次，合理整合课程内容。例如，在基础教学中，将听力、会话等教学内容进行融合，即采用听和说相结合的教学方式，提升学生听、说、读、写、译的语言能力。

同时，也可适当加入与社会经济、政治相关的内容，增强学生对社会经济、政治的关注度和敏感度。

2）深化教学实践改革

要逐步深化教学实践改革，教学实践改革主要包括教学资源开发、教学与实践相互促进、提高教师核心素养等方面。随着日语教育信息化水平的逐渐提高，数字化教学资源建设的比重会越来越大。充分利用优质资源和技术，建设先进、高效、实用的数字教育基础设施，是日语教育资源建设的重要一环。这就需要对现有教育资源进行有效整合，促进优质教学资源的共享，并运用云计算技术构建日语教学资源平台，解决日语教学资源建设与应用服务之间的矛盾，充分发挥日语教学资源的重要作用。

教学与实践是日语学科教育中不可分割的整体。在日语学科素养培养中，学生的理论学习能力和实践能力脱节的问题尤为突出。究其原因，一方面是教学内容对实践的指导性和关联性弱，另一方面是学生的创新思维和知识应用能力弱。教学环节应以传授知识为目的，有目的地指引实践。而实践环节应注重知识的应用，要引导学生运用所学知识思考问题和解决问题，将教学中获取的知识转化为自己的行动。"实践乃素养之母。一切实践均植根于情境之中。"在教学与实践相互促进的基础上，开展各种中日文化交流活动，能够培养学生的团队协作能力、融入社会的能力和规划人生的意识，从而使学生加深对中日文化的理解。

此外，日语教师的核心素养水平对日语学科教育发展具有至关重要的影响。目前，日语教师或过于关注高考通过率而忽视素养教育，或过于关注教学而忽略科研和自我提升，这两种倾向对学生核心素养的培养都是不利的。教师只有提升自身的思想道德素养，更新教育观念，并通过不断的教育实践与反思，提高自身业务能力，才能根据不同学生的特点适时调整教学策略，保证教学效果。因此，日语教师应有意识地拓展其他专业技能学习，引导学生将终身学习的理念贯穿职业生涯始终，成为学生学习和发展的促进者。

3）创新日语学科教育考核评价机制

日语教育考核评价改革应摒弃以往以专业成绩为主的测评机制，转变为以日语专业技能、实践技能、创新技能评价为主的，以心理、德育、身体素质评价为辅的综合性评价机制。同时，在以成绩为主要标准的终结性评价基础上，对学生进行针对性的形成性评价，具体反映学生的学习和实践效果，体现其优势和不足，并提出个体发展建议，为学生的全面发展提供切实的帮助。

培养具备日语学科关键能力和必备品格的高校人才是深化日语学科课程改革的方向,是实现日语学科内涵式发展的必要路径,而完善教育教学体系、深化教学实践改革、推进教育评价机制的创新等具体路径和改革措施将推动高校日语学科建设从"知识核心时代"走向"核心素养时代"。同时,这还将促进各学科教学实现统筹整合,实现高考日语学科从"学科教学"向"学科教育"的转变,从而全面提升日语学科的人才培养质量,为国家发展培养出优秀的日语专业人才。

4 基于核心素养的高考日语试卷分析

4.1 日语学科核心素养的产生背景

高考日语作为语言类学科,在新课标中频繁地提及语言素养,体现了学科本位的特点,也说明了语言教育的专门性和针对性。核心素养指标中将"语言素养"表述为"有效运用口语和书面语进行阅读、写作和交流的能力"是语言工具性的突出表现。

4.1.1 日语教学大纲到课程标准的转变

回顾高中日语教学大纲到课程标准的演变历程,语言素养始终是高中日语课程的培养目标,只是随着时代的发展,对语言素养的要求也在不断提高。1996年《全日制普通高级中学日语教学大纲》(简称《日语教学大纲》)是我国第一部独立的高中日语教学大纲,其中规定的教学目标是"在初中阶段学习的基础上,进一步对学生进行听、说、读、写的基本训练,提高在口头上和书面上运用日语的能力,为进一步学习和运用日语打好基础"。该教学大纲一直沿用至2003年《普通高中日语课程标准(实验)》(简称《日语课程标准》)的颁布。

此后,高中日语课程总目标确定为"培养学生基本的综合语言运用能力,为学生的终身学习和健康发展奠定基础",并依据"知识与技能、过程与方法、情感态度价值观"三维目标确立了"语言知识、语言技能、文化素养、学习策略和情感态度"五个方面的内容标准。如表4-1所示,对语言素养的要求从"双基"发展到"三维",从重视语言的工具性到关注工具与人文性相结合,既体现出教育课程改革的发展,又反映了外语教育理念的更新。目前,在核心素养视域下更应将语言素养

与人文素养、价值观、尊重和包容等素养放在一起,培养学生语言文化基础中的人文底蕴,重视日语学科在工具与人文领域方面的综合体现。

表 4-1　核心素养的沿革及其内容

表现形式	目标	具　体　内　容
《日语教学大纲》	双基	在初中阶段学习的基础上,进一步对学生进行听、说、读、写的基本训练
		提高在口头上和书面上运用日语的能力,为进一步学习和运用日语打好基础
《日语课程标准》	三维	帮助学生掌握基本的日语语言知识技能,学会运用日语交际
		学生通过与教师、同学的共同活动,逐渐提高基本的综合语言运用能力的过程与方法,培养学生的自主学习能力及创新、合作精神
		为学生打开一个直接认识日本和世界的窗口,帮助学生了解中日文化的异同,树立良好的情感态度和正确的价值观

4.1.2　2003 年版和 2017 年版核心素养之比较

党的十八届三中全会强调"坚持立德树人,加强社会主义核心价值观体系教育,完善中华优秀传统文化教育……增强学生社会责任感"。因此,要将党和国家关注德育的宏观政策落实在高中日语课程中,首先就应把相关价值观教育、学生社会参与能力的发展和如何在多元文化世界中传播中华优秀传统文化等内容明确写进课程标准中。2003 年版高中日语课程标准虽然对国际意识(7 次)、国家认同(7 次)、多元文化(3 次)、公民意识(1 次)等有所提及,但相较于语言素养(82 次)和学习素养(51 次)的提及频率则相差甚远,与"培养具有中国情怀、国际视野、多元文化沟通等品质与能力的人"的外语学科核心素养目标存在一定差距。

2003 年版课标规定的课程目标(内容)是培养"综合语言运用能力"。在这一方针的指引下,日语学生的语言知识、语言技能、文化素养、学习策略、情感态度在教学实践中确实取得了长足的进步,但在解决"学科本位""知识本位"的老问题上还没有达到预期的效果,在促进学生学习方式的改变上也还没有达到预期的目标。可见,2003 年版日语课程标准的育人功能体现得不够充分。

2017 年版新课标中的日语课程内容指向日语学科核心素养,在培养学生全面发展的道路上迈出了重要的一步,同时日语课程结构设计为实现课程目标搭建、开辟了相应的平台和空间。2017 年版新课标提出的基本理念是:注重课程内容,培养学生日语综合运用能力;高中日语课程注重课程的人文性、时代性、科学

性和趣味性，提供符合学生身心发展的课程内容。

4.1.3 新课标中日语课程追求的五个特性

日语课程内容是日语学习的核心组成部分，日语学科核心素养培养的载体，学业最基本的支撑。指向学科核心素养的课程内容是否能够让学生达到目标，关键取决于课程内容在教学实践中的落实情况。

新课标中日语课程追求的5个特性是思想性、时代性、基础性、选择性、关联性。其内容分别如下：

1) 思想性

思想性主要体现在全面落实社会主义核心价值观的基本内容和要求，有机融入中华优秀传统文化、革命文化、社会主义先进文化等方面。

2) 时代性

时代性反映当代社会进步、科技发展和学科发展前沿等，密切联系学生生活经验，及时更新教学内容。

3) 基础性

基础性面向全体学生，依据学生发展核心素养，精选学生终身发展必备的基础知识和基本技能，注重培养学生分析问题、解决问题的能力。

4) 选择性

选择性则充分考虑学生不同的发展需求，结合学科特点，遵循学习科学的基本原理，分类分层设计可选择的课程，满足学生不同的学习需求，促进学生的发展。

5) 关联性

关联性注重日语学科内容选择、活动设计与学生核心素养养成的有机关联等。

2017年版新课标将日语学科核心素养加以提炼，分为论据推理与语言认知、科学态度与社会责任、宏观辨识与微观探析、知识探究与创新意识、变化观念与平衡思想等方面。关于日语学科核心素养具体在高考日语试卷中的内涵表现，请看以下各部分的总结和分析。

4.2 高考日语听力试题分析

4.2.1 高考日语听力题型及考点分布

高考日语听力题作为日语学科核心素养评价的载体，对于这一部分我们在

2010—2022年高考日语听力、词汇、语法、阅读、写作五个方面做了试卷的大数据统计和分析,以此来观察各个类别题型的设置,以及核心考点的分布情况。

根据大数据统计结果,高考日语听力的提问范围大致可以分为12类题型。我们按照出题概率的多少进行排序,基本可分为问事类题型、场所类题型、原因类题型、物品类题型、数字类题型、人物类题型、方式类题型、时间类题型、顺序类题型、状态类题型、推断类题型、独白类题型。根据各类题型的特点,本研究进而逐一做出历年真题的"案例分析"。如表4-2所示,高考日语的听力类型可分为12个类型。2010—2022年具体试题数量的分布可见表4-3。

表4-2　2010—2022年高考日语听力各类题型出题情况一览

类型	问事	场所	时间	原因	数字	物品	独白	状态	方式	人物	推断	顺序
数量/题	60	27	25	18	15	13	11	11	8	8	2	1

表4-3　2010—2022年高考日语听力试题考点具体分布一览

序号	考点	2010	2011	2012	2013	2014	2015	2016	2017	2018	2019	2020	2021	2022	合计
1	问事	4题	6题	4题	4题	5题	4题	2题	5题	5题	3题	4题	7题	7题	60题
2	场所	2题	0题	3题	1题	3题	2题	4题	2题	4题	0题	4题	1题	1题	27题
3	时间	2题	1题	3题	2题	1题	1题	1题	3题	1题	4题	2题	2题	2题	25题
4	原因	2题	2题	1题	2题	1题	2题	3题	1题	1题	2题	0题	1题	0题	18题
5	数字	0题	1题	0题	1题	2题	1题	1题	1题	1题	2题	3题	1题	1题	15题
6	物品	1题	2题	1题	2题	1题	1题	2题	0题	1题	1题	0题	1题	0题	13题
7	独白	2题	1题	0题	1题	2题	2题	2题	0题	1题	0题	0题	0题	0题	11题
8	状态	1题	1题	2题	1题	0题	2题	0题	1题	1题	1题	0题	1题	0题	11题
9	方式	0题	0题	0题	1题	0题	0题	1题	3题	1题	1题	2题	0题	0题	8题
10	人物	0题	2题	0题	0题	0题	0题	0题	2题	0题	0题	1题	0题	2题	8题
11	推断	0题	0题	0题	0题	0题	0题	1题	0题	0题	1题	0题	0题	0题	2题
12	顺序	0题	0题	0题	0题	0题	0题	0题	0题	0题	0题	0题	0题	1题	1题
	合计	14题	16题	14题	15题	15题	14题	17题	20题	15题	15题	15题	16题	13题	199题

4.2.2　听力问事类题型说明及案例分析

1)听力问事类题型说明

人们在日常生活中,谈论事情似乎是永恒的话题,所以高考日语考试的听力

部分也把"谈事"作为一个非常重要的测试内容,几乎每年都会设置好几个题目。问事类的设问特点通常是以「何を、何ですか、何が、どれですか、どれを」来开启问题。问事类试题的出题数量多,内容比较长,话题涉及日本人生活的各个方面。

2) 听力问事类案例分析

【案例分析4.2.1】

女:鈴木さんは留学生の友達が多いと聞いていますが。

男:ええ、何か。

女:実は近くの小学校で留学生との交流会が行われることになったのですが。

男:そうですか。

女:先生に留学生を集めて來いって言われました。

男:なるほど。

女:それで、留学生のお友達に声をかけてくれませんか。

男:いいよ。交流会なら皆さんも喜んで出ると思います。

女:よかった。

男:いつですか。

女:來月の終わりごろですが、よろしくお願いします。

问题设置:男の人は何を頼まれましたか。

A. 先生を交流会に呼ぶこと

B. 留学生を交流会に呼ぶこと

C. 小学生を交流会に呼ぶこと

案例解析:这段对话的主题是关于铃木先生和留学生交流的话题。女学生在先向男学生确认了「鈴木さんは留学生の友達が多いと聞いていますが」(听说铃木先生有很多留学生的朋友)的事实前提下,向对方委婉地提出了请求「留学生のお友達に声をかけてくれませんか」(能和你的留学生朋友们打个招呼吗?),因为「近くの小学校で留学生との交流会が行われることになったのですが」(附近的小学要举行和留学生的交流会),「先生に留学生を集めて來いって言われました」(老师让我去召集留学生),所以女学生只能拜托男学生去约请他的留学生朋友了。

语言知识:对话中的「…ことになった」这个句型表示事物之间的发展趋势、结果、客观的决定;「…のですが」句型则带有解释原因、说明状况、强调等含义;接

续词「それで」用以承上启下，可翻译为"因此、所以"；「…くれませんか」这个句型是请求别人帮助时的常用语，主要是用于平级或是年龄相近的人之间、上级对下级、朋友间，其中文意思是"能……吗？"。

4.2.3 听力场所类题型说明及案例分析

1) 听力场所类题型说明

场所也常称作地点、位置。在高考日语的听力试题中，场所类试题占有相当的比例，每年都有一定数量的出题。场所类题型主要涉及对话涉及的地点、事件发生的地点，以及说话人来自何处、将要去的地点。这些场所包括饭店、邮局、学校、车站、机场、图书馆、宿舍、电影院等。这类题型一般以「どこに、どこへ、どこで、どこですか」开启设问。

场所类对话谈及地点、场所又可分为直接表达和含蓄表达两种形式。直接表达就是在谈话的过程中，说话双方直接提到的某个地点或去向的对话形式。如某一年的听力试题中有一设问「スカートの売り場は何階ですか」（卖裙子的柜台在哪里），录音中播放了一段百货商店的广播的录音，女播音员在广播中明确地指出了买裙子的场所「2階衣料品売り場は婦人用スカート」（二楼是卖女人裙装类的），只要考生听清楚了这句话，就很容易选出正确的答案。还有一种是含蓄表达，即对话中没有直接提到某个地点，要求考生根据所提供的现象、内容进行推理和判断来确定答案。不过高考日语听力试题中含蓄表达很少，对话中虽然会设置一些干扰，但一般会将地点清楚或委婉地说出来。

2) 听力场所类案例分析

【案例分析 4.2.2】

女：木村さんが高校で習った外国語は英語ですか。

男：はい、英語のほかにドイツ語も少し習いました。

女：そうですか。私も英語のほかにスペイン語も少し習いました。

男：学校で習ったんですか。

女：いいえ、スペイン人の先生に習っていたの。木村さんのドイツ語は？

男：外国語教室に通って習ったんです。

问题设置：男の人はどこで第二外国語を習いましたか。

A．学校

B．スペイン

C. 外国語教室

案例解析：这是一段关于语言学习交流的对话，段落虽然不算长，对话中却提及四种语言「外国語」「英語」「ドイツ語」「スペイン語」，以及三个地点「高校」「学校」「外国語教室」，加上对话的句子不短，容易给考生在听力理解时造成某些混乱。不过，男生在最后一句中清楚地表明「外国語教室に通って習ったんです」（我是通过外语培训班学习的），所以该题的正确选项应该是「外国語教室」。

语言知识：对话中的「…ほかに」是句型，表示"除了……之外"之意；「…先生に習っていたの」是「…のです」的口语省略形式，这个句型是说话人用来说明某种原因、理由、根据的表达方式。

4.2.4 听力时间类题型说明及案例分析

1) 听力时间类题型说明

时间是人们语言交谈和交流信息中的重要内容之一，故总是作为听力考试内容在每一年的高考日语试题中出现，时间大至年代，小至小时、分秒，其间包括年、月、日、时、星期等。在实际运用中，又有时间点和时间段之分。时间类的设问关键词通常有「いつ、何時、何時間、何曜日、どのぐらい、何時から何時まで」等。

时间类题型同样可分为直接表示和间接表示两种方式。直接表示提问的时间通常会在这一类题型的对话中直接出现，一般无须计算或是推导，只要听清楚、辨明白了，就很容易解决。间接表示的听力测试题则稍微复杂一些，对话中经常会同时出现好几个表示时间的词语，有的要通过计算，有的要经过推断，才能找出正确答案。

2) 听力时间类案例分析

【案例分析 4.2.3】

女：今年は休み何日取れるの？

男：僕は10日ぐらいかな。

女：いいわね。そんなに長く取れるの。

男：もっと長い会社があるの。友達の会社なんか2週間だってさ。

女：へえ、夢みたい。羨ましい。

男：君は何日休める？

女：私は4日しかないの。

男：そうか。4日だけか。気の毒だね。

问题设置：女の人の休みは何日間ですか。

A. 4日間

B. 10日間

C. 2週間

案例解析：这段职场对话涉及假日休假长短问题，设问是「女の人の休みは何日間ですか」（女人的假期是几天？），对话中涉及三个时间，男人可获取的休假时间「10日ぐらい」，朋友公司的「2週間」，女人的「4日だけ」（只有4天），根据设问，正确的答案无疑是A项「4日間」。

语言知识：其中的「の」是终助词，接在句子末尾，表示疑问、判断、感叹、劝诱、警告、禁止等时，意为"呀""吗""吧"，一般为女性的口头用语。「なんか」是「など」的通俗说法，常用于口语，意为"……之类"；「…だって」是句型「…という」的口语表达形式，用于说明传闻的表达方式，可翻译为"听说……""据说……"；「…しかない」则是表示除此之外没有其他更多的、更好的意思，意为"只有""只能"等意思，此处表示休息的时间很少。

4.2.5 听力原因类题型说明及案例分析

1）听力原因类题型说明

在历年的高考日语听力试题中，用「なぜ、どうして、理由」等词语构成的因果关系类试题占有相当的比重。原因和结果表示一种逻辑关系，也是语言表达的一种常用的手段。原因有多种，单一的、多重的、直接的、间接的、主要的、次要的。因果关系的试题多以原因设问，这类题型要求考生能够听懂事情的"原因"与"结果"。其特点通常会用「どうして、なぜ、理由は何ですか、原因は何ですか」来开启设问。

高考日语因为难度系数不是很大，表示原因类型的题目大多是单一原因，即指在一段对话中，只有一对因果关系，对话中的一方就某一事询问其原因所在，而另一方直接或间接道出事情的原委。因为原因只出现一处，重点较为突出，所以一般找到原因也不是很困难的事情。

2）听力原因类案例分析

【案例分析4.2.4】

男：わあ、おいしそう。母ちゃん、どうしてご馳走？

女：当ててごらん。

男：だれかの誕生日？それとも、何かいいことでもあったの？

女：いいえ、おじいちゃんが一緒に食事をしてくれるの。

男：ほんとう？うれしい。

问题设置：お母さんはなぜごちそうを作りましたか。

A. お父さんの誕生日ですから

B. 今日はいいことがありましたから

C. おじいさんが食事に来てくれますから

案例解析：这是一段家庭内部的亲子对话。男孩子看到妈妈在做美食，好奇地问起原因来「だれかの誕生日？それとも、何かいいことでもあったの」（是谁的生日吗？还是有什么好事情？），妈妈告诉他，「おじいちゃんが一緒に食事をしてくれるの」（爷爷要来一起吃饭），所以妈妈在忙着准备饭菜。

语言知识：其中的「それとも」是接续词，用于连接两个疑问句，表示选择性的疑问"是……还是……"。「でも」是提示助词，举出极端的例子表示类推其他，可译为"就连……也……"。「…てくれる」这个句型表示别人为自己（或自己一方）做某事；「の」此处作为终助词，接在句子末尾，表示疑问、判断、感叹、劝诱、警告、禁止等语气。

【案例分析4.2.5】

男：入学試験はどうだった？

女：失敗しちゃったのよ。

男：どんなこと、聞かれた？

女：質問は簡単だったけど。

男：じゃあ、服の色とか言葉使いとかで？

女：ううん、部屋を出る時にあいさつをしなかったの。

男：じゃあ、そのまま？

女：はあ、悔しかった。

问题设置：女の人はなぜ悔しいのですか。

A. 服の色が悪かったから

B. あいさつをしなかったから

C. 言葉の使い方がよくなかったから

案例解析：这是一段询问考试口试情况的对话。当男生问起女生入学面试的情况时，女生很懊丧地说「失敗しちゃったのよ」（失败了啊），男生关心地问起

原因「服の色とか言葉使いとかで」(是衣服的颜色或者说话措辞的原因吗?),女生十分懊恼地说「部屋を出る時にあいさつをしなかったの」(走出房间的时候没有说寒暄语)。显然答案 B 符合这段对话的意思。

语言知识:其中的「…ちゃった」(てしまった)是「てしまう」的た型用法,表示事情发展与自身期望有区别,同时带有失望、悔恨的心情。「…とか…とか」的「とか」是并列助词,该句型用于例示,即表示诸如此类的含义,意思是"……之类,……等"。「ううん」表示否定的意思,可翻译为"不"。

4.2.6　听力物品类题型说明及案例分析

1) 听力物品类题型说明

物品是人们在日常生活中每天必须接触到的东西,如一日三餐我们会品尝到各种各样的食品和饮料,外出购物时会看到琳琅满目的商品,家庭环境和工作环境中会接触到各种特色的家庭用品和办公用品,在图书馆借阅各种科目的书籍,社会交往中也不可避免地有互赠礼物、选择礼物的情况,可以说"物品"一直出现在人们的衣食住行里。这类题型的设问通常是用「何を、何の、どの、何…、何にしますか、どれですか」等。

高考日语中关于"物品"的话题很多,出题数量位居第四,作为一个重要的测试内容,每年都会出现。物品类试题的对话一般都不长,内容简洁明晰,考生只要掌握了基本的生活词汇,听清楚设问的主题,就能很好地把握住对话的方向和答案。

2) 听力物品类案例分析

【案例分析 4.2.6】

男:お母さん、僕がほしいのはこれだよ。

女:どれ?ゲーム?それともCD?

男:いいえ、この漫画の本だよ。今、みんな読んでいるだ。

问题设置:男の子がほしいのはどれですか。

A. CD

B. 漫画

C. ゲーム

案例解析:这是母子间一段非常简短的对话,当男孩向母亲提出「僕がほしいのはこれだよ」(我想要的就是这个),母亲问「ゲーム?それともCD?」(是游

戏,还是CD?),也就是A和C选项,接下来男孩明确回答「いいえ、この漫画の本だよ」(不,是这本漫画书),因为「今、みんな読んでいるだ」(现在大家都在看)。由此看来,本题的选项A和C被排除了,正确答案应该是B。

语言知识：对话中的「それとも」这个接续词用于连接两个疑问句,表示二择一,意为"是……还是……"。「今」是时间名词,表示"现在,这会儿"。「読んでいる」中的「…でいる」这个句型表示动作持续进行的状态,可翻译为"正在……"。

4.2.7　听力数字类题型说明及案例分析

1) 听力数字类题型说明

人们在日常生活中经常与数字打交道,数字类试题便成为高考日语等各类听力试题中不可缺少的部分。它的涵盖面广,涉及基数、序数、人数、物量、动量、价格、年龄、表格、号码等等。其设问点涉及「いくら、いくつ、何番、何人、何回、何冊」等关键词。

数字类题型大致可以分为两大类：直示类、计算类。直示类的试题通常在谈话中直接出现了提问的数字,虽有一些干扰,但只要听清楚关键的数字,无须计算,就能够比较容易地处理这一类题目了。而计算类的试题比前一类复杂,迷惑性大,干扰性强,谈话中通常会出现若干个数字,必须通过加减乘除的计算,才能得出最后的结果。所以要听清楚并记下每一个数字,然后做出正确的计算。高考日语听力测试因为难度不高,数字类题目一般多为直示类试题。

2) 听力数字类案例分析

【案例分析4.2.7】

女：やっと金曜日ですね。

男：ええ、これからの土曜と日曜は楽になりますね。

女：お宅から会社までどれぐらいかかりますか。

男：停留所までは歩いて10分、バスは20分、電車は1時間ですよ。

女：大変ですね。

问题设置：男の人の通勤時間はどのぐらいですか。

A. 20分

B. 1時間半

C. 1時間

案例解析：这是一段两位职场人士的聊天。在这段简短的对话中,当女人问

男人「お宅から会社までどれぐらいかかりますか」(从您家到公司需要花多长时间呢?)的时候,男人没有直接告诉具体的数字,而是具体介绍了自己上班的过程「停留所までは歩いて10分、バスは20分、電車は1時間ですよ」(走到车站要10分钟、坐巴士要20分钟,然后坐电车要1个小时呢),也就是说,对话涉及的数字不是直示性问题,出现了三个数字「10分」、「20分」、「1時間」,考生必须通过对三个数字进行加法计算,才能得出最后的结果"1 小时 30 分钟",也就是选项 B 所提示的「1時間半」(一个半小时)。

语言知识:对话中的「やっと」是个副词,常用于强调说话人等待已久的心情,多用于口语,中文是"终于"的意思。「ええ」是个感叹词,在此表示肯定的语气,相当于汉语的"哎"。「これから」这个词语相当于日语的「いまから」,意为"从现在起,今后,以后,将来"。「…から」是补格助词,一般表示动作、时间的起点,此处表示"住宅"这个起点,即"从……"。「ぐらい」是副助词,表示大致的数量,意为"……左右"。

4.2.8 听力独白类题型说明及案例分析

1) 听力独白类题型说明

有人说听力部分是高考日语测试四大部分(听力、日语知识运用、阅读、写作)中最难的一个部分,而听力试题中的独白类试题可以说是难中之难,这话不能说没有道理。独白类听力不同于对话听力,对话听力要求对语句进行理解,而独白部分则是对语篇的理解,更强调整体性和逻辑性。考生不仅要听懂,而且要概括、分析、综合、记忆所接收到的信息。另外,对话听力内容大都比较简单,所涉及的不过是日常生活中的购物、看病、就餐、问路、住宿、乘车等等,而独白类听力内容则包罗万象,题材广泛,包括社会、文化、教育、风俗、人情、科普等方面,知识性强,话题变幻莫测。独白类试题的内容可细化为:

(1) 主题类。主题类是对短文的中心思想、主旨大意进行提问。这类试题要从辨认篇章要点、获取大概印象出发,注意把握反映观点、主张、过程、状态、结果等的词语,从而基本了解篇章大意。

(2) 细节类。细节类即对短文中涉及的情节进行提问。这类题要从篇章整体意义出发,注意把握反映人物、性质、时间、数量、方向、位置、状态、手段、原因、结果等的词语,从而准确领会篇章的完整内容。

(3) 报告类。报告类独白是听力的主要题型之一,带有说明文的特征。一般

以报告、新闻等形式出现,常用来说明客观事物的特点、概况以及事物的发展变化等。这类题的基本特点是就事论事,客观报道,不带个人感情色彩,而且信息是显性的,比较容易捕捉。

(4) 广播类。这类题材的听力试题大都取自电视、电台、车站、商店、车上的广播内容,内容实用,目的是测试考生是否能听懂社会上发生的一般事件,或抓住生活中必需的信息。

(5) 社会文化类。社会文化类包括的范围很广,可涉及社会风俗、生活习惯、文学艺术、社会制度、文化特征等。这类独白,有的以半叙述半议论的形式,在论事的同时表达自己的观点。考生在人文社科方面的知识将有助于提高对这类独白短文的理解。

(6) 科普类。科普类短文一般以通俗的科技知识为素材,介绍有关科学发现、科技发明、科学实验结果等。听力材料多为社会热点话题,为人们所熟悉的话题,一般不会出现过于专业化的科技词汇。

(7) 叙述描写类。叙述描写类的听力短文题材较广,既有叙述又有描写,包括记叙人物、事物、事件,描写行为动作、心理感情等,表达上相对句子较长。

(8) 社会问题类。这类短文一般涉及目前的一些社会热点问题,如失业、能源、人口、教育、交通、建筑、住房等。其题材多为议论文体,通常提出一个问题,然后对该问题展开分析或阐述不同的看法以及提出解决问题的建议或方法等。听这一类独白时,需听清第一句的内容。一般来说,第一句便会提出观点或热点问题,中间是分析原因、列举事实、介绍不同观点等,最后是结论,陈述对某一观点的倾向性意见。

2) 听力独白类案例分析

【案例分析4.2.8】

男:私は公園にゴミ箱を置かないことに賛成です。なぜなら、自分の出したごみを持ち帰るのが、自分の行動に責任を持つことだと考えるからです。公園にゴミ箱が置いてあると、人々はそこにごみを捨てるでしょう。捨てられたごみで、他の人の仕事が増えます。一人一人が責任を持って行動する社会であるためにも、公園にはゴミ箱を置かないほうがよいと思います。

問題設置:男の人は何について話していますか。

A. ごみ箱を置くべきか

B. ごみ箱をどこに置くべきか

C. ごみをごみ箱に捨でるべきか

案例解析：这段独白属于主题类，涉及垃圾分类放置这一社会问题。会话的设问是"男の人は何について話していますか"（男人在针对什么问题说话？），独白的第一句就直点主题"私は公園にゴミ箱を置かないことに賛成です"（我赞成公园里不要放置垃圾箱），意味着这场独白是围绕是否应该在（公园里）放置垃圾箱问题的讨论或者会议发言，而并非垃圾箱的位置，或者是否应该投放的问题。为了让考生不陷入困境，独白的最后一句再次强调了这个主题，即 A 项的"ごみ箱を置くべきか"。

语言知识：独白中的「なぜなら…からです」这个句型一般用于说明原因和理由，是书面语的表达形式，可翻译为"为什么呢，理由（原因）是……"。「…てある」句型接在他动词后，表示某人做过的行为结果持续存在，同时可以强烈地感受到动作者的存在，可根据语境和上下文脉酌情进行翻译。「…ために」表示目的，一般用句型「名詞＋の＋ために」或「動詞基本形＋ために」，中文是"为了……"的意思。「…ほうがよい」这个句型用于提供建议和忠告的场合，有时给人一种强加于人的印象，所以有必要根据具体情况使用，一般翻译为"最好……"。

4.2.9 听力状态类题型说明及案例分析

1）听力状态类题型说明

人们的谈话内容往往涉及面很广，既有对人物的描述，对动作的议论，也少不了谈及事物的性质、状态等方面的内容。这些作为很重要的外语测试内容，在每年的高考日语考试的听力部分都会出现。据对近 13 年试题的观察，状态类题型通常对话比较长，内容比较多，涉及事物的同时，会掺杂着时间、地点、人物等因素。因为对微妙处设问，或者设问中含有几个测试的内容，所以听力状态类题型比其他类型的试题难度要大一些。状态类的听力试题进而可划分为事物的性质和事物的状态两种形式，基本词汇特征是以「どんな、どう、…なります、…なりました」来提出问题的题型。考生在考试的时候，可以根据状态类题型的特点，在抓取每一段对话提供的各种信息的基础上，在三个选项中准确地找到正确的选项。

2）听力状态类案例分析

【案例分析 4.2.9】

女：明日から三日間休みですね。何をする予定ですか。

男：一日目の明日は昼まで寝ようと思います。
女：そうですか。午後は？
男：午後はまず友達と食事をして、それから映画を見ようと思います。
女：二日目はゆっくり休みますか。
男：いいえ、泳ぎに行きたいんですが。
女：海へですか。
男：いいえ、大学のプールでです。

问题设置：二日目の予定はどうなっていましたか。

A. 食事をします。
B. 海へ行って、泳ぎます。
C. 大学のプールで泳ぎます。

案例解析：这是发生在大学生之间的对话。设问是「二日目の予定はどうなっていましか」（第二天的安排是什么？），男生很明确地告知他的安排是「泳ぎます」（游泳），但究竟去哪里游泳？是海边还是泳池？男生的最后一句话清晰地锁定了正确的答案，即「大学のプールで泳ぎます」（在大学游泳池游泳）。

语言知识：对话中的句型「…ようと思います」表达一种主观意志，表示说话人想要做某事，可翻译为"打算……""想……"。「それから」是接续词，表示说完一件事情之后还有另外一件事情需要说，意为"其次，接着，以后，而且"。「二日目」是数量词，直译为"第二天"。「ゆっくり」是副词，中文译为"慢慢地，不着急，安安稳稳"。

4.2.10 听力方式类题型说明及案例分析

1) 听力方式类题型说明

日常生活中人们去往何处，或者做什么事情，一般都会涉及方式方法问题，例如我们上班、上课、参加某个活动、去哪里旅游，将采用怎样的交通工具前往这个目的地呢？我们学习某种外语也会涉及学习方式和方法的问题：是去国外留学？还是去学校学习？或是在网络上学习？抑或采用自学的方式？在高考日语听力测试中这一类题型的结构较为简单，通常用「何で、どうやって、どのように」来提出问题，对应的三个选项大都是交通工具、学习地点和范围的专门词汇。

另外，人们平时说话和做事，都不可能是盲目的，总会带有某种目的和意图，即为什么说这句话，或为什么做这件事。因此，听对话、判断其意图和目的也是高

考日语听力试题的内容之一。虽然不是每年出现,但也不可忽视。这一类题型结构没有特别复杂的设计,大都通过「何のために」来直接提出问题。考生只要有针对性地找到相对应的表达目的的内容即可做出正确的选择。

2)听力方式类案例分析

【案例分析4.2.10】

女:あの、学校に行く時間なのに、自転車がなくなって。

男:そうですか。それはそれは。学校に遅れたら大変だね。

女:そうなんですよ。バスで行きたいですけど、どこで乗ればいいですか。

男:それよりも、この通りを10分ぐらい歩けば地下鉄の駅があるよ。

女:あ、それはよかった。それにしましょう。

问题设置:女の人はどのように学校へ行きますか。

A. バスで

B. 地下鉄で

C. 自転車で

案例解析:这段对话发生在两个朋友或者同学之间。会话的设问是「女の人はどのように学校へ行きますか」(女人怎么去学校呢?),骑自行车吧,「自転車がなくなって」(自行车没有了),女人转念一想「バスで行きたい」(想坐巴士),可又不知道在哪里乘坐。男人告诉她「この通りを10分ぐらい歩けば地下鉄の駅があるよ」(走这条路10分钟左右就有地铁站)。女学生高兴地听从了男人的建议,决定「それにしましょう」(去乘坐地铁)。正确答案无疑就是B项的「地下鉄で」了。

语言知识:对话中的「のに」是接续助词,表示转折、逆接的含义,意为"居然,却"。「それはそれは」表示语气的强烈,可翻译为"那可不得了"。「それよりも」是「それより」的强调表达,中文意思是"比那个……""比较起来,还是……";「それにしましょう」的意思是委婉地表达自己将遵循对方的提议去做某件事的意愿,有"就那么做吧,就要那个吧"等意思。

4.2.11 听力人物类题型说明及案例分析

1)听力人物类题型说明

谈论人物,说长道短,评头论足,是人们日常生活中常见的话题,当然也是高考日语听力测试中经常出现的问题。人物类题型通常包括四个方面的内容:第一,人物的相貌和外观。对话双方会提到某个人物的长相、高矮、胖瘦、穿戴、发

型、配饰、衣服颜色等话题。第二，人物的动作或形态。一般会根据动作来辨认某个人物，从动作上议论某个人物，对话中经常出现的动作有看书、看报、吸烟、喝咖啡、招手、挽手臂、支肘、玩耍、手持某物等。考生答题时要注意结合提问听清楚核心人物所做的究竟是什么动作。第三，人物的表情或心情。如果说第一和第二的谈话中心是围绕第三者的，那么有关人物表情或心情的试题内容大多是谈话双方中的某一方（说话人或听话人）。第四，人物的职业或国籍。一般多针对谈话的某一方的职业、身份进行提问，或对谈话人之间的关系进行提问，或对谈话中涉及的第三者的职业、身份以及与谈话人之间的关系展开提问。其中提问职业的问题较为普遍，通常涉及社会的各个行业，如经理、教师、医生、律师、作家、司机、警察等。在答这类题时，首先要集中精力听清有关的词和词组，并在此基础上进行判断。

2）听力人物类案例分析

【案例分析 4.2.11】

女：あしたは自動車工場見学しますから、8時45分までに学校に来てください。

男：先生、何時ごろ工場に着きますか。

女：10時ごろ着きます。

男：ぼくの家は工場に近いから、その時間に工場の入り口で待っていってもいいでしょうか。

女：工場見学も授業ですから、始めから一緒に行動してください。

男：はい、わかりました。

问题设置：工場見学の日は男の人はどうしますか。

A. 一人で行動します

B. 直接工場に行きます

C. みんなと一緒に行動します

案例解析：这是一段学校师生之间的对话，设问是「工場見学の日は男の人はどうしますか」(工厂参观日男生该怎么做?)。因为「家は工場に近いから」(男生的家离工厂很近)，所以向老师申请「その時間に工場の入り口で待っていってもいいでしょうか」(我可以那个时间在工厂入口处等候吗?)。老师没有同意，因为「工場見学も授業です」(工厂参观学习也是上课)，所以男学生必须「始めからみんなと一緒に行動します」(从开始就和大家一起行动)。因此，C项是正确的选项。

语言知识：其中的「ごろ」是个接尾词，用于表示时间点的左右，意为"大概，

左右"。「から」是助词,有多种语法意义。这里的「近いから」和「授業ですから」表示原因,是"因为……所以……"的意思;而"始めから"则表示空间和时间的起点,意为"从……"。「…てもいいでしょうか」是句型,表示请求、允许,意为"可不可以"。「一緒に」是副词,可翻译为"一起……""一同……"。

4.2.12　听力推断类题型说明及案例分析

1) 听力推断类题型说明

推断类题型是高考日语听力试题中难度最大的一类题。级别越高,推断类题目就越多,但是高考日语的难度并不大,所以在近13年的高考日语中推断类试题只在2018年和2021年出现了2次。其特点是以「…と言っていますか、何と言っていますか、どう言っていますか、…と思っていますか、どう考えていますか、何と言いたいですか、どう考えていますか」来开启设问。

学日语的人都知道,日语的一个很大的特点是暧昧、委婉、含蓄、省略。日本人不喜欢把自己的想法、观点说得太直率、太肯定,而是半显半露,留有余地,让听话人根据当时的语境、说话的语气等来推测,这无疑给听力试题增加了难度。推断类试题往往不能为书面选择项提供直接的信息,要求考生"听话听音",根据对话内含的意义,利用逻辑推理思维的过程去辨别说话人的意图、态度、要求等,然后选出正确答案。

2) 听力推断类案例分析

【案例分析 4.2.12】

女:ほら、見て、この帽子はどう?

男:きれいだね。どこで買った?

女:公園の前のスーパーで買ったのよ。

男:え?スーパーでもこんなきれいな帽子を売っているのか?デパートのより安い?

女:ええ、5千円だったの。

男:ちょっと高くない?僕は少し高いと思うけど。

女:でも、気に入っているから。

问题设置: 男の人は帽子をどう思っていますか。

A. 高い

B. 安い

C. 高くも安くもない

案例解析：这段对话似乎发生在一对夫妻之间。其设问是关于「男の人は帽子をどう思っていますか」（男人对帽子是怎么考虑的）。在一般认知中，超市的物品要比百货商店的便宜，由此容易造成考生的误解和误选，但是根据对话里男人那一句「ちょっと高くない？僕は少し高いと思うけど」（你不觉得有些贵吗？我觉得有点贵……），再根据三个选项提供的信息，应该选择A项「高い」。

语言知识：其中的「ほら」是个感叹词，是在给对方做出什么提示，要引起对方注意时使用，意为"哎、喂"。「ちょっと」是副词，用来修饰动词、形容词，在句子中充当状语成分，表示数量不多、程度不深、时间很短等含义，带有缓和或欲言又止的语气，可翻译为"轻微、有点儿、稍微、一点儿"。「…けど」是「けれども」的口语形式，起着承上启下的作用，也是给对方接着往下说的一个空间，也有转折的意思。一般是委婉表示否定意见的意思，也可以表示"接下来要怎样"的意思。「気に入っている」是固定搭配，是"喜欢、中意"的意思。「ている」表示动作或状态的持续，在这里翻译为"一直……"。

4.2.13 听力顺序类题型说明及案例分析

1) 听力顺序类题型说明

顺序类题型也是高考日语中常见的听力考试内容之一，但是纵观近13年的试题，顺序类题型只出现在2016年和2017年，仅有2道题。究其原因，顺序类别的大部分题目属于看图选择的题型，而高考日语没有设置看图选择的听力题目。这类题型的设问特点是用「どの順番、…の順序、どんな順番、…の順、順番はどれですか、どうやって、どうなっていますか」等形式来提出问题。

日常生活中涉及顺序的谈话内容不少，大致可分为两大类别：第一类是事物的排列顺序。包括由大到小、由好到差、由高到矮、由贵到贱、由长到短、由粗到细、由远至近等等，涵盖的内容很广。第二类是动作的先后顺序。这类题一般是以答问的形式来确定动作的先后顺序，如先做什么、再做什么、最后做什么等。这类题在表达上的一个特点是，通常会伴随着一些表示动作先后顺序的词语。考生如果抓住了这些词语的话，对理解内容、抓住正确答案会大有帮助。

2) 听力顺序类案例分析

【案例分析4.2.13】

女：すみません。

男：はい、何でしょうか。

女：ここに行きたいですが、迷ってしまいまして。

男：ああ、桜スーパーですね。

女：そうです。

男：この道をずっと行くと、本屋が見えます。

女：本屋ですね。

男：ええ、そこから左に曲がると、地下鉄の駅と商店街がありますよ。商店街を通って、すぐです。

女：どうもありがとうございました。

问题设置：女の人はどのように目的地まで行きますか。

A. 本屋→商店街→目的地

B. 地下鉄の駅→本屋→目的地

C. 商店街→地下鉄の駅→目的地

案例解析：这是一段街头问路的对话。设问是关于「女の人はどのように目的地まで行きますか」(女人怎样去目的地？)的，对话中提到了四个地点「本屋、地下鉄の駅、商店街、目的地」，如果考生注意听到了男人指引性的两句话「この道をずっと行くと、本屋が見えます」(沿着这条路一直走，就能看见书店)和「そこから左に曲がると、地下鉄の駅と商店街がありますよ。商店街を通って、すぐです」(从那里往左拐的话，有地铁站和商店街哦。过了商店街就是)，再根据三个选项提供的顺序，可以按照地点出现的顺序来确定正确答案，即 A 项「本屋→商店街→目的地」。

语言知识：其中的「…てしまい」表示动作全部完成，或是到达某种状态。「てしまう」的口语形式是「…ちゃう」，意为"完全……，彻底……"。「ずっと」是个副词，有三个基本意思：一表时间或距离远，意思是"远远地"；二是保持不变，即"一直，始终"的意思；三是表示差距大，可翻译为"……得多"。在本对话中是第二个意思"一直，始终"。「…が見えます」为可能语态句型，前面用「が」表示能力所涉及的对象，意思是"能看到……"。「すぐ」也是副词，可以表示时间和距离的短暂，「すぐそこです」可翻译为"就在那里"。

4.2.14　高考日语听力内容范围的总结

基于对 13 年高考日语听力试卷的大数据统计，以及根据听力试题 12 类题型历年真题的案例分析，我们了解到高考日语听力考试的主题大概涉及国际交流、

人际关系、语言交流、日常生活、职场对话、校园生活、街头交流、商场对话、家庭生活、亲子对话、社会问题等诸多方面。语言知识点的掌握要求考生除掌握必备的常用词汇之外，基本会话句型的理解和运用，日本人说话的委婉语气、暧昧态度、省略表现也要格外重视。

高考日语听力试卷对于语言素养的要求，体现了日语学科本位的特点，也说明了外语教育的专门性和针对性。

4.3 高考日语词汇试题分析

4.3.1 高考日语词汇题型及考点分布

基于新课标（2017年版）的"帮助学生掌握基本的日语语言知识技能，学会运用日语交际"的课程目标，我们对2010—2022年高考日语试题第二部分"日语知识运用"中的词汇类试题做了大数据统计，归纳总结为12类题型。进而对2010—2022年的高考日语中的词汇类试题按照出现概率进行了排序，分别是动词类题、名词类题、副词类题、形容词类题、寒暄语类题、日本文化知识类题、外来词类题、惯用语类题、数量词类题、连体词类题、代词类题、接续词类题。此外根据各类词汇特点，我们在仔细梳理历年真题的"案例分析"的基础上，总结归纳出每一类词汇的词性"特点及分类""历年真题范例"等。如表4-4所示，高考日语的词汇类型可分为动词等12个类型；2010—2022年具体试题数量的分布可见表4-5的归纳。

表4-4 2010—2022年高考日语词汇各类题型出题情况一览

类型	动词	名词	副词	形容词	寒暄语	日本文化知识	外来词	惯用语	数量词	连体词	代词	接续词
数量/题	64	41	30	28	21	13	12	11	11	5	0	0

表4-5 2010—2022年高考日语词汇试题考点具体分布一览

序号	考点	年份													合计
		2010	2011	2012	2013	2014	2015	2016	2017	2018	2019	2020	2021	2022	
1	名词	2题	3题	3题	2题	3题	5题	5题	4题	5题	2题	2题	3题	2题	41题
2	代词	0题	0题	0题	0题	0题	0题	0题	0题	0题	0题	0题	0题	0题	0题

(续表)

序号	考点	年份												合计
		2010	2011	2012	2013	2014	2015	2016	2017	2018	2019	2020	2021	2022	
3	数量词	1题	1题	0题	1题	1题	0题	1题	1题	1题	1题	1题	1题	1题	11题
4	动词	2题	8题	5题	4题	4题	7题	6题	6题	6题	4题	5题	2题	5题	64题
5	形容词	1题	1题	2题	3题	1题	2题	1题	4题	2题	4题	2题	2题	3题	28题
6	外来词		1题	1题	1题		1题	1题	1题	1题	1题	2题		2题	12题
7	副词	5题	2题	5题	2题	1题	2题	1题	1题	2题	2题	2题	2题	2题	30题
8	接续词	0题	0题	0题	0题	0题	0题	0题	0题	0题	0题	0题	0题	0题	0题
9	连体词	1题		1题			1题		1题				1题		5题
10	惯用语	1题	1题	1题	1题	1题	1题	1题	1题	1题	2题		1题		11题
11	寒暄语	1题	2题	0题	2题	1题	2题	1题	2题	2题	2题	2题	1题	3题	21题
12	日本文化知识		1题	1题	1题	1题	1题	1题	1题	1题	1题	1题	2题	1题	13题
	合计	16题	20题	18题	16题	14题	19题	21题	21题	20题	19题	18题	15题	19题	236题

4.3.2 动词类题型说明及案例分析

1) 动词词汇的特点

动词是表示动作、作用、状态等的独立词,动词的形态特征是基本形的最后音节都是ウ段的假名。例如:

- 書く、読む、飲む、なる、見る、起きる、教える、かける、旅行する、卒業する、来る、おっしゃる、ござる、言う、歩く、話す、信じる、論ずる

2) 动词词汇的分类及案例

动词可以根据活用分为一类动词、二类动词、三类动词;根据是否前接宾语分为自动词和他动词;根据"待遇表现"分为普通动词和敬语动词;根据作用分为基本动词和补助动词。本章节我们从活用和自他动词这两个角度,结合历年真题分别进行阐述,其他分类将在下一章节"出题倾向"部分做出分析。

(1) 根据活用形式的特点,可分为一类动词、二类动词、三类动词三大类。

① 一类动词:基本形以「く、ぐ、す、つ、ぬ、ぶ、む、る、う」结尾、在五十音图的同一行五段中进行词形变化的动词。一类动词进一步可以分为普通一类动词和特殊一类动词(即敬语动词)。

- 普通一类动词：言う、書く、泳ぐ、話す、立つ、死ぬ、結ぶ、読む、分かる
- 特殊一类动词：いらっしゃる、おっしゃる、くださる、なさる、ござる

【案例分析 4.3.1】
- 宿題を**書く**のに2時間も**かかり**ました。（写作业花了两个多小时。）
- 向こうに病院らしい建物が**ある**。（对面有像医院一样的建筑物。）
- 最近のお祭りは面白くないから、仕事を**休ん**で見に行く必要がないと**思う**。（最近的节假日活动没意思，我觉得没必要工作请假特意去看。）
- その経験をしたことのない人に、わたしの気持ちなど**分かる**はずがない。（没有经历过那种事的人，是不会理解我的心情的。）
- 先生、わたしの携帯番号をお**書きいたし**ましょうか。（老师，我给您写一下我的手机号码好吗？）
- もう遅いから、寮に**戻ら**なくていいじゃない？家に**泊まっ**たら？（已经很晚了，不回宿舍也可以吧？就住在家里行不？）
- 両国間の文化交流が**進む**に従って、相互理解もいっそう**深まっ**ていった。（随着两国间的文化交流的推进，相互理解也进一步加深了。）
- **笑って**はいけないと**思い**ながらも、**笑う**のをおさえることはできなかった。（虽然觉得不该笑，但还是忍不住笑了。）
- どうしてこんな奇跡が**起こる**のか、不思議で**なら**ない。（为什么会发生这样的奇迹，真是不可思议。）
- 人生には**失う**ものも**あれ**ば、得るものも**ある**。（人生既有失，也有得。）

② 二类动词：基本形词尾有两个音节、最后音节是「る」的动词。与一类动词的区别在于二类动词词尾「る」前的假名都是イ段或エ段的假名。
- 前为イ段假名的动词：いる、起きる、過ぎる、感じる、落ちる、似る、伸びる、見る、降りる
- 前为エ段假名的动词：得る、掛ける、上げる、任せる、混ぜる、捨てる、出る、寝る、経る、食べる、決める、入れる

二者的区别：

ア段 ウ段 オ段 }+る→一类动词	ある、あがる、くさる、あたる、なる うる、くくる、つる、ぬる、ふる おる、おこる、そる、とる、のる
イ段 エ段 }+る→二类动词	みる、いる、きる、おちる、すぎる、にる、おびる うける、かける、おしえる、やせる、たてる、のせる

【案例分析 4.3.2】

○ そのアニメは人気があるらしく、**見る**人が多いですね。(那个动画好像很受欢迎,看的人很多。)

○ アルバイトをして**はじめて**、仕事の大変さが分かった。(打工以后,才知道工作的辛苦。)

○ 池の周りに桜の本が10本**植え**てあります。(池塘周围种着10棵樱树。)

○ 学生一人一人のことを**考え**ながら授業をしなければなりません。(上课时必须考虑每个学生的具体情况。)

○ 外国人であっても英語が上手に**話せる**とはかぎらない。(即使是外国人,英语也未必说得好。)

○ 田中さん、その店の勘定はカードしか**でき**ませんよ。(田中,那家店结账只能刷卡。)

○ 今度の国際会議は10日間にわたって**行われる**そうです。(听说这次国际会议要举行10天。)

○ 睡眠時間が短いほど、体重が**増える**と言われている。(据说睡眠时间越短,体重越会增加。)

○ この計画はちゃんとみなさんに**伝えて**おくべきだと思います。(我认为这个计划应该好好传达给大家。)

○ 今マッチで、ガスに火を**つける**人が少なくなった。(现在很少有人用火柴点煤气了。)

③ 三类动词:有カ行变格活用动词(カ变)和サ行变格活用动词(サ变)两种。如果说一类动词和二类动词属于规则(正格活用)动词的话,那么三类动词则是不规则(变格活用)动词。在现代日语中,カ行变格活用动词只有「来る」一个词,而サ行变格活用动词除了「する」外,以「する、ずる」为词尾的动词也包含在サ行变格活用动词内。

● カ行变格活用动词(不规则动词):来る

● サ行变格活用动词(不规则动词):する、勉強する、発表する、愛する、解決する、放送する、案内する、論ずる

【案例分析 4.3.3】

○ 人の気持ちを勝手に**想像する**のをやめてください。(请不要随便想象别人的心情。)

○ 会社で**安心して**働けたのはみな妻のおかげです。(能在公司安心工作都是

4 基于核心素养的高考日语试卷分析

托了妻子的福。)
- 友人はわたしの努力を<u>**理解して**</u>くれたらしい。(朋友似乎理解了我的努力。)
- 5年ぶりに再会した2人は、半年で<u>**結婚し**</u>ました。(时隔五年再相会的两人,半年后就结婚了。)
- この機械はどこか<u>**故障する**</u>と、ベルが鳴るようになっている。(这台机器一有地方出毛病,铃就会响。)
- あの国では、税金が高いかわりに、社会保障制度が<u>**充実し**</u>ている。(那个国家,虽然税金高,但社会保障制度很完善。)
- この電車は東京から<u>来</u>ました。(这趟电车是从东京来的。)
- ごめんなさい。今、食べたところです。また今度に<u>し</u>ましょうか。(对不起,我刚吃过,下次再说吧。)
- 今度の計画はよいかどうか最初からしっかりと<u>**検討し**</u>ましょう。(咱们一开始就好好研究一下这次计划好不好?)
- 父は毎日夕食後、川にそって<u>**散歩し**</u>ます。(父亲每天晚饭后,沿着河散步。)

(2) 根据动词前是否有宾语进行分类,可分为他动词、自动词两种类型。

① 他动词:是指带有宾格助词「を」的动词。

- 雑誌を読む、研究を続ける、料理を作る、論文を書く、会議を開く、授業を終わる、人を笑う

② 自动词:是指不带有宾格助词「を」的动词。

- 花が咲く、時間が経つ、学校へ行く、家に帰る、人が笑う、風が吹く、規模(きぼ)が拡大する

需要注意的是,有的动词虽然可以用「…を＋動詞」的形式,但是并非他动词,属于表示移动的自动词,其中的「を」并非宾格助词,而是补格助词,表示移动的场所。

- 道を歩く、空を飛ぶ、家を出る、故郷を離れる

【案例分析 4.3.4】

- 子どもは<u>**成長する**</u>中で、さまざまな問題にあうだろう。〈自动词〉(孩子在成长过程中,会遇到各种各样的问题。)
- 天気図を見ると、関東地方は雨が<u>**降り**</u>そうです。〈自动词〉(看天气图,关东地区将要下雨。)

○ ほら、見て、あの犬が道路を<u>渡り</u>たがっている。〈自动词〉（瞧，那只狗想要过马路。）

○ 今日は予報どおり、雨が<u>降っ</u>ていた。〈自动词〉（今天如天气预报报道的那样，下雨了。）

○ 女性にも野球の楽しさを<u>知っ</u>てほしい。〈他动词〉（希望女性也了解棒球的乐趣。）

○ わたしは講座を<u>聞き</u>に行きたいが、授業があるので、行けない。〈他动词〉（我想去听讲座，但因为有课去不了。）

○ すみませんが、エアコンのスイッチを<u>入れ</u>てください。〈他动词〉（对不起，请打开空调。）

○ 伝統のある食べ物がつぎっぎと食卓から姿を<u>消し</u>てしまった。〈他动词〉（传统食物一个接一个地从餐桌上消失了。）

○ 絵本をもらったら、子どもたちはきっと<u>喜ぶ</u>でしょう。〈自动词〉（收到绘画书，孩子们一定会高兴的。）

○ 体が丈夫でも、健康に気を<u>つけ</u>ないと、病気になりますよ。〈他动词〉（即使身体好，不注意健康，也会生病的。）

4.3.3　名词类题型说明及案例分析

1) 名词词汇的特点

我们身边存在着无数的物体，生活环境中放眼可见五彩缤纷的事物。这些与我们共存的物体和事物都拥有各自的名称，都是人们赋予它们的名字，即名词。名词是表示事物、概念等的独立词。随着时代的变迁，名词的数量也在不断地增加、更新中。例如：

- 山、花、海、犬、雑誌、今日、タバコ、香り、東京、アメリカ、ロンドン、朝、午後、月曜日、山山、隅隅、大学、数年間、思想、哲学、社会主義

2) 名词词汇的分类及案例

名词可从意义、构成、词源等角度进行分类。

（1）基于意义的分类：名词根据具体使用意义，可做如下分类：

```
                     ┌ 具体名词 ┌ 普通名词（人、物、时间、场所、方向等）
         ┌ 实质名词 ┤          └ 专有名词（人、物、时间、场所、方向等）
名词 ────┤          └ 抽象名词
         └ 形式名词
```

- 普通名词：山、川、草、花、水、学生、公務員、去年、東、ロボット、公園
- 专有名词：富士山、東京、夏目漱石、平成2年、『徒然草』、ピカソ、朝日新聞
- 抽象名词：思想、論理、アドバイズ、社会主義、マルクス主義、ノーベル賞
- 形式名词：の、こと、もの、ため、わけ、つもり、まま、はず、かわり、うえ

【案例分析4.3.5】
- 豆腐をはじめ、大豆から作られる食品が多い。(包括豆腐在内,用大豆制成的食品很多。)
- 天気図を見ると、関東地方は雨が降りそうです。(看天气图,关东地区将要下雨。)
- 今マッチで、ガスに火をつける人が少なくなった。(现在很少有人用火柴点煤气了。)
- 週末もどこへも行かないで、ほとんど家で勉強しています。(周末哪儿也不去,几乎都在家学习。)
- パソコンの調子がちょっとおかしい。(电脑的状态有点不正常。)
- 明日の発表は最初が山田さん、その次が田中さんだ。(明天的发表,首先是山田,其次是田中。)
- 人類は必要に応じて環境を変えていく。(人类根据需要改变环境。)
- どんなに狭くてもやはり自分の家がいちばんいい。(无论多小,还是自己的家最好。)
- 田舎の妹がこの写真を送ってくれた。(乡下的妹妹寄来了这张照片。)
- 兄は観光が好きで、国内旅行はもちろん、海外旅行もよくします。(哥哥喜欢旅游,国内旅行就不用说了,还经常去国外旅行。)

(2) 基于构成的分类：名词还可以依据名词的构成,做如下分类：

```
         ┌ 単纯名词
名词 ┤ 合成名词 ┬ 复合名词
         │          └ 派生名词
         └ 转成名词
```

- 单纯名词：風、山、道、花、金、銀、目、口、ガラス、タオル、カメラ
- 复合名词：山道、水切り、健康問題、子供服、夜行バス、カレーライス
- 派生名词：お酒、生ビール、ミニスカート、悲しさ、未成年、話し手、保証人

- 转成名词：流れ、通り、近く、多く、実、強、赤、白

【案例分析4.3.6】
- 洋子さんの家は美しい木に囲まれている。（洋子的家被漂亮的树木环绕着。）
- 先生は生徒に窓を開けさせた。（老师让学生打开窗户。）
- 明日試合に出るから、今晩、睡眠を十分とっておこう。（因为明天要参加比赛，所以今晚好好睡一觉吧。）
- 明日は金曜日だから、父は仕事のわけです。（明天是星期五，所以爸爸应该工作。）
- あの国では、税金が高いかわりに、社会保障制度が充実している。（那个国家，虽然税金高，但社会保障制度很完善。）
- ここ数年、大学に入る人が増えているようなニュースを聞いた。（听到了这几年大学入学人数增加的消息。）
- 彼はどんな困難も恐れず、本当に男らしい。（他什么困难都不怕，真有男子汉气概。）
- このケーキを作るにはけっこう時間がかかった。（做这个蛋糕花了不少时间。）
- 父は旅行が好きなので、日本の地理に詳しい。（父亲喜欢旅行，所以熟悉日本的地理。）
- 王君、先生が研究室でお待ちですから、急ぎましょう。（小王，老师在研究室等，我们赶快吧。）

（3）基于词源的分类：名词根据词源的不同，可以分为和语词名词、汉语词名词、外来词名词、混合词名词。

- 和语词名词：桜、水、花嫁、書き方、餅つき、梅干、漬物、お巡りさん
- 汉语词名词：電気、飛行機、国家、弁護士、日本銀行、大根、時計、放送局
- 外来词名词：パン、カメラ、バス、ラーメン、アメリカ、バイオリン、テーマ
- 混合词名词：赤字、資金繰り、ペン先、板ガラス、急ピッチ、グリーン車

【案例分析4.3.7】
- 来週の月曜日までにこの本を返してください。（请在下周一之前把这本书还给我。）
- 学校から駅へ行くにはこのバスが便利です。（从学校去车站坐这辆公共汽车很方便。）

- **スキー**が上手な**妹**は、小さい**時**から**冬**になるといつもスキーに行きたがります。(擅长滑雪的妹妹从小时候开始,一到冬天总是想去滑雪。)
- **妻**は**子ども**に**ピアノ**を習わせたいのですが、子どもは嫌がっています。(妻子想让孩子学钢琴,但是孩子不愿意。)
- わたしは**廊下**で林さんと**立ち話**をした。その後、**林さん**は**教室**に入ってきた。(我在走廊里和小林站着说话,之后,小林进了教室。)
- **途中**で**体**の**具合**が悪くなって、**近く**を通った人に助けてもらった。(半路上身体不舒服,得到了路过附近的人的帮助。)
- **森**の**中**から 急に大きな**鳥**が飛び上がった。(森林里突然飞起一只大鸟。)
- **中学生**になってから**声**が変わった。(上了中学以后嗓音变了。)
- わたしの**発表**の**テーマ**は「わたしと**日本**」です。よろしくお願いします。(我发表的题目是"我和日本",请多指教。)
- **スミスさん**はその方を知っている**はず**です。(史密斯先生应该知道那一位。)

4.3.4 副词类题型说明及案例分析

1) 副词词汇的特点

日语的副词是独立词,没有活用形,在句子中主要用于修饰动词、形容词等活用词语。例如:

- はっきり、ゆっくり、すぐ、まだ、ほとんど、とうとう、そっと、ほっと、がたがた、ひらひら、ぐるりと、とても、かなり、たいてい、ちょっと、たぶん、なぜ、もし、たとえ、ちょうど、もちろん、決して、必ず、突然、当然

2) 副词词汇的分类及案例

副词根据后面修饰的不同词语,可以分为情态副词、程度副词、陈述副词三大类。

(1) 情态副词:情态副词也称作"状态副词",是表示事物的性质和状态的副词,主要修饰动作动词。

- 性状副词:はっきり、すっきり、ぼんやり、のんびり、きちんと
- 方式副词:ゆっくり、しっかり、さっと、じっと、ちゃんと、わざと、互いに、いきなり
- 拟声拟态词:わっと、ちらりと、にこにこ、ぶらぶら、そよそよ
- 时点副词:さっき、すぐ、まもなく、やがて、すでに、かつて、さっそく、のちほど、じきに

- 期間副詞：ずっと、しばらく、ちょっと、少々、ずいぶん
- 順序副詞：初めて、しまいに、まず、次に、また、最初、最後、ついで、とうとう、ようやく、やっと、いよいよ、そろそろ、どうせ
- 数量副詞：みな、たくさん、おおぜい、全部、すべて、ほとんど、少し、すっかり、たっぷり、まったく、いくら
- 頻率副詞：よく、ときどき、たまに、いつも、たびたび、常に、ますます、だんだん、しばしば、ふたたび、偶然
- 指示副詞：こう、そう、ああ、どう、こんなに、そんなに、あんなに、どんなに、これほど、それほど、あれほど、これだけ、それだけ、あれだけ

【案例分析4.3.8】

- この計画は**ちゃんと**みなさんに伝えておくべきだと思います。（我认为这个计划应该好好传达给大家。）
- 週末もどこへも行かないで、**ほとんど**家で勉強しています。（周末哪儿也不去，几乎都在家学习。）
- パソコンの調子が**ちょっと**おかしい。（电脑的状态有点不正常。）
- スキーが上手な妹は、小さい時から冬になると**いつも**スキーに行きたがります。（擅长滑雪的妹妹从小开始一到冬天总是想去滑雪。）
- 日本語の本は高過ぎますから、**もう少し**安くしてほしいですね。（日语书太贵了，希望能再便宜一点。）
- 日本語を使ってみたら、**やっと**話が通じた。（尝试着使用日语，总算弄懂了意思。）
- 子どもたちの成長につれて、家族の夕食の時間が**ばらばら**になってきた。（随着孩子们的成长，家人的晚饭时间变得分散了。）
- 日本では、村上春樹といえば、知らない人が**ほとんど**いないでしょう。（在日本，提到村上春树，几乎没有人不知道吧。）
- この度は、先生に**いろいろ**ご心配をおかけして、申し訳ございませんでした。（这次让老师担心很多，真对不起。）

（2）程度副词：程度副词表示事物性质和状态的程度，主要用于修饰非动作动词、形容词、情态副词等，大体可分为三个层次。

- 表示较高程度的：最も、もっと、ずいぶん、かなり、たいへん、非常に、極めて、とても、ごく、はなはだ、すこぶる、はるかに、すぐ、たいそう、ずっ

と、さらに、なかなか、いっそう
- 表示中等程度的：だいたい、たいてい、およそ、やく、ほぼ、ますます
- 表示较低程度的：ちょっと、すこし、やや、わずか、ただ、たった、せめて

【案例分析 4.3.9】
- この建物から町の景色が**とても**よく見えます。（从这个建筑物可以很好地看到城市的景色。）
- 明日試合に出るから、今晩、睡眠を**十分**とっておこう。（因为明天要参加比赛，所以今晚好好睡一觉。）
- **すぐ**戻りますから、ここで雑誌でも読んでいてください。（我马上就回来，请在这里看看杂志什么的。）
- ほら、王さんも食べてばかりいないで、**もっと**飲みましょう。（喂，小王也别光吃，再多喝一点吧。）
- 自分で作った曲を大勢の方に聞いていただきまして、**たいへん**うれしく思っております。（承蒙大家聆听我创作的曲子，我觉得非常开心。）
- もうお帰りなさるか。**もう少し ゆっくり**してくださいよ。（你要走了吗？再坐一会儿吧。）
- 「ひどい雨ですね。」「でも、東の空が明るいです。雨は**すぐ**やむかもしれませんよ。」（"好大的雨啊。""但是，东方的天空很明亮。雨可能马上就会停了。"）
- 田中さんの服装は**とても**高級な気がする。（田中的服装感觉很高级。）
- 昨日**たいへん**疲れたので、大好きなドラマを見る気もなくなってしまった。（因为昨天非常劳累，连看最喜欢的电视剧的心情都没有了。）
- **もっと**速く走れるようになりたいですよ。（我想跑得更快。）

（3）陈述副词：陈述副词也叫"呼应副词"，是表示说话人的某种心情或语气的词，与后续的表示心情或语气的特定谓语形式相呼应，有8种呼应形式。
- 与肯定语气的谓语相呼应：かならず、まさに、きっと、ぜひとも、十分
- 与否定语气的谓语相呼应：ちっとも、少しも、決して、めったに、さっぱり、全然、全く、別に、つゆ、さらさら、まだ
- 与推测语气的谓语相呼应：たぶん、おそらく、きっと、なんとなく、まさか
- 与请求语气的谓语相呼应：どうぞ、どうか、ぜひ、くれぐれも、ねがわくは

- 与疑问语气的谓语相呼应：なぜ、どうして、いかが、いかに、どれほど
- 与比喻语气的谓语相呼应：まるで、あたかも、ちょうど、いまにも、いかにも
- 与假定语气的谓语相呼应：もし、もしも、かりに、万一
- 与让步语气的谓语相呼应：たとえ、たとい、かりに、万一、いくら

【案例分析4.3.10】
- 絵本をもらったら、子どもたちは**きっと**喜ぶでしょう。（收到绘画书，孩子们一定会高兴的。）
- 明日試合に出るから、今晩、睡眠を**十分**とっておこう。（明天要参加比赛，今天晚上好好睡一觉吧。）
- 未来の科学が**どれほど**発達するか、想像もできません。（未来的科学有多么发达，简直无法想象。）
- 青い空を眺めていたら、**なんとなく**旅に出たい気分になった。（望着蓝天，不由得就想出去旅行。）
- 今日は暖かくて、**まるで**春のようです。（今天暖和，简直像春天一样。）
- その話は、**どうも**ほんとらしい。（那个事情，总觉得好像是真的。）
- **いくら**掃除しても、どこからか砂が入ってくるのて困っている。（无论怎么打扫，不知从哪里进来沙子，好烦人。）
- **たとえ**反対する人が多くても、正しいと信じることは、**はっきりと**主張しよう。（即使反对的人多，相信是正确的事情就要明确坚持主张。）
- 彼の携帯電話に何度もかけたが、**全然**出ない。**きっと**部屋に忘れて出かけたにちがいない。（我给他的手机打了好几次，但他都没有接电话，一定是忘在屋里就出去了。）
- 私たちは東京で出会ってから**まだ**3カ月でしかないですね。（我们在东京见面以来才三个月吧。）

4.3.5 形容词类题型说明及案例分析

1) 形容词词汇的特点

形容词是表示事物性质、状态的词。有两种形式：一是イ形容词，二是ナ形容词。作为外在的形态特征，前者基本形词尾是「い」，后者基本形词尾是「だ」。

- イ形容词：赤い、青い、暑い、寒い、大きい、小さい、多い、少ない、可愛い、痛い、新しい、美しい、うれしい、悲しい、楽しい、懐かしい、おいしい、ほ

しい
- ナ形容詞：静かだ、賑やかだ、好きだ、嫌いだ、明らかだ、きれいだ、丈夫だ、健康だ、上手だ、下手だ、曇りがちだ、一般的だ

2）形容词词汇的分类及案例

（1）イ形容词的分类：根据意义可分为客观性、主观性，以及两种性质兼有的三种类型。

① 客观性イ形容词：表示客观事物的属性和状态，大部分的イ形容词属于该范畴内。

- 大きい、小さい、重い、軽い、多い、少ない、長い、短い、浅い、深い、高い、低い、近い、遠い、遅い、早い、強い、弱い、広い、狭い、赤い、青い、黒い、白い、暗い、明るい、暖かい、冷たい、よい、悪い、新しい、美しい、忙しい、よろしい、暑い

② 主观性イ形容词：表示人的主观感情和感觉。

- 表感情的：可愛い、憎い、うれしい、羨ましい、痛ましい、惜しい、悲しい、恋しい、楽しい、懐かしい、望ましい、恥ずかしい、悔しい
- 表感觉的：痛い、痒い、眠い、だるい、うまい、まずい、つらい、おいしい、ほしい、眩しい、おかしい

③ 两种性质兼有的イ形容词。

- いい、面白い、怖い、寒い、熱い、寂しい、苦しい、恐ろしい、うるさい

【案例分析 4.3.11】

- <u>欲しい</u>ものは何でも手に入る時代になった。（已经到了想要什么都能得到的时代了。）
- <u>暑い</u>ね。何か<u>冷たい</u>ものを飲みたい。買ってきましょうか。（好热啊，想喝点凉的东西，去买吧。）
- 先生のほめ言葉を聞いて、<u>いい</u>気持ちになった。（听到老师的表扬，心情变得很好。）
- せっかく<u>おいしい</u>料理を作ったのに、誰も食べてくれませんでした。（好不容易做了好吃的菜，却没有人吃。）
- 渡辺さんは毎晩お子さんに<u>おもしろい</u>絵本を読んであげます。（渡边每晚都会给孩子读有趣的绘画书。）
- あの人はいつも<u>新しい</u>ことをやりたがる。（那个人总是想做些新鲜事儿。）

○ このコマーシャルは**小さい**時よく見たものだ。(这个广告是小时候经常看到的。)

○ この地名に鳥の名前がついているから、なんとなく**かわいい**なあと思った。(这个地名上有鸟的名字,总觉得很可爱。)

○ 今年は息子の結婚など、**めでたい**ことが続く1年だった。(今年是儿子结婚等喜庆事儿接连不断的一个年头。)

○ 父は旅行が好きなので、日本の地理に**詳しい**。(父亲喜欢旅行,所以对日本的地理很熟悉。)

(2) ナ形容词的分类:根据意义也可分为客观性、主观性两种类型。

① 客观性ナ形容词:表示客观事物的属性和状态,大部分的ナ形容词属于该范畴内。

● 明らかだ、穏やかだ、鮮やかだ、丈夫だ、静かだ、便利だ、きれいだ、賑やかだ、安全だ、危険だ、健康だ、幸せだ

② 主观性ナ形容词:表示人的主观感情、感觉和能力。

● 表感情或感觉的:好きだ、嫌だ、嫌いだ、残念だ、可哀想だ、気の毒だ、不思議だ

● 表能力的:上手だ、下手だ、得意だ、苦手だ、楽だ、必要だ

【案例分析 4.3.12】

○ 王さんほど**親切な**人に会ったことがありません。(我没有见过像小王那样亲切的人。)

○ いつも料理を**上手に**作る実希さんは、高校卒業後、料理学校に入った。(一直擅长做饭的实希,高中毕业后进入了料理学校。)

○ 肉体の若さより精神の若さのほうが**大切だ**。(比起肉体的年轻,精神的年轻更重要。)

○ 現状からいって、その計画を実行するのは**無理**です。(从现状来看,实行那个计划是不可能的。)

○ 優れた本を読めば読むほど、人の心は**豊か**になっていく。(越是读优秀的书,人的内心就会变得越丰富。)

○ 5日までに**必要な**資料をそろえなければならない。(必须在五号之前备齐必要的资料。)

○ 学校から駅へ行くにはこのバスが**便利**です。(从学校去车站坐这辆公共汽车很方便。)

- この雑誌はいつでも買えますから、今買わなくても**大丈夫**ですよ。（这本杂志随时都可以买到，所以现在不买也没关系。）
- 「狭いながらも楽しい我が家」という歌が**好きだ**。（我喜欢《狭小却快乐的家》这首歌。）
- わたしはおとなしくて**静かな**性格の人が好きです。（我喜欢性格老实又安静的人。）

4.3.6 寒暄语类题型说明及案例分析

1）寒暄语类别的特点

寒暄语（あいさつ）贯穿于日常生活的方方面面。日语中的寒暄语种类繁多，应用广泛。寒暄语反映了一个国家或民族的生活习惯、思维方式等文化内涵。寒暄语中的"寒"意为"寒冷"，"暄"意为"温暖"，寒暄语就是"嘘寒问暖"的语言，是日本人言语行为中一种非常有特色、有个性的言语行为。寒暄语与社会习俗、文化密切相关，它包含亲近和敬意两种态度。人们实施寒暄语行为有两个目的：一是出于礼节的需要；二是出于社交的需要。基于这两种动机，日语寒暄语行为在实际的言语交际中，常常呈现出各种各样的语言形态。

现代日语中的寒暄语已经成为人工化、标准化的语言，而且日本在厉行标准语言的同时，标准化的寒暄语也通过学校教育传授给每一个日本国民。

2）寒暄语类别的分类及案例

构成寒暄语的成分有语言成分和非语言成分两种。其中语言成分又分为独立成分和伴随成分，由语言的独立成分和伴随成分所构成的寒暄语叫作「あいさつ言葉」（寒暄语言语），而由非语言成分构成的寒暄语则叫作「あいさつ行動」（寒暄语行为）。

$$\text{寒暄语}\begin{cases}\text{语言成分}\begin{cases}\text{独立成分}\\\text{随伴成分}\end{cases}\text{寒暄语言语}\\\text{非语言成分}\cdots\cdots\cdots\text{寒暄语行为}\end{cases}\text{寒暄语言语、行为}$$

【案例分析 4.3.13】

- A：昨日はお手伝いができなくて、**ごめん**。
  B：いいえ、**気にしないでね**。（A：昨天没能帮上忙，不好意思。 B：不用，别在意。）
- A：先生、この1年間、**本当に**お世話になりました。

B：いい思い出がたくさんできましたね。(A：老师,这一年来,真是承蒙您的关照了。 B：留下很多美好回忆啦。)

○ A：このコップ、割れているね。

B：**ごめんなさい**、わたしの不注意で…(A：这个杯子破了。 B：对不起,我疏忽了……)

○ A：ちょっとお聞きしたいことがありますが、今**お時間よろしいですか**。

B：はい、いいですよ。(A：我想问件事情,您现在有时间吗? B：是的,可以。)

○ A：あのう、中国から参りました劉でございます。**どうぞよろしくお願いします**。

B：**初めまして**、田中でございます。**こちらこそ**、**よろしくお願いします**。(A：我是从中国来的小刘,请多关照。 B：初次见面,我叫田中。彼此彼此,请多关照。)

○ A：いつも**お世話になっております**。今晩、お食事でもいかがですか。

B：**いいんですか**。うれしいですね。(A：一直承蒙您的关照,今晚一起吃个饭怎么样? B：可以吗? 太高兴了。)

○ A：**おはようございます**。

B：あ、**おはようございます**。お出かけですか。

A：ええ、**ちょっとそこまで**。(A：早上好。 B：啊,早上好。您出门吗?

A：嗯,随便走走。)

○ A：わたしもお手伝いしましょうか。

B：**お願いします**。(A：我也来帮忙吧。 B：拜托了。)

○ A：**よくいらっしゃいました**。どうぞおあがりください。

B：**失礼します**。(A：欢迎光临,请进。 B：不好意思。)

○ A：社長さんがお帰りになりましたら、電話があったと**お伝えいただけます**でしょうか。

B：はい、分かりました。(A：社长回来的话,可以请你转告有电话来过吗?

B：好的,知道了。)

○ A：**すみません**、頭が痛いので、先に帰ります。

B：そうですか、**お大事に**。(A：对不起,我头痛,先回去了。 B：是吗? 请多保重。)

○ A：日本語がお上手ですね。

B：**とんでもございません**。(A：你的日语很好啊。 B：没什么。)

4.3.7 日本文化知识题型说明及案例分析

1) 日本文化知识的特点

学习一门外语首先有必要了解和掌握对象国的文化特征、基本概况,为学习和理解语言做好准备。日本是与中国一衣带水的邻邦,日本独特的地理条件和悠久的历史,孕育了别具一格的日本文化,如樱花、和服、俳句、清酒、富士山、寿司、歌舞伎等。

日本人崇尚自然,眷恋自然美景。绚丽开放的樱花是人们的最爱,显现贵族气势、拥有绿色山脉的富士山给观光者以震撼的美,寿司及用醋腌海鲜制成的饭团最受日本人欢迎,印制着高雅美观图案的和服孕育出日本人对自然景物的欣赏。清亮透明、芳香宜人的清酒是借鉴中国的酿造法而发展起来的日本国酒。日本的俳句是日本民族传统文学的一种形式,是世界上最短的诗。

基于对日本文化了解的必要性,在高考日语试卷中总会出现与日本文化密切相关的题目,且每年出现的位置基本都是日语知识运用部分的第55题,即最后一道题。日本文化知识题的难度系数并不高,考生只要对日本文化有一些基本了解,都有可能轻松地拿到这一分。

2) 日本文化知识的分类及案例

考察日本文化知识的试题内容涉及面较广,有日本历史地理、政治经济、文学艺术、语言教育、宗教风俗、生活百态等。下面从五个方面做一简洁的介绍,考生通过阅读可以了解到日本文化的方方面面,积累必要的日本文化的基本知识。

(1) 历史地理方面

① 日本历史:是指日本从文明产生到现在的历史。日本列岛上已知最早的日本人类化石可追溯到约3万年前。日本的国名意为"日出之国",主体民族为大和族,通用日语,总人口约1.2亿。日本三大都市圈是东京都市圈、大阪都市圈和名古屋都市圈。

② 日本地理:日本位于亚洲东部、太平洋西北。领土由本州、四国、九州、北海道4个大岛及6800多个小岛组成,总面积约37.8万平方公里。日本是一个太平洋西岸的岛国。西隔东海、黄海、朝鲜海峡、日本海与中国、朝鲜、韩国等国相望。属温带海洋性季风气候,终年温和湿润。6月多梅雨,夏秋季多台风。

(2) 政治经济方面

① 日本政治:3世纪末,日本境内出现大和国。645年,日本向中国唐朝学

习,进行大化改新。12世纪后期,日本进入幕府统治时代。19世纪50年代,黑船事件迫使日本放弃"锁国政策"。1868年,日本实行明治维新,学习西方科学技术,建立日本帝国,迅速跻身于帝国主义列强行列,对外走上侵略扩张的军国主义道路,曾多次侵略中国、朝鲜等亚洲国家。二战战败后,颁布新宪法,由封建天皇制国家变为以天皇为国家象征的议会内阁制国家。

② 日本经济:日本是一个高度发达的资本主义国家,世界第三大经济体,G7、G20等成员。日本的自然资源匮乏,依赖进口,发达的制造业是国民经济的支柱。

(3) 文学艺术方面

① 日本文学:是以日语写作的文学作品,时间横跨有一千多年。早期的文学作品受到中国文学的影响,后来日本逐渐形成自己的文学风格和特色。19世纪日本重启港口与西方国家展开贸易、建立外交关系之后,西方文学开始影响日本的作家。

② 日本艺术:至今保留着茶道、花道、和服、书道、歌舞伎等日本传统文化艺术形式。如茶道被用作集中精神、培养礼仪举止的训练,为日本民众广泛接受;花道作为再现野外盛开鲜花的技法可以让人欣赏到装饰优美的插花艺术;和服在婚礼庆典、传统花道和茶道以及其他隆重的社交场合仍被公认是必穿的礼服。

(4) 语言教育方面

① 日本语言:日语是日本国的官方语言,母语人数约有1.2亿人,使用日语的人数约占世界人口的1.6%。日语与汉语的联系很密切,在唐朝时期,受到汉文化影响,大量古代汉语词汇随着汉字由中国东北的渤海国和朝鲜等地被传入日本。日语极富变化,不单有口语和书面语的区别,还有简体和敬体、普通语和敬语、男与女、老与少的区别。

② 日本教育:1868年的明治维新是日本从封建社会向资本主义社会过渡的重要转折点。日本全面学习西方,实行了一系列改革,为发展资本主义开辟了道路,对经济和科学技术的迅速发展起了积极的促进作用。现在日本的科研、航天、制造业、教育水平均居世界前列。此外,以动漫、游戏产业为首的文化产业和发达的旅游业也是其重要特征。

(5) 宗教风俗方面

① 日本宗教:日本大和民族是一个充满矛盾的民族,既传统又现代,既保守又开放。在日本这样一个高度发达的现代化国家,依然保留着非常多的传统的宗

教信仰。日本宗教主要有神道教、佛教、基督教三大宗教派别和许多小的宗教。日本的每一个神社和寺院，每年都会有声势浩大的祭祀活动，这些活动受到日本国民的高度重视，他们积极参与。日本人从出生、成人、结婚，以及在每年的男孩节、女孩节、三五七节、新年和各个寺庙神社的大祭之日都会到神社进行祭拜活动，这些活动场面宏大，程序严格，礼仪分明。日本人从小就受到仪式感很强的熏陶，有利于增加凝聚力。

② 日本风俗：日本的风俗习惯有忌送梳子、见面互施鞠躬礼、相扑、三道、禁忌口含或舌舔筷子等。重要节日有元旦、成人节、建国纪念日、女孩节（也称"雏祭"）、宪法纪念日、国民节、男孩节、盂兰盆节等。

【案例分析 4.3.14】

○ 日本の民族衣裳は(和服)です。[日本的民族服装是(和服)。]

○ 2020年のオリンピック大会は(東京)で行われることになりました。[2020年的奥林匹克运动会决定在(东京)举行。]

○ 日本の茶道は(抹茶)というお茶が使われている。[日本的茶道使用的是叫作(抹茶)的茶。]

○ 日本語の表記法には、仮名、漢字と(ローマ)字などがあります。[日语的文字标记有假名、汉字和(罗马)字等。]

○ 日本では、1月の第2の月曜日は(成人の日)です。[在日本，一月的第二个星期一是(成人节)。]

○ 日本式の家の特徴の一つは(畳)が敷いてあることです。[日式房子的特点之一是铺有(榻榻米)。]

○ (米)は日本の農業の中で最も重要な作物で、酒、お餅、寿司などを作るのになくてはならないものです。[(大米)是日本农业中最重要的作物，是做酒、饼、寿司等必不可少的材料。]

○ 2011年の東日本大震災で、震源地に一番近い大都市は(仙台)です。[2011年日本大地震，离震中最近的大城市是(仙台)。]

○ 日本では最も伝統的な主食は(ご飯)です。[在日本最传统的主食是(米饭)。]

○ 日本人は、普段なるべく婉曲的な表現を(使う)ようにしています。[日本人平时尽量(使用)委婉的表达方式。]

○ 中国語の"住宅小区"は日本語の「(団地)」に当たります。（汉语的"住宅区"相当于日语的"团地"。）

4.3.8 外来词题型说明及案例分析

1) 外来词词汇的特点

日语中有许多从外国语言(主要是欧美语言)吸纳进来的词语,这些词语叫作外来词(也叫"外来语"),即外来词是指在日语中使用的来源于外国语言的词汇。但狭义上的外来词则是指来源于欧美国家语言的词汇,其中大部分是来源于英语的词汇。在日常会话和文章当中使用很多外来词,是日语的一大特点。

19世纪中叶以前,日本一直都奉行"汉字至上主义"。经历开国、迎来明治维新后,日本人走向西化的道路,情况因此有了改变。有了罗马字后日语的字母化变得简单,大量的西方语言融入了日语。其结果是,日本人对于英语的熟知度似乎比我国要高,例如现在日语的文章或宣传、企业的logo(标志)品牌中除了平假名、片假名、汉字外,还会使用很多字母,因为很多品牌名字都是取自英语、法语等西方语言,尤其是大型化妆品各厂家的牌子,在这方面有着很显著的倾向性。外来词的例词有:

○ アイスクリーム、アジア、アナウンサー、アパート、アルバイト、アメリカ、イメージ、インク、インタビュー、ウイスキー、エネルギー、エレベーター、エプロン、オイル、オレンジ、カード、カーブ、ガス、クラス、クリスマス、ケーキ、コーヒー、サラリーマン、シーズン、スケート、スピーチ、タクシー、シャツ、テーブル、デパート、ドア、トイレ、ノート、パーティー、バス、ピアノ、ビール、ページ、ペン、ボーナス、ホテル、マラソン、メンバー、ミルク、モデル、ラジオ、レベル、ローマ字、ロッカー、ロビー、ワイシャツ、ワンピース

2) 外来词词汇及案例

外来词根据用途和词汇意义,可以分为日常用品、服装配饰、食品饮料、服务行业、医疗药品,以及其他方面的词汇。

(1) 日常用品:日常用品即生活用品,是普通人日常使用的物品,如生活必需品、家庭用品、家居食物、家庭用具及家用电器等。

コンセント(插座)	シャンプー(洗发精)	イヤホーン(耳机)
ベルト(腰带、皮带)	スリッパ(拖鞋)	ドライヤー(吹风机)
歯ブラシ(牙刷)	パジャマ(睡衣)	スーツケース(行李箱)
タオル(毛巾)	ハイヒール(高跟鞋)	カーテン(窗帘)

アンテナ（天线）　　　ルージュ（口红）　　　アクセサリ（装饰用品）
アルバム（影集）　　　ハンガ（衣架）　　　　クーラー（冷气设备）
クリーム（润肤霜）　　マスク（面具，口罩）　カレンダー（日历）

（2）服装配饰：服装配饰是指主体服装（上衣、裤子、裙子、鞋），以及为烘托出更好的表现效果而增加的饰物，其材质多样，种类繁杂。

ワンピース（连衣裙）　　　ウエア（便服）　　　　ストッキング（长筒丝袜）
ウール（羊毛，毛织品）　　ジーパン（牛仔裤）　　スポーツウエア（运动服）
チャイナドレス（旗袍）　　コート（大衣，外套）　ハンカチーフ（手帕）

（3）食品饮料：食品饮料是指各种提供给人们食用或饮用的成品和原料，不包括以治疗为目的的物品。

ピーナッツ（花生米）　　ガム（口香糖）　　　オートミール（麦片粥）
ヨーグルト（酸奶）　　　ココア（可可）　　　ウイスキー（威士忌酒）
フルーツ（水果）　　　　ピーマン（青椒）　　ケンタッキ（肯德基）

（4）服务行业：服务行业也称为"第三产业"，即各类服务或商品，指为人们服务、使人生活上得到方便的各种行业。

カウンター（前台）　　ランドリー（洗衣房）　　　クレジットカード（信用卡）
ナプキン（餐巾）　　　チェック（支票）　　　　　コンビニ（便利店）
サービス（服务）　　　ウェーター（男服务员）　　ドライクリーニング（干洗）

（5）医疗药品：医疗药品是指国家与社会为保障人民的健康、提高人民的健康水平和诊治疾病而建立的组织体系，以及为增强健康意识而产生的医疗服务、医药用品需求等。

ワクチン（疫苗）　　　　　ウイルス（病毒）　　　アレルギー（过敏症）
ビタミン（维生素）　　　　ホルモン（激素）　　　コレストロール（胆固醇）
ペニシリン（青霉素）　　　アルコール（酒精）　　インフルエンザ（流行性感冒）
サナトリウム（疗养院）　　ダイエット（减肥）　　アスピリン（阿司匹林）

（6）其他方面：其他方面是指除以上5个类别之外的日常生活中常遇到的场所、职业、用品等相关外来词。

プリンター（印刷机）　　ハンドル（方向盘）　　ガソリンスタンド（加油站）
ベランダ（阳台）　　　　キッチン（厨房）　　　ダイニングルーム（餐厅）
エンジニア（工程师）　　タレント（演员）　　　アナウンサー（播音员）
チャンネル（频道）　　　コーチ（教练）　　　　スチュワーデス（空姐）

ピクニック（郊游）	エンジン（发动机）	エスカレーター（自动扶梯）
パンフレット（小册子）	サーカス（马戏）	エレベーター（升降电梯）
コンサート（音乐会）	ユーモア（幽默）	インフレーション（通货膨胀）
オートバイ（摩托车）	チャレンジ（挑战）	コマーシャル（商业广告）
スクリーン（银幕）	レシート（收据）	バレンタインデー（情人节）
アマチュア（业余爱好者）	リズム（节奏）	カーネーション（康乃馨）
イメージ（印象）	グレー（灰色）	イーメール（电子邮件）
エネルギー（能量）	ラベル（标签）	インターネット（互联网）
サンプル（样品）	プロ（专业的）	インタビュー（采访）
メロディー（旋律）	タイヤ（轮胎）	ボーリング（保龄球）
アドバイス（劝告）	ペット（宠物）	キャンセル（取消）
メーカー（制造者）	ショック（打击）	ワイン（葡萄酒）

【案例分析 4.3.15】

○ 「私たちも**ケーキ**を作りたい」と子どもが言ったから、お母さんは子どもに作らせた。（因为孩子说"我们也想做蛋糕"，所以妈妈就让孩子做了。）

○ もしもし、空港へ行きたいのですが、**タクシー**を1台お願いします。（喂，我想去机场，请给我叫一辆出租车。）

○ わたしの誕生日に友だちが**パーティー**を開いてくれた。（我生日的时候朋友为我开了派对。）

○ **バス**は最近遅れがちだから、歩いていこう。（公共汽车最近常晚点，走着去吧。）

○ わたしは普段昼間は**テレビ**を見ないことにしている。（我平时白天不看电视。）

○ **カラオケ**で自分の歌いたい歌を友だちに先に歌われてしまった。（在唱卡拉OK时被朋友抢先唱了自己想唱的歌。）

○ その**アニメ**は人気があるらしく、見る人が多いですね。（那个动画好像很受欢迎，看的人很多呢。）

○ **レポート**を書き終わった人は先に帰ってください。（写完报告的人请先回去。）

○ **アルバイト**をしてはじめて、仕事の大変さが分かった。（打工之后才知道工作的辛苦。）

○ すみませんが、**エアコン**の**スイッチ**を入れてください。（麻烦你，请打开空调开关。）

4.3.9 惯用语题型说明及案例分析

1) 惯用语词汇的特点

惯用语是一种短小定型、意义有所引申的词组，有比较灵活的用法和强烈的感情色彩。惯用语通过比喻等各种修辞手法，以大量丰富而准确、生动而凝练的内容和形式反映人们对社会、文化、生活等方面的认知，成为语言表达的一个重要组成部分。日语惯用语中占比最大的是身体词惯用语，使用频率相当高。

例如：「気が強い」翻译成中文就是"个性很强不服输，有好胜心"的意思。「足が棒になる」的意思是"（由于长时间站立或行走）腿脚累得僵直、酸痛"。「鼻が高い」是由「鼻」衍生出来的搭配用语，表达骄傲自豪的语气，多含有褒义。「口が悪い」表示"说话难听，话中带刺"的意思。我们在使用惯用语时，应该注意辨析它的意义，弄清它的感情色彩。

2) 惯用语词汇及案例

惯用语从形态上大体可分成三种构成形式：(1)"名词＋动词"构成的动词性惯用语；(2)"名词＋形容词"构成的形容词性惯用语；(3)"名词＋名词"构成的名词性惯用语。这三种形式的惯用语分别有着各自不同的性质。由于受构成这三种惯用语的词汇和语法形式的制约，在用法上，惯用语一方面具有动词、形容词、名词的特点，另一方面也具有惯用语自身独特的用法。

（1）动词性惯用语：动词性惯用语在整个惯用语中占绝大多数，而且大都是由两个句节构成的，即"名词＋格助词＋动词"的形式。例如：

- 名词＋が＋动词：这类惯用语中的动词都是自动词。
  足が出る（超出预算）　　頭が下がる（佩服）　　気があう（情投意合）

- 名词＋を＋动词：这类惯用语中的动词都是他动词。
  足を洗う（洗手不干）　　心を打つ（感动）　　首を切る（解雇）

- 名词＋に＋动词：这类惯用语的动词既可是他动词也可是自动词。
  口に出す（说出来）　　目につく（显眼）　　話しに乗る（搭腔）

- 名词＋で＋动词：这类惯用语的动词既有他动词也有自动词。
  鼻で笑う（嘲笑）　　腹で行く（大胆行动）　　数でこなす（薄利多销）

（2）形容词性惯用语：形容词性惯用语比动词性惯用语数量少，而且大都是由两个句节构成的，即"名词＋助词＋形容词"的形式。例如：

- 名词＋が＋形容词
  - 頭が痛い(伤脑筋)　　　頭が堅い(思想僵化)　　　顔が広い(交际范围广)
- 名词＋に＋形容词
  - 頭にくる(生气)　　　顔に泥を塗る(丢脸)　　　心にもない(非出自本心)
- 名词＋も＋形容词
  - 無理もない(难怪)　　　臆面もなく(厚脸皮)　　　おし気もなく(毫不可惜)

（3）名词性惯用语：名词性惯用语是由"名词＋名词"构成的，在构成形式上大体可分成以下几种形式。

- 名词＋名词
  - 十人十色(人各有不同)　　　一石二鳥(一箭双雕)　　　口八丁手八丁(能说能干)
- 名词＋に＋名词
  - 鬼に金棒(如虎添翼)　　　寝耳に水(事出突然)
- 名词＋の＋名词
  - 後の祭り(雨后送伞)　　　高見の見物(坐山观虎斗)
- 名词＋と＋名词
  - 水と油(水火不相容)　　　月とすっぽん(天壤之别)

【案例分析 4.3.16】

○ 伝統のある食べ物がつぎつぎと食卓から**姿を消して**しまった。(传统的食物一个接一个地从餐桌上消失了。)

○ 体が丈夫でも、健康に**気をつけない**と、病気になりますよ。(即使身体健康，不注意健康的话，也会生病的。)

○ 青い空を眺めていたら、なんとなく旅に出たい**気分になった**。(望着蓝天，不由得就想出去旅行。)

○ 日本語を使ってみたら、やっと**話が通じた**。(尝试着使用日语，总算弄懂了意思。)

○ **気がつく**と、もう夜の11時だった。(回过神来，才发现已经是晚上十一点了。)

○ 本当のことが話せて、**気分が晴れる**ようになった。(说了真话，心情变好了。)

○ 中村さんは朝から**頭が痛い**と言っています。風邪のようです。(中村先生从早上开始就说说头疼，好像感冒了。)

○ 昨日の夜、傘をささずに雨の中を歩いていたので、**風邪を引いて**しまいました。(昨天晚上，我在雨中走没有打伞，结果感冒了。)

- この方の絵は中国国内ではもちろん、海外まで**人気がある**ようだ。（这位先生的画在中国国内就不用说了，在海外好像也很受欢迎。）
- 急に後ろから**声をかけ**られて、びっくりしました。（突然有人从后面跟我打招呼，吓了我一跳。）

4.3.10 数量词题型说明及案例分析

1) 数量词词汇的特点

数量词是表示事物数量和顺序等的词。日语数量词属于名词的范畴，具有名词的语法特点，即可以和助词相结合在句中充当主语、定语、宾语和谓语等。数量词还可以直接修饰活用词，具有副词的用法。例如：

- 一、十、百二十、七日間、二年、三冊、五箱、一番目、第三、一つ目、二十歳、十パーセント、三分の二、四倍、十六世紀、十三日、四回り目、一キロ、一匹

2) 数量词词汇及案例

数量词根据不同的使用范围，可以分为基数词、数量数词、顺序数词三大类。

（1）基数词：基数词是单纯表示数的概念，也就是用于计算数目的词汇。基数词的读音分为音读和训读两种，音读是来自汉语数词的读法，训读是日本固有的读法。现代日语中采用音读的情况比较多，尤其是"十"以上的数字几乎都用音读。

① 音读基数词

- 零（れい）、一（いち）、二（に）、三（さん）、四（し）、五（ご）、六（ろく）、七（しち）、八（はち）、九（きゅう・く）、十（じゅう）、二十（にじゅう）、三十（さんじゅう）、四十（よんじゅう）、五十（ごじゅう）、六十（ろくじゅう）、七十（ななじゅう）、八十（はちじゅう）、九十（きゅうじゅう）、百（ひゃく）、千（せん）、万（まん）、億（おく）、兆（ちょう）

② 训读基数词

- 一（ひ）、二（ふ）、三（み）、四（よ）、五（いつ）、六（む）、七（なな）、八（や）、九（ここの）、十（と）、二十（はた）、三十（みそ）、四十（よそ）、五十（いそ）、六十（むそ）、七十（ななそ）、八十（やそ）、九十（ここのそ）、百（もも）、千（ち）、万（よろづ）

数字的读音中需要注意的几个问题：第一，"万"以上的数字是万进制，即"億"是一万个"万"，"兆"是一万个"億"；第二，虽然音读的基数词的读音类似汉语

的读音,但是"10、100、1000"这几个数字中的"一"是不发音的,直接读成「じゅう、ひゃく、せん」即可,然而"万"以上的数字必须读"一";第三,数字中间夹裏的"0"一般是不发音的。

- 17(じゅうなな)、103(ひゃくさん)、1345(せんさんびゃくよんじゅうご)、18936(いちまんはっせんきゅうひゃくさんじゅうろく)、120456789(いちおくにせんよんじゅうごまんろくせんななひゃくはちじゅうきゅう)

(2) 数量数词:现代日语的数量数词由基数词和量词构成,量词的日语叫作"助数词"。日语量词数量很多,现将常用的一些介绍如下。

① 计算个数的数量数词:表示"10"以下个数的数量数词使用训读,"11"以上的则大都采用音读。

- 一つ(ひとつ)、二つ(ふたつ)、三つ(みっつ)、四つ(よっつ)、五つ(いつつ)、六つ(むっつ)、七つ(ななつ)、八つ(やっつ)、九つ(ここのつ)、十(とお)、幾つ(いくつ)

② 计算年龄的数量数词:表示"10"以下年龄的数量数词有训读和音读两种,"11"以上的则大都采用音读,只有少数保留训读的读法。

- 一つ(ひとつ)/一歳(いっさい)、二つ(ふたつ)/二歳(にさい)、三つ(みっつ)/三歳(さんさい)、四つ(よっつ)/四歳(よんさい)、五つ(いつつ)/五歳(ごさい)、六つ(むっつ)/六歳(ろくさい)、七つ(ななつ)/七歳(ななさい)、八つ(やっつ)/八歳(はっさい)、九つ(ここのつ)/九歳(きゅうさい)、十(とお)/十歳(じっさい)、二十歳(はたち)、十一歳(じゅういっさい)、何歳(なんさい)

③ 计算细长物的数量数词:用"数词+本",根据前面的数字,"本"的读音会发生浊音变或半浊音变。

- 一本(いっぽん)、二本(にほん)、三本(さんぼん)、四本(よんほん)、五本(ごほん)、六本(ろっぽん)、七本(しちほん/ななほん)、八本(はっぽん)、九本(きゅうほん)、十本(じっぽん/じゅっぽん)、二十本(にじっぽん)、何本(なんぽん)

④ 计算扁平物的数量数词:用"数词+枚",都是音读,基本上没有音变。

- 一枚(いちまい)、二枚(にまい)、三枚(さんまい)、四枚(よんまい)、五枚(ごまい)、六枚(ろくまい)、七枚(しちまい/ななまい)、八枚(はちまい)、九枚(きゅうまい)、十枚(じゅうまい)、百枚(ひゃくまい)、千枚(せんま

い)、何枚(なんまい)

⑤ 计算书本的数量数词：用"数词＋冊"，前面的数字"一、八、十"会发生促音变。
- 一冊(いっさつ)、二冊(にさつ)、三冊(さんさつ)、四冊(よんさつ)、五冊(ごさつ)、六冊(ろくさつ)、七冊(しちさつ/ななさつ)、八冊(はっさつ)、九冊(きゅうさつ)、十冊(じっさつ)、十一冊(じゅういっさつ)、二十冊(にじっさつ)、何冊(なんさつ)

⑥ 计算小动物的数量数词：用"数词＋匹"，根据前面的数字，"匹"的读音会发生浊音变或半浊音变。
- 一匹(いっぴき)、二匹(にひき)、三匹(さんびき)、四匹(よんひき)、五匹(ごひき)、六匹(ろっぴき)、七匹(しちひき/ななひき)、八匹(はっぴき)、九匹(きゅうひき)、十匹(じっぴき/じゅっぴき)、二十匹(にじっぴき)、千匹(せんびき)、何匹(なんびき)

⑦ 计算大动物的数量数词：用"数词＋頭"，前面的数字"一、八"会发生促音变。
- 一頭(いっとう)、二頭(にとう)、三頭(さんとう)、四頭(よんとう)、五頭(ごとう)、六頭(ろくとう)、七頭(ななとう)、八頭(はっとう)、九頭(きゅうとう)、十頭(じゅうとう)、十一頭(じゅういちとう)、二十頭(にじゅうとう)、何頭(なんとう)

⑧ 计算鸟类等的数量数词：用"数词＋羽"，根据前面的数字，"羽"的读音会发生音变，读成"ば"或者"ぱ"。
- 一羽(いちわ)、二羽(にわ)、三羽(さんば)、四羽(よんわ)、五羽(ごわ)、六羽(ろっぱ/ろくわ)、七羽(しちわ/ななわ)、八羽(はいわ/はっぱ)、九羽(きゅうわ)、十羽(じっぱ)、二十羽(にじっぱ)、百羽(ひゃっぱ)、何羽(なんわ)

⑨ 计算楼层等的数量数词：用"数词＋階"，前面的数字"一、六、八、十"会发生促音变，"三"会发生浊音变。
- 一階(いっかい)、二階(にかい)、三階(さんがい)、四階(よんかい)、五階(ごかい)、六階(ろっかい)、七階(ななかい)、八階(はっかい)、九階(きゅうほん)、十階(じっかい)、十一階(じゅういっかい)、二十階(にじっかい)、何階(なんかい)

⑩ 计算车辆等的数量数词：用"数词＋台"，基本上都是音读，没有音变。
- 一台(いちだい)、二台(にだい)、三台(さんだい)、四台(よんだい)、五台(ごだい)、六台(ろくだい)、七台(しちだい/ななだい)、八台(はちだい)、

九台(きゅうだい)、十台(じゅうだい)、十一台(じゅういちだい)、二十台(にじゅうだい)、何台(なんだい)

⑪ 计算日本货币的数量数词：用"数词＋円"，基本上都是音读，不发生音变。

○ 一円(いちえん)、二円(にえん)、三円(さんえん)、四円(よんえん)、五円(ごえん)、六円(ろくえん)、七円(ななえん)、八円(はちえん)、九円(きゅうえん)、十円(じゅうえん)、十一円(じゅういちえん)、二十円(にじっぽん)、何円(なんえん)、幾ら(いくら)

(3) 顺序数词：顺序数词是表示时点、事物的顺序和等级等的数词，有训读、音读、加接头词或接尾词、训读音读混合等几种类型。

① 训读的顺序数词：表示时点的顺序数字中表示日期的数词，其中有训读，也有训读和音读混合的读法。

● 日期：训读的数词只限于"10"以下的数字，"11"以上的数词都是音读，也有一些音读和训读并存的读法。

○ 一日(ついたち)、二日(ふつか)、三日(みっか)、四日(よっか)、五日(いつか)、六日(むいか)、七日(なのか)、八日(ようか)、九日(ここのか)、十日(とおか)、十一日(じゅういちにち)、十四日(じゅうよっか)、二十日(はつか)、二十四日(にじゅうよっか)、三十日(さんじゅうにち)

② 音读的顺序数词：顺序数词中表年代、月份、时刻的这三种，基本都是音读的读法。

● 年代：用"数词＋年"，都是音读，基本上没有发生音变。

○ 一年(いちねん)、二年(にねん)、三年(さんねん)、四年(よねん)、五年(ごねん)、六年(ろくねん)、七年(ななねん)、八年(はちねん)、九年(くねん)、十年(じゅうねん)、十一年(じゅういちねん)、三十年(さんじゅうねん)、何年(なんねん)

● 月份：用"数词＋月"，都是音读，基本上没有发生音变。

○ 一月(いちがつ)、二月(にがつ)、三月(さんがつ)、四月(しがつ)、五月(ごがつ)、六月(ろくがつ)、七月(しちがつ)、八月(はちがつ)、九月(くがつ)、十月(じゅうがつ)、十一月(じゅういちがつ)、十二月(じゅうにがつ)、何月(なんがつ)

● 时刻：用"数词＋時"，都是音读，基本上没有发生音变。

○ 一時(いちじ)、二時(にじ)、三時(さんじ)、四時(よじ)、五時(ごじ)、六時

（ろくじ）、七時（しちじ）、八時（はちじ）、九時（くじ）、十時（じゅうじ）、十一時（じゅういちじ）、十二時（じゅうにじ）、何時（なんじ）

③ 加接头词的顺序数词：用"第＋数词"，大都是音读词汇。
- 第一（だいいち）、第二（だいに）、第三（だいさん）……
- 第一次（だいいちじ）、第二次（だいにじ）、第三次（だいさんじ）……
- 第一部（だいいちぶ）、第二部（だいにぶ）、第三部（だいさんぶ）……

④ 加接尾词的顺序数词：用"数词＋番、号、級、位、等、流"等，这些顺序数词大都是音读词汇，也有前面基数词发生促音变的情况。
- 一番（いちばん）、二番（にばん）、三番（さんばん）……
- 一号（いちごう）、二号（にごう）、三号（さんごう）……
- 一級（いっきゅう）、二級（にきゅう）、三級（さんきゅう）……
- 一位（いちい）、二位（にい）、三位（さんい）……
- 一等（いっとう）、二等（にとう）、三等（さんとう）……
- 一流（いちりゅう）、二流（にりゅう）、三流（さんりゅう）……
- 一章（いっしょう）、二章（にしょう）、三章（さんしょう）……
- 一条（いちじょう）、二条（にじょう）、三条（さんじょう）……

⑤ 训读音读混合的顺序数词：由训读和音读混合使用的顺序数词。
- 一つ目（ひとつめ）、二つ目（ふたつめ）、三つ目（みっつめ）……
- 一年目（いちねんめ）、二枚目（にまいめ）、三行目（さんぎょうめ）、四人目（よにんめ）、七回目（ななかいめ）、八冊目（はっさつめ）、十一階目（じゅういっかいめ）

【案例分析4.3.17】

- あれから<u>20年</u>の歳月が流れた。（从那以后过了20年的岁月。）
- 先生のお宅までは、まず電車で新宿まで行って、そこからもう<u>一本</u>の電車に乗り換えなければならない。（到老师家，首先坐电车去新宿，从那里需要换乘另一辆电车。）
- <u>5年</u>ぶりに再会した<u>二人</u>は、半年で結婚しました。（时隔5年再相会的两人，半年后就结婚了。）
- この子はまだ<u>5歳</u>なのに、本も読めれば字も書ける。（这孩子才5岁，就能看书写字了。）
- <u>何回</u>も見ていたが、やはり間違いがあった。（看了好几遍，还是出了差错。）

- 昨日、電気屋で新しく出た携帯電話を2台も買った。(昨天在电器店买了两台新出的手机。)
- 驚いたことに、あの人は半年で10キロも痩せました。(令人吃惊的是,他半年竟瘦了10公斤。)
- 約束の時間より2時間も遅れたので、みんなを心配させました。(比约定的时间晚了2个小时,让大家担心了。)
- わたしの家は駅までは10分もかからないところにあります。(我家在离车站不到10分钟的地方。)
- 頑張っても、8日までにレポートを書いてしまうことはできないでしょう。(即使努力,也不可能在8号之前写完报告吧。)

4.3.11 连体词题型说明及案例分析

1) 连体词词汇的特点

日语是一种黏着语类型的语言,它是通过黏着成分来表达不同的语法关系的。日语中有名词、数词、代词,连体词就是接在这类词汇前面,用以修饰、限定名词、数词、代词的一种词。

连体词是独立词,数量较少,而且多由其他品词转来,没有词尾变化,不单独使用,也不受其他词修饰;连体词主要起修饰作用,做定语使用,其本身就属于一种词类,所以可以把连体词当作单词来记忆。例如:

- ある、さる、きたる、あくる、いわゆる、あらゆる、大きな、小さな、こんな、そんな、あんな、どんな、この、その、あの、どの、我が、とんだ、大した、並々ならぬ

2) 连体词词汇及案例

按照形态特征,连体词主要有这么几个类型:「る」型连体词、「の/が」型连体词、「な」型连体词、「た/だ」型连体词、「う」型连体词,以及来自部分副词的连体词。

(1)「る」型连体词。例如:
- ある、あらゆる、いわゆる、いかなる、あくる、さる、かかる、単なる

(2)「の/が」型连体词。例如:
- この、その、あの、どの、ほんの、わが

(3)「な」型连体词。例如:
- こんな、そんな、あんな、どんな、いろんな、おおきな、小さな、このよう

な、そのような、あのような、どのような

(4)「た/だ」型连体词。例如：

- たいした、とんだ

(5)「う」型连体词。例如：

- こういう、そういう、ああいう、どういう

【案例分析 4.3.18】

- **この**計画はちゃんとみなさんに伝えておくべきだと思います。（我认为这个计划应该好好传达给大家。）
- **あの**店はあまり高くないし、店員も親切です。（那家店不太贵，店员也很热情。）
- **この**活動のいいところは、「自分が楽しんでいい」というところだと思います。（我觉得这个活动的好处是"自己可以享受"这一点。）
- あと、ここに集まる大人のみなさんが、**いろんな**方がいて、すごい人たちばかりで、しかもやさしく付き合ってくださるので、すごく勉強になります。（还有，聚集在这里的大人们，有各种各样的人，都是些了不起的人，而且还很亲切地和我交谈，会让我受益匪浅。）
- 桜山市文化センターは**どんな**人を募集しているか。（櫻山市文化中心在招募什么样的人呢?）
- **その**日に習ったことは、**その**日に覚えてしまうことです。（当天学过的东西，当天就记住了。）
- 週末があっという間に過ぎると感じる人には、**ある**共通点があります。（对于觉得周末过得很快的人来说，有一个共同点。）
- 予算の範囲で、好きな服を見つけた時はとてもうれしいし、**その**服を大切に着るようになった。（在预算的范围内，找到一件喜欢的衣服的时候非常高兴，很珍惜地穿起了那件衣服。）
- 人の行動には必ず失敗がつくものですが、一方で**そうした**失敗がなければ、人間が成長していくこともまたあり得ません。（虽然人的行动必定会有失败，但另一方面，如果没有那样的失败的话，人类也不可能成长。）
- **あの**人はいつも新しいことをやりたがる。（他总是爱干新事。）
- 「**こうした**ほうがいい」「**こんな**やり方もある」といった言い方をした場合で、説得されやすさに違いが出るかどうか、比較したのである。（在说"这样比较好""也有这样的做法"的时候，做了一个比较，看看容易说服的程度是否有差异。）

○ 先週の金曜日、公園へ遊びに行く途中、**思わぬ**大失敗をしてしまった。
  （上周五在去公园玩的途中，出了一个意想不到的大错。）
○ 発音が意味を決めているからである。**こうした**性質は次のようなおもしろいことを起こす。（因为发音决定了意思。这种性质会引起以下有趣的事情。）
○ また、**ある**音がある意味の語には共通に用いられるということも起こる。（另外，也会发生某种声音在某种意义的词中被共同使用的情况。）
○ 文中の「座標感覚を失うこと」とあるが、**その**例はどれか。（文中的"失去坐标感"，其例子是哪一个？）

4.3.12 代词题型说明及案例分析

1）代词词汇的特点

代词是指代人、事物、场所等的词。代词为名词的一种，具有名词的语法特点，即可以与助词等结合在句中充当主语等句子成分。例如：

○ わたし、ぼく、きみ、どなた、この人、あのかたがた、かれ、かれたち、どちら、ここ、それ、そこら、自分、自体、本人、自ら、おのれ、そのもの、それ自身

2）代词词汇及案例

代词根据指代名词的不同，可以分为人称代词、指示人称代词、指示代词、反身代词几种类型。

（1）人称代词：是指代人的代词，有第一人称（自称）、第二人称（对称）、第三人称（他称）、不定称四种。

- 第一人称：（单数）わたくし、わたし、ぼく、おれ
              （复数）わたくしたち、わたしたち、ぼくたち、おれたち
- 第二人称：（单数）あなた、あんた、きみ、おまえ
              （复数）あなたたち、あんたたち、きみたち、おまえたち
- 第三人称：（单数）かれ、かのじょ
              （复数）かれたち、かのじょたち
- 不定称：（单数）どなた、だれ
            （复数）どなたたち、だれだれ

（2）指示人称代词：是指代人的指示词，有近称、中称、远称、不定称四种。这类词汇隶属于こそあど系词，有复数形式。

- 近称：（单数）このかた、このひと、こいつ

    （复数）このかたがた、このひとたち、こいつら
- 中称：（单数）そのかた、そのひと、そいつ

    （复数）そのかたがた、そのひとたち、そいつら
- 远称：（单数）あのかた、あのひと、あいつ

    （复数）あのかたがた、あのひとたち、あいつら
- 不定称：（单数）どのかた、どのひと、どいつ

     （复数）どのかたがた、どのひとたち、どいつら

（3）指示代词：是指代事物、场所、方向的指示词，也有近称、中称、远称、不定称四种。这类词汇隶属于こそあど系词，指代事物和场所的代词有复数形式。

- 近称：（单数）これ、ここ、こちら、こっち

    （复数）これら、ここら
- 中称：（单数）それ、そこ、そちら、そっち

    （复数）それら、そこら
- 远称：（单数）あれ、あそこ、あちら、あっち

    （复数）あれら、あそこら
- 不定称：（单数）どれ、どこ、どちら、どっち

     （复数）どれら、どこら

（4）反身代词：是代词的一种，它具有名词的特性，表示行为的客体和主体是同一个人或事物。有加强词意的作用，没有人称之分，根据场合可以反指任何人称。反身代词可分为单纯反身代词和复合反身代词两种。

- 单纯反身代词：自分、自己、おのれ、自身、自体、本人、自ら
- 复合反身代词：自分自身、そのもの、それ自身、それ自体

【案例分析 4.3.19】

○ <u>わたしたち</u>はみんな、それぞれの考えを持っている。（我们大家都有各自的想法。）

○ <u>君</u>の来たい時にいつでも来てください。（你想来的时候请随时来。）

○ カラオケで<u>自分</u>の歌いたい歌を友だちに先に歌われてしまった。（在唱卡拉OK时被朋友抢先唱了自己想唱的歌。）

○ <u>彼女</u>は子どもみたいに泣いていた。（她哭得像个孩子。）

○ <u>ここ</u>数年、大学に入る人が増えているようなニュースを聞いた。（听到了这几年大学入学人数增加的消息。）

○ 彼はどんな困難も恐れず、本当に男らしい。（他什么困难都不怕，真有男子汉气概。）

4.3.13 接续词题型说明及案例分析

1) 接续词词汇的特点

接续词是把两个词语或者句子连接起来，起承上启下作用的词。接续词没有词形变化，主要起连接的作用，但它对内容的表达、文脉的连贯起着重要作用，可以达到结构紧凑、叙述流畅的效果。接续词是独立使用的，一般位于两个词或者两句话中间。例如：

○ すると、だから、しかし、けれども、また、そして、または、それとも、つまり、すなわち、ただし、要するに、さて、ところで、そのうえ、こうして、ところが、これに対して、なぜかというと、何はともあれ

2) 接续词词汇及案例

接续词基于所连接的前后两个词语或句子的意义关系，可分为以下三大类别。

（1）表示逻辑关系的接续词，包括顺接关系、逆接关系两种。

① 顺接关系的接续词，表示因果关系、条件等。

○ だから、それで、したがって、そのため、そこで、だからこそ、その結果、すると、かくて、こうすれば、そうすると、そうしたら

② 逆接关系的接续词，表示转折、让步等。

○ しかし、けれども、だが、ところが、それなのに、でも、それでも、それにしても、それにもかかわらず、といっても、それでいて

（2）表示平行关系的接续词，包括并列和添加关系、选择和对照关系以及话题转换。

① 并列和添加关系的接续词

○ そして、また、なお、および、と同時に、それから、その後、そのうえ、それに、さらに、なおかつ、そのほか

② 选择和对照关系的接续词

○ あるいは、または、それとも、むしろ、もしくは、一方（で）、そのかわり、これに対して

③ 话题转换关系的接续词
○ さて、ところで、では、それでは、とにかく、ともかく、ときに、何はともあれ
（3）表示扩展关系的接续词，包括补充和说明关系、总括和归纳关系。
① 补充和说明关系的接续词
○ つまり、すなわち、ただし、だって、いわば、例えば、なぜなら、というのは、なぜかというと、言い換えれば
② 总括和归纳关系的接续词
○ つまり、要するに、このように、以上述べたごとく、総じて言えば、一言で言えば

【案例分析 4.3.20】
○ **それでも**、息子はたまに、「ぼくのことすき？」と聞いてくることがあります。（即便如此，儿子偶尔还会问"喜欢我吗？"这样的问题。）
○ 授業前の10分間、先生と生徒たちが自分の好きな本を読み、**それから**、授業を始めるものである。（上课前10分钟，老师和学生们读自己喜欢的书，然后开始上课。）
○ 必要でないものは捨てて広い空間をとる必要がある。**そうかといって**、すべてのものを捨ててしまっては仕事にならない。（不必要的东西要舍弃，留出广阔空间。话虽如此，但把所有的东西都扔掉了也干不了活儿。）
○ 倉庫の整理はそこにあるものを順序よく並べることであるが、**それに対して**、工場内の整理は、作業の邪魔になるものを捨てることである。（仓库的整理是把那里的东西按顺序排列好，与此相反，工厂内的整理就是扔掉妨碍工作的东西。）
○ 一度墨で紙に書いてしまったら、鉛筆で書く時のように消しゴムで消すことはできません。**そのため**、書く前に心を落ち着かせ、字の形や筆（毛筆）の動かし方を頭の中に思い浮かべます。（一旦用墨在纸上写字的话，不能像用铅笔写的时候那样可用橡皮擦掉。因此在书写之前要先冷静下来，脑海中浮现出字的形状和毛笔的运笔方法。）
○ **それから**、道具を扱う力が身に付きます。（然后，就会掌握运用文具的能力。）
○ 子どもたちは、道具の正しい扱い方には意味があると学ぶのです。**また**、自分の道具を自分で準備したり片づけたりするのも大事な勉強です。（孩子们会学到，正确掌握文具的使用方法很有意义。另外，自己准备或收拾自

己的文具也是重要的学习。）

- ○ **このように**、道具によって、字が上手になるだけでなく、人生に必要な基礎の力をつけることができます。（就像这样，通过使用文具，不仅可以写好字，还可以给人生储备必要的基本能力。）
- ○ 携帯の料金も含めてお小遣い5 000円あげるから、**それで**、何でも自分でやってみない？（包括手机费用在内，我会给你5 000日元的零花钱，所以自己不都尝试一下看看？）
- ○ 失敗しないためのいちばんの方法は、何も新しいことに挑戦しないことです。**しかし**、そうした人は失敗しないかもしれませんが、その人には成功も喜びも訪れません。（不失败的最好方法是不挑战做任何新的事物。虽然这样的人也许不会失败，但也没有成功和喜悦。）
- ○ **それどころか**、何もしなかったことで、結局だんだん悪い状態になるだけかもしれません。（不仅如此，什么也不做，最后可能情况只会变得越来越坏。）

4.3.14　高考日语词汇内容范围的总结

基于新课标的的课程目标，我们对2010—2022年高考日语试题第二部分"日语知识运用"中的词汇类试题做了大数据统计，归纳总结为动词、名词、副词、形容词、寒暄语、日本文化知识、外来词、惯用语、数量词、连体词、代词、接续词等共计12类题型。在此基础上，我们总结各类词汇具有的独特性，结合历年真题做出了"案例分析"，以此来帮助考生掌握基本的日语语言知识技能，学会运用日语交际。

4.4　高考日语语法试题分析

4.4.1　高考日语助词题型及考点分布

1) 日语助词的特点

助词是日语句子的语法成分，它本身没有具体的意义，但接在独立词后可以为词语的表达和句子的关联添加某种含义，是各个成分结合的纽带。没有助词，句子的结合就无法实现。日语的助词是附属词，没有词形变化，不能单独构成句节。要想构成句节，必须接在其他词的后面，表示该词在句中的地位，或者表示与其他词的关系，或者添加某种含义。每个助词应该接在什么词或什么活用形的后

面,都有一定的规律。助词互相重叠的时候,也要遵循一定的规律。例如:

○ が、の、を、に、で、と、へ、から、まで、より、は、も、でも、しか、だけ、ばかり、くらい、など、や、たり、とか、て、ので、ば、たら、が、のに、けど、し、ても、てから、か、よ、ね、ぞ

助词不仅是历年高考的必考点,而且所占比重在"日语知识运用"部分也是很大的,在语法题型中出题数量排在第二位。2010—2022年高考日语出题大数据的统计结果显示,助词的试题总量达到74题之多,平均每年出题数为5题。其中格助词、接续助词和副助词又可看作重点中的重点,在考试中出现的频率相对更高。日语的助词种类和数量很多,每个助词又有多种意义和用法,需要考生认真学习、归纳和练习。

2) 助词的分类及案例分析

助词根据其意义和功能可分为表示关系的助词和补充意义的助词,其中表示关系的助词有格助词、接续助词、并列助词;补充意义的助词有提示助词、副助词、语气助词。下面在逐一介绍这些助词基本用法的同时,将列举出历年真题"日语知识运用"部分出现的例句(注:所列例句为涵盖助词的相关句子,并非专门针对助词的试题)。

(1) 格助词:主要接在名词后面,表示该名词与其他词或句节之间的关系。这种明确名词在整个句子中的地位、资格的词叫"格助词"。在历年高考日语试题中,格助词在所有助词类别中出题数量位居第一,所占比重几乎是出题量的50%以上。格助词可大致分类如下:

- 单纯格助词:が、を、に、で、と、へ、から、まで、より、の
- 复合格助词:までに、での、との、への、からの、までの

在试题中常出现的有表示主格的「が」、表示宾格的「を」、表示属格的「の」、表示存在场所的「に」、表示动作地点的「で」、表示起点的「から」、表示终点的「まで」、表示比较的「より」等,当然这些助词并非只有一种意义。

【案例分析4.4.1】

○ 会議の準備はこちら<u>で</u>しておきます。(会议准备由我们来做。)
○ 栄養があると言っても、食べ過ぎると体<u>に</u>よくない。(虽说有营养,但吃多了对身体也不好。)
○ 私たちはみんな、それぞれの考え方<u>を</u>持っている。(我们大家都有各自不同的想法。)

○ 豆腐をはじめ、大豆**から**作られる食品が多い。（包括豆腐在内，用大豆制成的食品很多。）

○ 高校時代最後**の**運動会は一生忘れられない。（一生都难以忘怀高中时代最后的运动会。）

○ 田舎の妹がこの写真**を**送ってくれた。（在老家的妹妹给我寄来了这张照片。）

○ 道**に**倒れている人を助けました。（帮助了倒在路上的人。）

○ あれから20年の歳月**が**流れた。（从那时起已经过了20年的岁月。）

○ すみませんが、このバスはＡ大学の前**を**通るでしょうか。（不好意思，请问这辆巴士路过Ａ大学前吗？）

○ 田中さんとは小学校**から**の親友で、現在もクラスは同じです。（我和田中从小学起就是好朋友，现在也是同班同学。）

（2）接续助词：接在形容词、动词或助动词后面，连接前后两项，起承上启下的作用。在历年高考日语试题中，接续助词是必考内容，在助词类别中出题数量位居第二，仅次于格助词，所占比重约为20%。接续助词可大致分类如下：

● 表示并列关系：て（で）、ながら、し、つつ、なり、や
● 表示因果关系：から、ので
● 表示条件关系：ば、と、ては（では）
● 表示转换关系：が、けど（けれど・けれども）、のに、ものの
● 表示让步关系：ても（でも）、たって（だって）、とも

当然，以上只是根据各接续助词主要的意义进行分类的，其中表示两种或以上关系的助词也为数不少。

【案例分析4.4.2】

○ ケーキはカロリが高い**から**、あまり食べません。（蛋糕的热量很高，所以不怎么吃。）

○ 夜も遅い**ので**、教室の電気がもう消えている。（因为夜已深，所以教室的灯已经关闭。）

○ どんなに狭く**ても**やはり自分の家がいちばんいい。（无论多小，还是自己的家最好。）

○ あの店はあまり高くない**し**、店員も親切です。（那家店不贵，而且店员很友善。）

○ 学生一人一人のことを考え**ながら**授業をしなければなりません。（要考虑每一位学生的情况来授课。）

○ わたしはおとなし**く**て静かな性格の人が好きです。(我喜欢性格老实又安静的人。)
○ レジの前に立っている**と**、後ろから後輩に声をかけられた。(我站在收银台前时,有一个后辈从背后和我打了招呼。)
○ 彼女はこんなことをする人ではなかった**のに**。(她本不该是会干这种事情的人。)
○ 何回も見ていた**が**、やはり間違いがあった。(虽然看了很多遍,但还是有错。)

(3) 并列助词:位于两个或两个以上的词之间,表示并列关系。在历年高考日语中,几乎没有出现过专门考并列助词用法的试题,但试题的句子中会涉及,考生仍需掌握常见并列助词的主要用法。并列助词可大致分类如下:

- 单纯性并列:と
- 例示性并列:や、やら、とか、たり、だの
- 选择性并列:か、なり
- 叠加性并列:に

【案例分析 4.4.3】
○ 医者として忠告します。今すぐタバコ**や**お酒をやめてください。(我作为医生忠告你,请马上戒掉烟酒等。)

(4) 提示助词:也称为"系助词",主要接在名词、部分副词、助词等后面,将这些成分以主题形式提示出来,然后加以陈述。从过去的高考日语试题来看,提示助词并非每年必考题目,但每隔1~2年就会出现1题。提示助词可大致分类如下:

- 强调提示:は、こそ
- 限定提示:さえ、すら、しか
- 追加提示:も、でも、だって

【案例分析 4.4.4】
○ もういろいろ考えてきたから、今**こそ**決心する時だ。(已经考虑很多了,现在正是下决心的时候。)
○ 宿題を書くのに2時間**も**かかりました。(写作业花了两个多小时呢。)
○ 雨はだんだん激しくなり、風**さえ**吹き出してきた。(雨渐渐变大,甚至还刮起了风。)
○ 人生には失うもの**も**あれば、得るもの**も**ある。(人生有失也有得。)
○ 田中さん、その店の勘定はカード**しか**できませんよ。(田中先生,这家店只

能刷卡买单。)
- 図書館**では**大声で話さないでください。(在图书馆请不要大声说话。)
- すぐ戻りますから、ここで雑誌**でも**読んでいてください。(我马上就回来，请在这里看看杂志什么的吧。)
- むずかしいから**こそ**おもしろいんだ。(正因为难才有意思。)

(5) 副助词：接在各种词的后面，增添某种意义，像副词一样修饰后面的成分。在历年高考日语试题中，副助词的出题数量虽然不多，但几乎是每年必考的题目。副助词的大致分类如下：

- 表示限定：ばかり、だけ、まで、ずつ、のみ、きり
- 表示程度：くらい（ぐらい）、ほど、
- 表示例示：など、なんか（なんぞ）
- 表示不定：か、やら

【案例分析 4.4.5】
- メール**だけ**では失礼でしょう。(只是发个邮件太失礼了吧。)
- 知っている人と道で会ったら、あいさつ**ぐらい**しましようよ。(路上遇到认识的人，至少要打个招呼哦。)
- 睡眠時間が短い**ほど**体重が増えると言われている。(据说睡眠时间越短，体重越会增加。)
- その経験をしたことのない人に、私の気持ち**など**わかるはずがない。(没有这种经历的人是不可能理解我的心情的。)
- 中村さんから借りた本は1冊**だけ**です。(从中村先生那里借来的书只有这一本。)
- ごちそうは食べられない**ほど**たくさん出してくれました。(为我们上了吃都吃不完的美食。)
- 今日は昨日**ほど**暑くありません。(今天没有昨天那么热。)
- ほら、王さんも食べて**ばかり**いないで、もっと飲みましょうよ。(我说小王，你也别只是吃，再喝点。)
- 帰宅したら、母と弟から手紙が1通**ずつ**来ていました。(回到家发现妈妈和弟弟各寄来了一封信。)

(6) 语气助词：一般位于句末，所以又叫终助词，表示某种语气，只用于口语中。从2010—2022年的高考日语试题来看，出题数量并不多，只是偶尔才会出现，但因为口语中经常使用，所以在听力题、阅读题中都有可能出现，考生仍需掌

握考纲中的语气助词。常用的语气助词如下：
- 语气助词：か、よ、ね、わ、ぞ、ぜ、さ、かな、かしら、かい、の

【案例分析4.4.6】
○ (中華料理店で)「おいしそうです**ね**。」「おいしいです**よ**。食べてみたら？」[(在中华料理店)"看起来很好吃啊！""是很好吃哦,尝一尝吧。"]
○ 先生、私の電話番号をお書きしましょう**か**。(老师,要不要写下我的电话号码？)
○ 恋とはどんなもの**かしら**。(所谓爱情是什么呢？)
○ 「あ、西瓜がきってありますよ。」「ほんとうだ。食べていい**かなあ**。」("哇,西瓜已经切好了啊。""真的诶,可以吃了吗？")
○ 「まだその小説読んでる**の**？」「だって500ページもあるんだ**もの**。」("还在看那个小说啊？""因为有500页嘛！")
○ 「この仕事、だれかやってくれない**かな**。」「だれもやる人がいないなら、やらせていただきます。」("这项工作,有没有谁来做一下？""如果没人做的话,就让我来做吧。")

4.4.2 高考日语助动词题型及考点分布

1) 日语助动词的特点

日语助动词是具有活用的附属词,与同为附属词的助词一样,日语助动词也不能单独成为句子的成分,需附在独立词后,与前接词共同构成句节,并增添某种意义或语法功能。例如：
○ です、ます、だ、た、ようだ、らしい、そうだ、みたいだ、たい、ない、(さ)せる、(ら)れる

助动词也是历年高考的必考点,对2010—2022年高考日语出题大数据的统计结果显示,助动词的试题总量达到33题之多,平均每年出题数量为3题。其中推量助动词、比况助动词和愿望助动词的出现频率相对更高。表示被动、可能、尊敬、自发的「れる/られる」和表示使役的「せる/させる」,以及表示使役被动的「される/させられる」,又属于动词语态的语法范畴,在此只在分类中列出,但不举历年真题例句。

2) 助动词的分类及案例分析

助动词可从语法意义、活用类型、接续方法三个角度进行分类。

（1）基于语法意义的分类
- 被动助动词：れる/られる
- 可能助动词：れる/られる
- 自发助动词：れる/られる
- 敬语助动词：れる/られる
- 使役助动词：せる/させる
- 使役被动助动词：される/させられる
- 否定助动词：ない、ぬ
- 推量助动词：う/よう、らしい
- 否定推量助动词：まい
- 过去助动词：た
- 愿望助动词：たい、たがる
- 礼貌助动词：ます
- 比况助动词：ようだ/みたいだ
- 样态助动词：そうだ
- 传闻助动词：そうだ
- 指定助动词：だ、です、である

【案例分析 4.4.7】

○ 天気図を見ると、関東地方は雨が降り**そうです**。（根据气象图，关东地区似乎会下雨。）

○ まだ 10 月の始めなのに、寒くてまるで冬になったかの**ようだ**。（还只是 10 月初，就冷得像是到了冬天一样。）

○ 君の来**たい**ときにいつでも来てください。（你想来的时候随时来。）

○ 今度の国際会議は 10 日間にわたって行われる**そうです**。（听说这次的国际会议将历时 10 天。）

○ 明日試合に出るから，今晩，睡眠を十分とっておこ**う**。（明天要参加比赛，今晚要保证充足的睡眠。）

○ あの人はいつも新しいことをやり**たがる**。（那个人总是想做些新鲜事儿。）

（2）基于活用类型的分类
- 动词型助动词：れる/られる、せる/させる、される/させられる、たがる、である

- イ形容詞型助動詞：ない、らしい、たい
- ナ形容詞型助動詞：だ、ようだ、そうだ、みたいだ
- 特殊型助動詞：ぬ、た、です、ます
- 无変化型助動詞：う/よう、まい

【案例分析 4.4.8】
- 電池が切れ**そうに**なったら、交換してください。（电量不足的话请更换电池。）
- 彼女は子ども**みたいに**泣いていた。（她哭得像个孩子。）
- そのアニメは人気がある**らしく**、見る人が多い**です**ね。（那部动画片好像很受欢迎，看的人很多呢。）
- おいし**そうな**料理ですね。誰が作ったの？（这菜看起来很好吃，是谁做的啊？）
- ここ数年、大学に入る人が増えている**ような**ニュースを聞いた。（我听到一则消息说，近些年上大学的人多了。）
- 就職のことは両親と相談したうえで決め**たい**と思います。（就业的事情我想和父母商量后再决定。）
- わたしの家は駅までは10分もかから**ない**ところにあり**ます**。（我家在离车站不到10分钟的地方。）

（3）基于接续方法的分类
- 接ない形：れる/られる、せる/させる、される/させられる、ない、ぬ、まい
- 接意志形：う/よう
- 接ます形：たい、たがる、ます、そうだ(様態)
- 接た形：た
- 接終止形：らしい、まい、だろう、そうだ(伝聞)
- 接連体形：ようだ、みたいだ
- 接イ形容詞詞幹：そうだ(様態)
- 接ナ形容詞詞幹：らしい、みたいだ、そうだ(様態)
- 接体言和副詞：だ、です、である、らしい、ようだ、みたいだ

【案例分析 4.4.9】
- ほら、あの犬が道路を渡り**たがって**いる。（你看，那只狗想过马路呢。）
- わたしは講座を聞きに行き**たい**が、授業があるので、行けない。（我想去

听讲座,但因为有课而去不了。)
- 友人はわたしの努力を理解してくれた<u>らしい</u>。(朋友好像理解了我的努力。)
- 行かなくてもいいと思っていたが、やはり行ったほうがよさ<u>そうです</u>。(我以为不去也可以,但看起来还是去为好。)
- 今日は暖かくて、まるで春の<u>ようです</u>。(今天很暖和,好像春天一样。)
- 父はお酒を飲むと、人前でも大きい声で歌い<u>たがる</u>。(爸爸一喝酒,在别人面前就想大声唱歌。)
- 田中さんは甘い物が嫌い<u>みたいだ</u>。(田中先生好像不喜欢甜食。)

4.4.3 高考日语动词语态题型及考点分布

1) 日语动词语态的特点

日语动词的语态主要是指与动作有关的施事或受事在句中的语法地位变化,以及说话人表述事物时的视点变化等。表达形态包括主、宾格变换,动词词尾的规则性变化等。日语的语态这一语法范畴主要指主动语态、被动语态、使役语态,广义上还包括可能语态和自发语态等。动词的语态也可以说是每年的必考题,出题数量在1~3题。

2) 动词语态的分类及案例分析

日语有7种语态,即:主动语态、被动语态、使役语态、可能语态、自发语态、敬语语态、使役被动语态。

- 主动语态:動作主体+動詞(例:先生は私を<u>褒めた</u>。)
- 被动语态:動詞+れる/られる(例:私は先生に<u>褒められた</u>。)
- 使役语态:動詞+せる/させる(例:先生は学生に漢字を<u>書かせた</u>。)
- 可能语态:動詞+れる/られる、一類動詞可能形(例:学生は漢字が<u>書ける</u>。)
- 自发语态:動詞+れる/られる(例:この子の将来が<u>案じられる</u>。)
- 敬语语态:動詞+れる/られる(例:先生はあした<u>来られ</u>ますか。)
- 使役被动语态:動詞+(さ)せられる、一類動詞+される(例:上司に酒を<u>飲まされた</u>。)

【案例分析 4.4.10】
- 「先週のテスト、よくできましたよ」と先生に<u>褒められました</u>。(被老师表

扬道："上周的考试考得很好。"）
- 小さい時にたくさん**練習させられて**、今ピアノを見るのも嫌になってしまった。（小的时候被逼着练够了，现在连看都不想看钢琴。）
- 努力したのに、大きな成果は**得られなかった**。（虽然努力了，但没有得到很大的成果。）
- わたしは講座を聞きに行きたいが、授業があるので、**行けない**。（我想去听讲座，但因为有课而去不了。）
- 洋子さんの家は美しい木々に**囲まれている**。（洋子的家被美丽的树林包围着。）
- 先生は生徒に窓を**開けさせた**。（老师让学生把窗户打开。）
- 上海は中国一の高齢化が進んだ都市だと**言われて**います。（据说上海是中国老龄化最严重的城市。）
- この雑誌はいつでも**買えます**から、今買わなくても大丈夫ですよ。（这本杂志随时可以买到，现在不买也没关系。）
- 妻は子供にピアノを**習わせ**たいのですが、子供は嫌がっています。（妻子想让孩子学钢琴，但孩子不愿意。）

4.4.4　高考日语敬语题型及考点分布

1）日语敬语的特点

敬语是日语的一大特色，是说话人对听话人或所提到的第三者表示敬意的表达方式。日本的敬语深受日本文化背景的影响，是日本社会人际关系、日本传统思想文化和历史发展的重要体现。从古至今，日语敬语形成了很完善的体系。可以说在任何语言中都或多或少存在着敬语，但是日语的敬语尤为发达，主要体现在丰富的表达和复杂的使用上。日语的敬语体现着上下、内外、亲疏、公私等关系，同样的内容根据不同场合和不同的对象使用不同的表达方式。例如：

- いらっしゃる、おっしゃる、いただく、まいる、ご覧になる、お邪魔する、お世話になる、失礼いたす、お粗末、お恥ずかしい、おトイレ

敬语是历年高考的必考点，出题数量一般在2题以上，也是重点考查的知识点之一。

2）敬语的分类及案例分析

现代日语敬语的分类，所依据的基准不同，分类也有所不同，但一般分为四类，即尊敬语、自谦语、礼貌语和美化语。

- 尊敬语：说话人对听话人或话题中人物的言行、性质、状态表示尊敬时的表达方式。
- 自谦语：说话人谦逊地表达自己一方的动作行为，以表对听话人或话题中人物的敬意。
- 礼貌语：说话人通过礼貌的语言向听话人或读者表示敬意的表达方式。
- 美化语：说话人为了使自己的语言更加柔和、优美、高雅而使用的表达方式。

【案例分析4.4.11】

○ 困ったことが**ございまし**たら、いつでも**おっしゃって**ください。(如有什么困难，请随时跟我讲。)

○ もう遅いから、少し**お待ちいただけれ**ば、車で**お送りいたします**。(已经晚了，您要是能等会儿，我用车送您。)

○ 先生、私の携帯番号を**お書きいたしましょう**か。(老师，要不要我写下我的电话号码?)

○ 高橋さん、どのような**お仕事**を**されて**いますか。(高桥先生，您在做什么工作?)

○「今度の連休は**お出かけです**か。」「ええ。せっかくですから、どこかへ行ってみたいですね」("这次连休，您会出行吗?""是啊，难得的连休，还是想出去走走。")

○「渡辺と**申します**。2時に山田部長に**お目にかかる**ことになっております。」("我叫渡边，约好2点来见山田部长。")

○ 申し訳ありませんが、入り口まで**ご案内いただけませんか**。(不好意思，是否可以请您带我到入口处?)

○ **お招きいただきまして**、ありがとうございます。喜んで**出席させていただきます**。(谢谢您的邀请，我很乐意出席。)

○「鈴木さん、今、これ、郵便局に行って出してくれないか。急ぎなんだよ。」「はい、すぐ出して**まいります**。」("铃木，你能不能现在去趟邮局把这个寄了，很急。""好的，我马上去寄。")

4.4.5　高考日语授受表达及考点分布

1) 日语授受表达的特点

授受表达也如敬语一样是十分有特色的日语表达，指表示授予和接受意义

的表达方式。日语的授受表达不仅可以表示人物、事物或动作的"授予和接受",还暗示着一种人际关系间恩惠的转移,体现着日本人独有的恩惠意识。例如:

- くれる、あげる、もらう、やる、くださる、いただく、さしあげる、…てくれる、…てあげる、…させてくださる、…させていただく

授受表达是近2010—2022年高考日语的必考点,每年出题数量在1～3题,主要考查点是授受补助动词及其与使役表达和敬语表达的结合使用。

2) 授受表达的种类及案例分析

授受表达主要有授受动词和授受补助动词两种,具体见表4-6。

表4-6 授受表达的种类及词例

种类	意义	词例
授受动词	授予	あげる/さしあげる/やる
		くれる/くださる
	接受	もらう/いただく
授受补助动词	授予	…てあげる/…てさしあげる/…てやる
		…てくれる/…てくださる
	接受	…てもらう/…ていただく

【案例分析4.4.12】

- ずっと探していたかぎは鈴木さんが見つけ**てくれた**。(我一直在找的钥匙是铃木帮我找到的。)
- あっ、花に水を**やる**のを忘れちゃった。(啊,我忘记给花浇水了。)
- 先生に難しい問題を説明し**ていただきまして**、感謝しています。(感谢老师帮我讲解难题。)
- 先生が丁寧にご説明**くださった**ので、よく分かりました。(老师为我做了详细的说明,所以我都明白了。)
- 姉は毎朝6時に電話で友だちを起こし**てあげます**。(姐姐每天早上6点都会打电话叫醒朋友。)
- 友人はわたしの努力を理解し**てくれた**らしい。(朋友似乎理解了我的努力。)
- 知らない言葉は人から教え**てもらう**。(不懂的话会请教别人。)
- いつも田中さんに弟の面倒を見**てもらって**、ありがとう。(田中先生总是

对家弟关照有加,非常感谢。)

- 渡辺さんは毎晩お子さんにおもしろい絵本を読ん**であげます**。(渡边太太每晚都为孩子读有趣的图书。)
- 「実は希望していたチームに参加**させてもらう**ことになったんです。」
「そうなんですか。よかったですね。」("其实我已经加入了一直希望参加的团队。""是吗,那太好了。")

4.4.6 高考日语惯用句型题型及考点分布

1) 日语惯用句型题型的特点

惯用句型是日语教学的重要内容之一。掌握并正确使用惯用句型,在理解原文时往往可收到事半功倍的效果。惯用句型在高考日语试题的语法部分所占比重最大,平均出题数量为10题以上,试题中出现的惯用句型多为日本语能力测试N3~N2级的常用句型。

2) 日语惯用句型案例分析

【案例分析4.4.13】

- おかしいなあ。木村さん、まだなの? 先に着いている**はず**なんだけど。(好奇怪啊,木村还没到吗? 本该先到的啊。)
- 三日間も夜中まで働いていた**ためか**、2キロも痩せた。(不知是否因为连续3天工作到半夜,竟然瘦了2公斤。)
- 駅の階段を降りるとき、足が滑ってもうすこしで階段で転ぶ**ところだ**った。(在车站下楼梯的时候,脚一滑差点摔倒。)
- バスは最近遅れ**がちだ**から、歩いて行こう。(最近巴士经常晚点,我们走着去吧。)
- 外国人であっても英語が上手に話せる**とはかぎらない**。(即使是外国人,英语也未必说得好。)
- 子どもたちの**おかげで**、われわれ大人も成長できたのだ。(多亏了孩子们,我们大人也得以成长。)
- 5年**ぶりに**再会した2人は、半年で結婚しました。(时隔5年再次相见的两人半年后结婚了。)
- この機械はどこか故障すると、ベルが鳴る**ようになっている**。(这台机器只要发生故障就会响铃。)
- 李さんはバレーボールの選手**としては**背が低い。(小李作为排球选手个子

有点矮。)
- 驚いた**ことに**、あの人は半年で10キロも痩せました。(令人吃惊的是,那个人半年就瘦了10公斤。)
- 彼の表情**からみると**、面接が難しかったに違いありません。(从他的表情来看,面试一定很难。)
- 法律**に関する**ことは鈴木先生にお聞きください。(关于法律的事情,请咨询铃木老师。)

4.4.7　高考日语语法内容范围的总结

　　按照语言结构特点分类,日本语属于黏着语、阿尔泰语系。在语言表达上分为简体和敬体,另外有发达的敬语体系。日语语法特点归纳起来有这样几点:第一,作为一种基本的结构,典型的日本句子的句式是主语—宾语—谓语;第二,日本人觉得从语境中听话人能理解,也就是说话人或作者自信听话人对所谈及的情况有一定了解时,经常会省略主语或宾语;第三,日语不同于英语,词序并不能表明名词在一个句子中的语法作用,名词也不像有些语言那样,会因语法需要而加以变化,此外语法作用是通过名词后面的虚词来表示的,因为它标志着一个句子的话题或主题;第四,日语中的动词变化不能反映出人称和单复数。在现代语中,所有动词在字典中的形式都是以元音"u"结尾的。

4.5　高考日语阅读试题分析

4.5.1　高考日语阅读理解及考点分布

　　根据 2.4 节的高考日语评价框架,我们对 2010—2022 年高考日语阅读试题做了大数据统计和分析。根据提问范围,高考日语阅读大致可以分为 10 类题型。按照出题概率的多少进行排序,基本可分为细节理解题型、选词填空题型、原因理解题型、具体指示题型、指示词理解题型、词句理解题型、文章主旨题型、作者意图题型、选句填空题型、句子成分设问题型(见表 4-7)。根据各类题型的特点,我们将在逐一进行案例分析的基础上,总结归纳出高考日语阅读试题的基本情况。

表 4-7　2010—2022年高考日语阅读理解各类题型出题情况一览

类型	细节理解	选词填空	原因理解	具体指示	指示词理解	词句理解	文章主旨	作者意图	选句填空	句子成分设问
数量/题	48	45	38	34	24	17	14	13	12	12

4.5.2　阅读细节理解题型说明及案例分析

1) 细节理解题型说明

细节理解是阅读中出现频率最高的题型。这类题型首先要审题，读懂题意，然后从原文中找到与提问对象相关的内容，尽可能缩小阅读范围。有些可以从原文中直接找到答案，有些需要用排除法，把四个选项和原文逐一对比，从细节着手进行排除。有些需要在原文内容的基础上进行归纳总结、推测等再选出正确答案。

2) 细节理解案例分析

【案例分析4.5.1】

ホテルでの宴会に出席したら、会場の入り口で一枚のポスター（海报）が目にとまった。

読んでみたら乾杯後30分間は席を立たずに料理を楽しみ、終わりの10分前になったら、自分の席に戻って再度料理を楽しむことを呼びかける（号召）**もの**だった。

宴会といえば、乾杯が終われば、それぞれが席を立ってあいさつや立ち話に忙しく、ゆっくり食べる暇もないということが多い。宴の後にはたくさんの料理が残される。そこで環境省などが「3010 **運動**」として料理を楽しむ時間を取り、食べ物を残さないよう呼びかけている。

同省 HP（网页）を見たら、我が国の「食品ロス」（食品浪费）は年間約621トンにも上がり、それは世界全体の食品援助量の約2倍になるというから**もったいない**。

消費者としても気を付けなければならないことがある。例えば「賞味期限」は食品としての安全性を保証する「消費期限」とは異なり、すぐ食べられなくなるわけではないということ。

これから年末年始にかけては忘年会、新年会など大勢で食事する機会が増える。ついつい何枚もの皿を大盛り（装满）にしてしまう食べ放題（自助）の店でも食べられる量だけを取って、食べ残しを出さないこと。**それ**は料理人への

心遣い(体谅)でもあろう。

问题设置：文中の「3010運動」の目的は何か。

A．食品を援助するため　　B．宴会を楽しくするため
C．食べ残しをなくすため　　D．ゆっくり話をするため

案例解析：首先找到画线处在文章中的位置，「そこで環境省などが『3010運動』として料理を楽しむ時間を取り、食べ物を残さないよう呼びかけている。」由此看出"3010运动"是呼吁享受佳肴，不要剩下食物。选项A：为了援助食品；选项B：为了享受宴会；选项D：为了好好讲话。这三个选项的意思都与原文不符。综合四个选项的意思，正确答案应该是C。

4.5.3　阅读选词填空题型说明及案例分析

1) 选词填空题型说明

选词填空是阅读中出现频率极高的题型。这类题型设计的意图是测试考生对文章前后内容和文脉的把握，所选的词语范围广泛，包括接续词、副词、接续助词、动词、形容词、名词、代词等，其中接续词和副词的出现频率较高。掌握此类题型的关键在于把空白处前后句子的意思搞清楚，然后再看哪个选项的内容可以放入空白处。

2) 选词填空案例分析

【案例分析4.5.2】

「一人練習帖」とは、文字通り、一人の時間をいかにして持つか、増やしていくかという勉強である。

簡単なようで難しい。家族がいる。友だちがいる。なかなか自分一人の時間は訪れない。向こうからやってくるのを待っていては、いつになるか分からない。自分で無理やり(强行)そういう時間を作って、他人に邪魔されないようにするしかない。

決めるのは自分である。主婦の場合、朝、夫や子どもが出かけてしまったら、自分の時間になるわけだから、テレビもラジオもスマホも消して、15分でもいい、10分でもいいから一人だけで自分に向き合って過ごそう。

窓の外を見る。黄色くなった銀杏の葉が、風に吹かれて、散っている。銀杏の枝に葉のように張り付いている(紧贴)のは鳥だ。青い色をしている。あんな青い色は野鳥には見かけない。都会のどこかで飼われていたのが逃げ出したのだろうか。

そんなとりとめもないことを考える時間から始めよう。心を遊ばせる。自分の頭で考える。私にとっては、もっともぜいたくな時間である。テレビを見ていたのでは気づかない。スマホでメールや電話をしていたのでは、決して得られない一時。それを（ア）と感じることができるだろうか。

问题设置：文中の（ア）に入れるのに最も適当なものはどれか。

A．緊張している　　　　　B．充実している
C．薄い　　　　　　　　　D．便利だ

案例解析：首先找到括号处所在的前后文「テレビを見ていたのでは気づかない。スマホでメールや電話をしていたのでは、決して得られない一時」，即"这是成天对着电视无法察觉到的，要是整天用智能手机发信息打电话是绝对得不到的"。填空处前面的「それ」指代的是奢侈的时间，从前后可得知唯一能套进原文且句意通顺的只有选项 B：充实。而选项 A（紧张）、选项 C（薄弱）、选项 D（方便）都是干扰项。

4.5.4　阅读原因理解题型说明及案例分析

1）原因理解题型说明

原因理解是阅读中出现频率较高的题型，这类题型设计的意图是测试考生对文章部分内容的理解和把握。掌握此类题型的关键在于把画线处的前后内容理解清楚，就能找出相应的原因或理由。

2）原因理解案例分析

【案例分析4.5.3】

言葉というのは時とともに変化するというのも事実だ。変化するからこそ、もとの形を残したい、残さないのは日本語の乱れだと考える一方、場合によっては、その言い方はもう古いというような感想になることもある。<u>**言葉は生きているのだ**</u>。

高校生の作文コンクール（竞赛）の審査員をしていた時のこと。ある都市の課題で、「百聞と一見」というのがあった。「百聞は一見に如かず」という諺を踏まえて（根据）、そのどっちがいいのか、という課題だ。

ところが、そのテーマに対して、高校生の多くが、視覚情報と聴覚情報はどっちが確かか、という論考をするので驚いてしまった。テレビより、ラジオのほうが真実が伝わったりする、なんていう論だ。

違うんだけど、と私は思った。聞くというのは、人に聞くことであり、伝聞なのだ。そして、見るというのは、自分がその目で見ること。（ア）、あの諺は伝聞よりも実体験のほうがよく分かる、ということを言っているのである。テレビで戦争の様子を見るのは、むしろ（イ）のほうであり、その戦地へ実際に行ってみるのが、（イ）である。

しかし、テレビのない時代の諺には、テレビで見ることなどはあるはずがない。高校生たちはそこまでは考えられていなくて、ただ目か耳か、という話になってしまうのも**無理はない**。こうして、諺の意味もニュアンス（細微差異）が変わってしまうのだ。

问题设置：文中に「言葉は生きているのだ」とあるが、なぜそう言うか。

A. 言葉は時代とともに変化するから
B. 言葉の古い言い方を残さないから
C. 言葉のもとの形をそのまま残したいから
D. 言葉の変化は日本語の乱れと思われるから

案例解析：本题是问"为什么说语言是活的"，这一题可以在文章开头找到答案「言葉というのは時とともに変化する」（语言随着时代变化），故选 A。选项 B：因为语言不会留下陈旧的说法；选项 C：因为想原原本本地保留语言本身的形式；选项 D：因为语言的变化是日语的混乱。

4.5.5　阅读具体指示题型说明及案例分析

1) 具体指示题型说明

具体指示是阅读中出现频率较高的题型。这类题型是考查考生对文章中画线部分的理解，要求从原文中找到与选项相关的内容。有些可以从原文中直接找到，有些可以利用排除法，把四个选项和原文逐一对比，从细节着手一一排除。

2) 具体指示案例分析

【案例分析 4.5.4】

現在、「朝読」が多くの小中高校で行われている。「朝読」とは朝の読書運動のことで、授業前の10分間、先生と生徒たちが自分の好きな本を読み、（ア）、授業を始めるものである。1998年に千葉県の高校で始まったのが最初だ。今は、読書の習慣を付けたり、読む力を付けたりするためにすることが多いが、本来は、遅刻や欠席が多かったので、生徒たちが落ち着いて一日を始められるよう

にと、考えられたそうだ。

　「朝読」では、生徒たちは4つのルールを守るように指示される。「毎日やる」「みんなでやる」「好きな本でよい」「ただ読むだけ」である。

　この「朝読」には**いろいろな効果**がある。本を読むスピードが上がること、本が読めない子が読めるようになることなどだ。それだけでなく、生徒の態度や心の状態にもいい変化が見られるようだ。遅刻が減って授業にスムーズ（順畅）に入れるようになったこと、生徒が急に怒り出したり、教室を出ていったりすることが減っていること、などが報告されている。

　问题设置：文中に「いろいろな効果」とあるが、それに合わないものはどれか。

　　A．本を速く読めるようになった。
　　B．文章への理解力が高くなった。
　　C．教室への出入りが激しくなった。
　　D．授業に遅れる生徒が少なくなった。

　案例解析：该题需要结合「いろいろな効果」出现的上下文，通过上下文意思确定答案。答案可以从后面的文章内容中找出来，「本を読むスピードが上がること、本が読めない子が読めるようになることなどだ。それだけでなく、生徒の態度や心の状態にもいい変化が見られるようだ。遅刻が減って授業にスムーズ（順畅）に入れるようになったこと、生徒が急に怒り出したり、教室を出ていったりすることが減っていること、などが報告されている」，即"学生看书的速度有所提升，不看书的孩子开始看书了。不仅如此，学生的态度和心理状态也发生了很好的变化。有报告称，迟到现象减少了，能够顺利地进入上课状态，学生突然发脾气离开教室的现象有所减少，等等"。答题时注意审题，题目是要求选择不符合题意的一项。选项A：能够快速看书了；选项B：对文章的理解力有所提高；选项C：进出教室频繁不是早读的效果；选项D：迟到的学生有所减少都是早读的效果。由此可知选项C是正确答案。

4.5.6　阅读指示词理解题型说明及案例分析

1）指示词理解题型说明

　　指示词理解是阅读中出现频率较高的题型。这类题型设计的意图是测试考生对文章前后关系及指示词所指意思的把握和运用。在日语中指示词有两个基

本的作用,一是现场指示作用,即指示事物、场所和方向,二是语境指示作用,即指示文章或会话中出现的事物。其中「こ」系的指示词指代马上要说的内容,或者前面刚刚出现过的内容,「そ」系的指示词指代前面稍早出现过的内容,或者对方说过的内容,「あ」系的指示词指代双方都知道的事物。另外,还可以用于回忆,但一般不能指代前面出现过的内容。

2) 指示词理解案例分析

【案例分析4.5.5】

子どもの習い事(才艺学习)として人気の高い「書道」ですが、これはただの「字を上手に書く練習」ではありません。

書道をやると、まず**集中力**が身に付きます。一度墨で紙に書いてしまったら、鉛筆で書く時のように消しゴムで消すことはできません。そのため、書く前に心を落ち着かせ、字の形や筆(毛笔)の動かし方を頭の中に思い浮かべます。**その書き方**に沿って字を書くので、自然に紙や手に心が集中するのです。

それから、**道具を扱う力**が身に付きます。筆や墨は、正しく持って上手に使わないと、服を汚したりします。子どもたちは、道具の正しい扱い方には意味があると学ぶのです。また、自分の道具を自分で準備したり片づけたりするのも大事な勉強です。

(ア)、道具によって、字が上手になるだけでなく、人生に必要な基礎の力をつけることができます。子どもに書道を学んでほしいと考える親は、今後もいなくなることはないでしょう。

问题设置:文中の「その書き方」の指すものはどれか。

A. 先生の正しい書き方
B. 墨で書いた時の書き方
C. 鉛筆で書いた時の書き方
D. 頭の中でイメージした書き方

案例解析:「そ」系词指代的往往是文中刚刚叙述过的内容,因此需要首先找到「その書き方」前面的内容「書く前に心を落ち着かせ、字の形や筆(毛笔)の動かし方を頭の中に思い浮かべます」,即"在书写之前要让心平静下来,脑海中就会浮现出字的形状和毛笔的运笔方式"。由此可知,「その書き方」是指"脑海中浮现出的写法"。选项A:老师的正确写法;选项B:用墨水书写时的写法;选项C:用铅笔书写时的写法;选项D:脑海中想象的写法。选择D符合题意。

4.5.7 阅读词句理解题型说明及案例分析

1) 词句理解题型说明

高考日语对词句理解的要求是正确理解文章中单词、短语和句子的含义。日语单词的含义并非完全等同于辞典中所标注的汉语意思，其含义随不同的阅读文选的文脉和语境会有所不同。此外，阅读文章时常常会遇到一些生词，这都需要通过阅读上下文推断出来。

2) 词句理解案例分析

【案例分析4.5.6】

スマートフォン（智能手机）の普及により、日本人のネット利用時間は増加を続けている。ネット依存が大きな社会的問題になっている。

ネット依存にはいくつかの種類がある。ソーシャルメディア（社交媒体）の利用時間が長い「**グループ依存**」がその一つである。依存者は親しい仲間から外されるのではないかという不安から、ソーシャルメディアに**頻繁に接続する**。

日本人は生活の中で、人とのつながりを重視する傾向があり、意識調査でも、余暇の過ごし方について、「好きなことをして楽しむ」の次は「友人や家族とのつながりを深める」が高い比率を占めている。

2011年には東日本大震災が発生し、ますます人と人とのつながりが日本人にとって重要になっている。震災時にソーシャルメディアが情報伝達で有効であったという報道のおかげで、日本ではソーシャルメディアはここ数年で急速に（ア）。特にその世界に没入する（沉溺）若者が多い。

現在、ネット依存防止の有効策はまだない。ネット依存がどんなに危険か、事例を説明するなど、学校では（イ）の教育に力を入れることが必要であろう。

问题设置：文中に「グループ依存」とあるが、その意味はどれか。

A. 休まずにネットゲームばかりすること

B. 仲間との関係が過度に気になること

C. ネットでよく感想など書くこと

D. 人とのつながりが嫌いなこと

案例解析：首先找到画线部分在文中的位置，接下来的内容就是对其的解

释，「依存者は親しい仲間から外されるのではないかという不安から、ソーシャルメディアに頻繁に接続する」，即"依赖者担心被亲密的伙伴排斥，所以频繁地接触社交网络"。选项A：不休息净玩网游；选项B：过度注意和伙伴的关系；选项C：在网络上经常写感想等；选项D：讨厌和人打交道。这四个选项中涉及「仲間」的只有B，故选项B是正确答案。

4.5.8 阅读文章主旨题型说明及案例分析

1）文章主旨题型说明

文章主旨题型主要考查考生阅读文章、领会大意的能力，要求考生能够充分理解文章的文脉以及作者的所思所想。此类题型是根据文中关键词来把握文章的主题思想，对考生的归纳、概括能力有一定的要求。答题时要重点关注文章首尾句和反映作者主张的关键词句，边读文章边做标记。

2）文章主旨案例分析

【案例分析4.5.7】

现在、「朝読」が多くの小中高校で行われている。「朝読」とは朝の読書運動のことで、授業前の10分間、先生と生徒たちが自分の好きな本を読み、（ア）、授業を始めるものである。1998年に千葉県の高校で始まったのが最初だ。今は、読書の習慣を付けたり、読む力を付けたりするためにすることが多いが、本来は、遅刻や欠席が多かったので、生徒たちが落ち着いて一日を始められるようにと、考えられたそうだ。

「朝読」では、生徒たちは4つのルールを守るように指示される。「毎日やる」「みんなでやる」「好きな本でよい」「ただ読むだけ」である。

この「朝読」には**いろいろな効果**がある。本を読むスピードが上がること、本が読めない子が読めるようになることなどだ。それだけでなく、生徒の態度や心の状態にもいい変化が見られるようだ。遅刻が減って授業にスムーズ（順暢）に入れるようになったこと、生徒が急に怒り出したり、教室を出ていったりすることが減っていること、などが報告されている。

问题设置：この文章の内容に合っているものはどれか。

A. 生徒にいい変化が見られた　　B. ルールを作るようになった
C. 生徒の成績が下がっていた　　D. 生徒の好きな本が減っていた

案例解析：选项A：学生中可以看到好的变化。原文中提到「生徒の態度や

心の状態にもいい変化が見られる」、即"学生的态度和心理状态也都能看到好的变化"。选项 B：开始制定规则了。原文中提到遵守规则，并没有提到「ルールを作る」。选项 C：学生的成绩下降了。文中没有涉及成绩的内容。选项 D：学生喜欢的书减少了。文中没有涉及"喜欢的书的增减"。由此可见，A 项与原文意思相符。

4.5.9　阅读作者意图题型说明及案例分析

1) 作者意图题型说明

这类题型一般是对整篇文章的总结，针对作者想要表达的观点进行提问。这些信息通常并不是明确地表达出来，而是隐含在文章之中，因此这类问题要求考生在理解文章总体内容的基础上，去领会作者的言外之意。

2) 作者意图案例分析

【案例分析 4.5.8】

子どもの習い事として人気の高い「書道」ですが、これはただの「字を上手に書く練習」ではありません。

書道をやると、まず**集中力**が身に付きます。一度墨で紙に書いてしまったら、鉛筆で書く時のように消しゴムで消すことはできません。そのため、書く前に心を落ち着かせ、字の形や筆（毛筆）の動かし方を頭の中に思い浮かべます。**その書き方**に沿って字を書くので、自然に紙や手に心が集中するのです。

それから、**道具を扱う力**が身に付きます。筆や墨は、正しく持って上手に使わないと、服を汚したりします。子どもたちは、道具の正しい扱い方には意味があると学ぶのです。また、自分の道具を自分で準備したり片づけたりするのも大事な勉強です。

（ア）、道具によって、字が上手になるだけでなく、人生に必要な基礎の力をつけることができます。子どもに書道を学んでほしいと考える親は、今後もいなくなることはないでしょう。

問題設置：筆者がこの文章で最も言いたいことは何か。

A. 書道は、本当は家で親が子どもに教えるほうがいい

B. 書道は、人生に必要な基礎の力をつける立派な習い事だ

C. 書道は、字を書く機会が減っても、なくならないだろう

D. 書道は、学ぶことが多いので、大人たちにもぜひ勧めたい

案例解析：选项 A：书法其实还是在家里父母教孩子比较好；选项 B：书法是

培养人生必要的基础能力的极好的才艺;选项C:即使写字的机会减少,书法也不会消失吧;选项D:书法有许多要学的东西,所以也想推荐给大人们。综合分析:A项并未涉及核心内容;B项与文中提到的「人生に必要な基礎の力をつけることができます」,即"书法能够培养人生必要的基础能力"的意思相吻合;C项内容在文章中并未提及,文中提到的是「子どもに書道を学んでほしいと考える親は、今後もいなくなることはないでしょう」,即"想要孩子学习书法的父母今后也不会没有吧"。故B项是正确答案。

4.5.10 阅读选句填空题型说明及案例分析

1) 选句填空题型说明

选句填空题型设计的意图是测试考生对文章前后内容和文脉的把握,和前面的选词填空相比,区别是选句填空要求填入相应的短语或句子。解决此类题型的关键在于把空白处前后句子的意思搞清楚,然后再看哪个选项的内容可以放入空白处。

2) 选句填空案例分析

【案例分析4.5.9】

入社4年目で初めての結婚記念日の日に、社内で緊急事態が発生した。もしかしたら全員が会社に泊まって、家へ帰れなくなるかもしれないという大変なことになった。

「結婚記念日(ア)、帰らせてください」とは絶対に言えなかった。

5時になった頃、課長がほくを呼びつけ、封筒を渡して、「これをK社に届けろ」と言ってきた。K社は隣の県にあるので、今から車で出ても8時までに着けるかどうかさえ分からない。「届けたら直接帰宅していいから」と言ってくれたが、直接帰宅と言われても、K社に届けて、家まで帰ったら、きっと11時は過ぎるだろう。<u>文句を言いたかった</u>が、「分かりました」と言って封筒を預かった。

封筒の中を見ようとすると「内容は車の中で見ろ。急いで行け!」と課長は冷たく言った。不満の声で「行ってきます」と言うと、課内の同情の目に送られて駐車場へ向かった。

車に乗り込み、封筒を開けると、1枚の紙があった。「結婚記念日おめでとう。今日はこのまま帰りなさい」と書かれていた。<u>会社に入って初めて泣いた</u>。

その翌年、課長は家の家業を継ぐために退社した。送別会の席で、お礼を言ったら、「(イ)」と課長は忘れていたかのような顔だった。

課長、お元気でおられるだろうか。

问题设置：文中の(イ)に入れるのに最も適当なものはどれか。

A．そんなことあったか　　　　B．そんなことあったぞ

C．そんなことあったよ　　　　D．そんなこともあった

案例解析：首先找到(イ)所在的位置，进而分析前后句意思，「送别会の席で、お礼を言ったら、『(イ)』と課長は忘れていたかのような顔だった」，即"送别会上，向科长道谢后，(イ)科长表现出一副忘记了的表情"。根据该句前后的逻辑意义，考生们应该能猜到括号里面需要填写"有这回事吗"类似的表达。选项A：有这回事吗；选项B：有这回事；选项C：有这回事哦；选项D：也有这回事。由此看来，A是符合逻辑意义的选项。

4.5.11　阅读句子成分设问题型说明及案例分析

1) 句子成分设问题型说明

句子成分设问题型是围绕文章中画线部分的主语、宾语、对象语等句子成分进行提问的。这类题型设计的意图是测试考生对文章前后内容和文脉以及基础句法关系的把握，解决此类题型的关键在于将画线部分的意思搞清楚，然后再看哪个选项的内容最合适。

2) 句子成分设问案例分析

【案例分析 4.5.10】

「一人練習帖」とは、文字通り、一人の時間を如何にして持つか、増やしていくかという勉強である。

簡単なようで難しい。家族がいる。友だちがいる。なかなか自分一人の時間は訪れない。向こうからやってくるのを待っていては、いつになるか分からない。自分で無理やり(強行)そういう時間を作って、他人に邪魔されないようにするしかない。

決めるのは自分である。主婦の場合、朝、夫や子どもが出かけてしまったら、自分の時間になるわけだから、テレビもラジオもスマホも消して、15分でもいい、10分でもいいから一人だけで自分に向き合って過ごそう。

窓の外を見る。黄色くなった銀杏の葉が、風に吹かれて、散っている。銀

杏の枝に葉のように張り付いている(紧贴)のは鳥だ。青い色をしている。あんな青い色は野鳥には見かけない。都会のどこかで飼われていたのが逃げ出したのだろうか。

そんなとりとめもない(漫无边际)ことを考える時間から始めよう。心を遊ばせる。自分の頭で考える。私にとっては、もっともぜいたくな時間である。テレビを見ていたのでは気づかない。スマホでメールや電話をしていたのでは、決して得られない一時。それを(ア)と感じることができるだろうか。

问题设置：文中に「難しい」とあるが、何が難しいか。

A. 一人練習帖をまとめるのが難しい
B. 文字通りに練習帖を作るのが難しい
C. 時間を大切にして、勉強するのが難しい
D. 一人でいる時間を増やしていくのが難しい

案例解析：本题的问题是「何が難しいか」(什么很难)。考生首先要找到提问在文章中的位置，即前文提到的「一人の時間を如何にして持つか、増やしていくか」(如何有自己独处的时间,增加独处的时间)。选项 A：汇总单人练习帖很难；选项 B：制作练习帖很难；选项 C：重视时间学习很难；选项 D：增加独处的时间很难。对照提问可知，D 是符合题意的正确答案。

4.5.12　高考日语阅读文选范围的总结

近年来，我国高考日语发展得如火如荼，其目标是选拔具有一定理论水平、有较强实际运用能力的外语人才。新课标（2017 年版）的目标是着重培养有助于学生终身发展的基础知识和语言实际应用能力。通过对 2010—2022 年高考日语阅读试卷的调查分析可知，所选择的文章题材较广泛，涉及社会、经济、文化等，具有趣味性，同时富于哲理而引人深思。这样的选材有利于学生在掌握标准日语的过程中，了解日本社会以及日本人的思维方式、价值观，有助于提高学生的自身素养。

4.6　高考日语写作试题分析

4.6.1　高考日语写作高频体裁设置

近十几年，高考日语的热度越来越高，选择日语作为外语参加考试的高中毕

业生人数以每年翻倍的速度递增。中学阶段的初高中学生出于各种目的,对日语的学习热情日渐高涨。究其原因,一来高考日语的难度系数稍低于英语;二来日语考试的难度和题型非常固定。以占据 30 分的写作为例,它是日语考卷中唯一的主观题。作文体裁基本固定为 3 大类,即议论文、记叙文、应用文,而且大都是命题作文的形式。本章节我们谈谈高考日语作文题的体裁和常见的构造等问题。

4.6.2 议论文体裁的写作

1) 议论文体裁的说明

议论文又叫说理文,是一种剖析事理、论述事理、发表意见、提出主张的文体。作者通过摆事实、讲道理、辨是非、举例子等方法,来确定某观点正确或错误,树立或否定某种主张。议论文具有观点明确、论据充分、语言精练、论证合理、有严密的逻辑性的特点。

议论文要具备三大要素:论点、论据、论证。论点是正确、鲜明阐述作者观点的句子,是一篇文章的灵魂、统率;论据是支撑论点的材料,是作者用来证明论点的理由和根据;论证是来证明论点的过程。

议论文三要素 { 论点(需要证明什么)——一篇文章只有一个中心论点,可以有分论点。
论据(用什么来证明)——分为事实论据和理论论据两种。
论证(怎样来证明)——目的在于揭示论点和论据之间的内在逻辑关系。

2) 议论文体裁的分类及范例

从历年高考日语议论文体裁的数量来看,一共有 7 篇,是出题率最高的作文体裁。进一步细化的话,又可以分为"对比分析"和"举例分析"两个类别。两种类型的共性是不同于记叙文以形象生动的记叙来间接地表达作者的思想感情,也不同于说明文侧重介绍或解释事物的形状、性质、成因、功能等。总而言之,议论文是以理服人的文章,记叙文和说明文则是以事感人、以知授人的文章。

(1) 对比分析类,也称为"对比观点议论文",即要求考生围绕某一个主题做出理性的对比分析和阐述。这类议论文多为命题性、规定提纲性的作文,一般会在提纲中给出一个有争议的热门话题或社会现象以及两种对立的观点,要求考生表明自己的态度或看法。

这类作文的写作重点应该放在对立观点的对比论证,以及个人立场的表述上。考生可根据中心论点,运用对比的手法和正反对比式结构,从正反两个方面对中心论点进行论证。

4 基于核心素养的高考日语试卷分析

【案例分析 4.6.1】

紙の本と電子書籍について

この数年、電子書籍が急激に普及し、私たちの読書生活に大きな影響をもたらしています。

紙の本に比べて電子書籍は安く利用できるし、同時に大量の本を持ち歩くこともできます。そして、紙を使わないため、電子書籍は環境に優しいとも言えるでしょう。

逆に紙の本の方が親しみやすいと思います。長時間読んでも目の疲れがあまり感じられないし、読んだ本が本棚に並べておくだけで達成感を得られます。特に電子製品の操作が苦手なお年寄りなどにとっては、やはり紙の本がいいでしょう。

私は普段紙の本も読めば電子書籍も読みます。別にどちらが好きどちらが嫌いということがありません。なぜなら、電子書籍も紙の本も読書の媒介でしかありませんから。読書という目的を達成できれば、その媒介が多ければ多いほど良いと思います。

作文译文： 　　　　　　　纸质书籍和电子书籍

这几年电子书籍急速普及，给我们的读书生活带来很大的影响。

与纸质书籍相比较，电子书籍用起来更省钱，同时也可以随身携带大量的书外出，而且因为不使用纸张，可以说电子书籍对保护环境很有利。

反之，纸质的书籍更容易亲近，即使长时间读书也感觉不到眼睛的疲劳，只要把读过的书放在书架上，就能获得成就感。特别是对于不擅长操作电子产品的老年人来说，还是纸质的书好。

我平时既读纸质的书，也读电子书籍，并没有特别喜欢哪一个讨厌哪一个，因为，电子书籍和纸质书籍都只是读书的媒介，如果能达到读书这个目的，读书的媒介越多越好。

案例评析：

范文围绕"电子"和"纸质"两种性质的书籍对比这个主题，分别举出二者对于阅读者的不同之处，都有优势特点，最后提出的主张也是积极、乐观和理性的。

（2）举例分析类，也叫作"立论议论文"，即针对某一个主题，通过摆事实、讲道理，直接表达自己的观点和主张的文章。这类作文的要求有三点：一是对论述

基于学科核心素养的高考日语研究

的问题要有作者明确且正确的看法；二是要用充分且有说服力的论据阐明论点；三是阐述要言之有理，合乎逻辑。

此类议论文从立论方式看，是对一定的事件或问题从正面阐述作者的见解和主张的论证方法。它也有三点注意事项：

① 提出的看法和主张必须是经过深思熟虑，或建立在实践的基础上的。要让阅卷老师感到有新意，让读者增长知识，提高对事物的认知。

② 围绕高考日语作文的中心论点来进行论证。在阐述、论证过程中，不能离题万里，任意发挥，或者任意变换论题。如果有几个分论点，每个分论点都要与中心论点有关联，要从属于中心论点。

③ 首尾呼应，全文贯穿一气。开篇提出怎样的问题，结篇要归结到这一问题上。开篇语言应该简洁、典型，且跟主题息息相关，有直接联系；结尾部分要简洁明快、干净利落。

【案例分析4.6.2】

映画はどこで見ればよいか

現代は人々が豊かになり生活に余裕ができたことによって、家庭用の様々な機器が普及し娯楽の範囲も広まってきました。昔は映画館で楽しむものだった映画も、今ではネットやDVDを通して家で見るという人も少なくありません。

家で映画をみることは、様々な面で利点があります。ネットやDVDなら実際に映画館で見るより安い価格で見れる上、わざわざ映画館まで足を運ぶ必要もありません。自宅でゆっくりお菓子を食べながら見ることもでき、また都合が悪い時は途中で止めることもできます。しかし、映画館で見るほどの迫力はありません。大きなスクリーンと狭い空間に鳴り響く音は、家では体感できないものです。

そのため映画はどこで見るにしてもそれぞれの利点がありますが、本当の映画の魅力を体感したい場合は、やはり映画館に行くべきだと思います。

作文译文： 　　　　　　　　**电影在哪里观看好**

现代的人们变得富裕，生活也变得富裕起来，因此家庭用的各种各样的机器得到了普及，娱乐的范围也扩大了。以前在电影院看的电影，现在通过网络和DVD在家观看的人也不少。

在家里看电影有各方面的好处。用网络或 DVD 看的话,会比在电影院看的价格便宜,而且没有必要特意跑去电影院。也可以在家悠闲地一边吃点心一边观看,有什么事的话也可以中途停止。但是没有在电影院看得那么有惊心动魄感,那种宽大屏幕和狭窄空间里回响的声音,是在家里体会不到的。

因此电影无论在哪里观看都有各自的优点,而要想亲身感受真正的电影的魅力的话,还是应该去电影院看比较好。

案例评析:这是一篇典型的"起—承转—合"三段式议论文。在开启部分提出社会热点话题的基础上,紧接着用承接、转换的手法展开论证的阐述,最后提出自己的主张和理由。

4.6.3 记叙文体裁的写作

1) 记叙文体裁的说明

记叙文是以记人、叙事、写景、状物为主,以写人物的经历和事物发展变化为主要内容的一种文体形式。通常要求具备六个要素:时间、地点、人物、事件(经过)、原因、结果。记叙文是学习日语的学生在初级阶段最早接触的一种作文类型,掌握好记叙文的写作方法,对学生用日语进行表述、描述身边的事物有着很大的帮助。

2) 记叙文体裁的分类及范例

记叙文从写作内容及方式上可分为两类:简单的记叙文和复杂的记叙文。高考日语写作属于简单的记叙文。从写作内容的不同可分为四类:写人的记叙文、叙事的记叙文、写景的记叙文、状物的记叙文。

(1) 写人的记叙文,就是通过记叙人物的具体活动来表现人物的性格特点、形象品质及思想内涵。考生要紧扣人物的特点和文章所要表达的中心思想来开展写作,不能泛泛而谈,要通过具体的事物来表现人物,尤其是选择有代表性的生动事例,使人物形象逐步完整。在写人物事件的过程中,要细致地描述符合人物性格身份的语言、神态、动作、心理活动。

【案例分析 4.6.3】

達人一家

「お父さん、えっ!星が出て太陽はどこに行きましたか?空にいます、どうしても見つけられません。家に帰りました、太陽と星と月は吉祥の一家です!

…」この歌を歌うたびに、私と父と母が「達人一家」であることを思い出します。第一位はお母さんです。料理の上手なお母さん。

　私のお母さんは名実ともに料理が上手です。彼女が作った料理は「風薫り十里」と形容されています。ある時、母が家に帰ってステーキを焼いてくれました。まず油を鍋に入れて、熱さを待ってから、ステーキを入れました。母が先に片面を焼いたので、この部分が全部熟したら、スコップを上手に持ち上げてステーキをひっくり返して、焼き続けました。まもなくステーキを全部焼きました。その香りが空気中に漂っています。食べているほど美味しいです。

　コンピュータの達人—お父さん。私の父は本当にパソコンが上手ですね。ある時、インターネットで資料を調べていますが、原因は分かりません。パソコンはいつも自分でリセットします。どうしてもうまくできなくなりました。お父さんに助けてもらいます。お父さんがキーボードを片手に、マウスを片手にして、また私が見たばかりのページに戻ってきたのを見て、本当に感心しました。

作文译文： 　　　　　　　　**高手一家**

　"爸爸,哎！星星出来太阳去哪里啦？在天上！我怎么也找不到它？它回家啦！太阳星星月亮就是吉祥的一家！……"每当唱起这首歌,我就会想起我和爸爸妈妈就是"高手一家"。排在第一的是妈妈。妈妈是做饭高手。

　我的妈妈可是名副其实的做饭高手呀！她做的饭菜用"香飘十里"来形容真是一点都不夸张！记得有一次,妈妈回家给我煎牛排吃。她先把油倒进锅里,等油热了,便把牛排放了进去。只见妈妈先煎了一面,等这一面都熟了,便又熟练地拿起锅铲把牛排翻了个面,继续煎。不一会儿,整块牛排都煎好了。那个香味飘在空气中,真是让我越吃越香呀！

　电脑高手爸爸。我爸爸可真是个电脑高手呀！记得有一次,我正在上网查资料,不知道什么原因,电脑竟然总是自己重启。我怎么也弄不好,便赶紧让爸爸来帮忙。只见爸爸一手敲着键盘,一手拿着鼠标,不一会儿就又回到了我刚刚浏览的那个网页,这真让我佩服。

　案例评析：范文通过爸爸妈妈做西餐料理、帮忙解决电脑故障的具体实例来表现人物特征,通过描述两个具有代表性的事例,在我们面前展现出两位"高手"生动的人物形象。

　（2）叙事的记叙文,在记叙文写作中叙述好一件事是作文的基本功。如何记

4 基于核心素养的高考日语试卷分析

叙好一件事呢？首先要写印象最深的事。我们在日常生活中，会遇到许许多多的事情，只有对这件事印象深、感受多，写的文章才会真切而自然，给人留下深刻的印象。不过高考日语写作都是命题作文，可以根据主题来叙述自己身边最为熟悉的事情。其次，叙事记叙文的六个要素离不开时间、地点、人物、经过、原因、结果。只有把这六个要素写清楚了，才能使别人明白你写了一件什么事。最后，要把事情的经过写得具体。事情的经过是文章的主要部分，这部分如果写得空洞，文章就缺少感人的力量。

【案例分析 4.6.4】

小学生の外国語の勉強について

外国語の勉強をいつ始めるべきかという問題は度々話題になります。小さい頃から外国語を学んで、二ヶ国語をネイティブのように話すことが出來る人もいれば、二つの言語能力が未熟のままになってしまう人もいます。

私自身は高校生から日本語を学び始めて、今では一定のレベルにまで達しました。言語学習は一朝一夕にはいかず、何度も繰り返し実践をすることでようやく身についていきます。また文化の影響を大きく受ける言語は、背景の文化を知ってこそ自然な表現が身につけられると思います。

小学生から外国語を学ぶことは決して早すぎるとは言えないでしょう。しかし、母国語が未熟な状態ではそのレベルにあった内容、つまり自分の母国語のレベルを超えない簡単な内容から、ゆっくりと急がずに勉強すべきだと思います。

作文译文： 关于小学生的外语学习

"外语学习应该从什么时候开始？"是被频繁提及的热门话题。有人认为从小学习外语，可以像本地人说母语那样流畅地说两种语言，也有人认为这么做的话，两种语言的能力都会变成半生不熟的结果。

我自己从高中开始学习日语，现在达到了一定的水平。语言学习不是一朝一夕可以达成目标的，要通过反复多次的语言实践，而且受到文化影响很大的语言，只有在了解了背景文化知识的基础上，才有可能学会流畅自如的表达方式。

从小学生开始学习外语绝不能说是过早的学习行为吧。不过，我认为在母语尚未完全熟练的状态下，应该学习一些与母语水平相匹配的内容，也就是不能超出自己母语水平的简单外语，慢慢地、从容不迫地学习。

基于学科核心素养的高考日语研究

案例评析：范文围绕给出一个有争议的热门话题，指出两种持有不同观点的现象，通过作者本人学习日语的亲身经历和体会，进而表明自己的看法和主张，是一篇层次清晰的叙事性记叙文。

（3）写景的记叙文，主要是以描写自然景物为主的记叙文。自然景物所指的范围很广，如山川原野、日月星辰、风云雨雪、花草树木等。写景作文的测试目的是了解考生对大自然的热爱，对生活、对祖国大好河山的思想感情，要尽量给人以美的感染、美的享受，传递一种蓬勃向上的正能量。

写景的叙述文首先要抓住景物特点（姿态特点、色彩特点、静动态特点），厘清写景顺序和描写顺序；发挥主观想象力，充分调动视听触嗅等感觉器官参与观察，通过文章来表达亲身感受和情感。写作时尽量运用合适的修辞手法，如比喻、拟人、夸张、排比等，形象地描绘出景物的景致特征。

【案例分析 4.6.5】

私の目の中の夏

一年に四つの季節がありますが、一番特別なのは夏です。

夏には、色もカラフルになります。みんなは冬の重厚な服を脱いで、清涼な服装に着替えました。女性たちはいろいろな花柄のスカートを着ています。男性たちもTシャツを着ています。

夏には、美しい声も多くなりました。昼間、木の枝の上の小鳥たちがさえずりながら鳴いています。夕方、木の上のセミがまた新しい歌を歌い始めました。

夏には昼の延長が夜のありがたさを一層知ってくれます。だから、みんなは夜の活動ももっと頻繁です。夜のとばりが降りると、デパートは若者の大楽園になった。若い人だけではなくて、夕食を食べた後の老人も三々五々広場に来ました。だんなは碁を打つのではなく、トランプをするのです。おばあさんたちは全く違っています。広場でダンスをするのが一番いい選択になりました。時々ひとしきりの笑い声が聞こえてきます。この静かな夜はもっと綺麗になります。

このような季節があります。自然は繁茂した木の葉や鮮やかな花、そして人々の歓声や笑い声でこの季節を飾ります。

作文译文：　　　　　　　　**我眼中的夏天**

一年有四个季节，而最特别的就是夏天了。

在夏天，色彩也变得缤纷起来。大家都脱下了冬日厚重的衣服，换上了一身清透凉爽的服装，女士们都穿上了各种花样的裙子，男士们也穿上了T恤衫。

在夏天，动听的声音也多了起来。白天，树枝上的小鸟们在"叽叽喳喳"地叫着；傍晚，树上的知了又唱起了新的歌。

在夏天，白天的延长让人们更加懂得了夜晚的珍贵。所以，大家在夜晚的活动也更加频繁。夜幕降临，商场则成了年轻人的大乐园。不仅是年轻人，吃过晚饭后的老年人也三五成群地来到广场上。老爷爷们不是下棋就是打牌，而老奶奶们则完全不一样，跳广场舞成了她们的最佳选择……不时传来一阵阵的笑声，让这个宁静的夜晚变得更加斑斓！

有这样的一个季节，大自然会用茂密的树叶，鲜艳的花朵，还有人们的欢声笑语，去装点这个季节。

案例评析：范文围绕"我眼中的夏天"这个中心，详尽地描绘了夏天的色彩、夏季的服装、小鸟的欢唱、夏夜的娱乐，语言生动形象，令人有身临其境的感觉。

（4）状物的记叙文，就是描写自然界中各种各样的静态的事物，如植物、动物等。状物记叙文的目的是检测考生对描写的各种物体是否有一个准确、鲜明的具体形象，是否掌握了以描写和叙述为基本的表达方式。这类以摹形描状为主要内容的记叙文，不是单纯为状物而状物，而是托物言志或咏物抒情，即通过描述某物来表明作者的某种思想、某种感情。

考生怎样写好状物的记叙文呢？首先要学会观察，注意观察植物、动物等的不同形态、颜色，以及动、静态的差异；其次要注意描写过程，抓住特点写外形；最后要突出重点来写植物、动物等的生活习性和作用。

【案例分析 4.6.6】

秋のキャンパス

今日、李先生は私たちを学校に連れて秋を探しに行きました。

まず見たのは、ガジュマルの「糸」がブランコのように秋風にそよそよと揺れていました。もっと前に行くと、ヤガジュマルが一列に並んだ兵士のようにまっすぐに立っています。パパイヤの木はとても高くて、二、三階ぐらいのビルがあります。みんなパパイヤが集まって、大きなネックレスのようです。一

つ一つの有名ではない黄色の色の果物は真珠のようにたくさんあります。杏の実と似ていますが、丸くて、楽しそうです。

　　マンゴーの木の緑の葉が秋風に吹かれて、「サラサラ…」という音を立てて、音楽を演奏するように美しいです。秋の木の葉は淡い香りがします。芭蕉の葉は『西遊記』の鉄扇姫の芭蕉扇のようです。蘭は紫色で、かすかな香りがします。蓋を開けた香水のように、私達は完全に香りに包まれました。木の葉はさわり方が乾いていて、金色に見えます。太陽の光の下で金のように輝いています。草が黄色くなってきました。柔らかで、大きな黄色のじゅうたんのように踏んでいます。大木の下で涼しさを感じました。汗はすぐなくなりました。

　　キャンパスの秋はきれいですね。私はキャンパスの秋が好きです。

作文译文： 　　　　　　　　秋天的校园

　　今天，李老师带我们去校园里寻找秋天，我们都兴高采烈的。

　　首先看到的是榕树的"丝"像一个个秋千，在秋风中轻轻飘荡。再往前走，就看到雅榕树像一排排的士兵一样挺拔地站着。木瓜树长得非常高，约有二三层楼那么高了。树上都长满木瓜，像一串串大大的项链。一颗颗不知名的黄颜色的水果像一颗颗珍珠一样，满眼都是。有点像杏子，但是圆圆的，看起来好好玩呀！

　　芒果树的绿叶被秋风吹了起来，发出"簌簌簌……"的声音，像演奏音乐一样好听。秋天的树叶闻起来有些淡淡的香味，芭蕉叶像《西游记》里铁扇公主的芭蕉扇。兰花是紫色的，散发出微微的清香，像一瓶打开盖子的香水，我们完全被香味包围了。树叶摸起来有点干干的，看起来是金黄金黄的，在阳光下像金子一样闪闪发亮。小草开始有点变黄，踩上去十分柔软，像一大块黄颜色的地毯。在大树下感觉十分凉爽，我的汗立马就没了。

　　校园的秋天真美呀！我喜欢校园的秋天。

案例评析： 范文把榕树的"丝"比喻为在秋风中飘荡的"秋千"，形容雅榕树像挺拔站立的士兵，木瓜像一串串项链，黄颜色的水果像宝贵的珍珠，芒果树的绿叶的声音如动听的音乐，芭蕉叶像铁扇公主的芭蕉扇，小草簇拥着如大片黄颜色的地毯……这种细腻的描写手法体现出作者对校园中各类植物、花草寄予的深厚情感。

　　根据高考日语考试大纲和往年作文主题，记叙文作文的命题一般都会选择更贴近日常生活的题目，例如写人、写物、记事都是常见的考试内容，像「私の住んでいる町」「私の故郷」等。作者通过描写植物、动物等来表达五官领略到的主观感

受,通过流畅的文字来抒发内心的情感。

4.6.4 应用文体裁的写作

1) 应用文体裁的说明

应用文是在人们日常生活中处理公私事务所写的文字、文书,在生活中随处可见。应用文是一种传媒,是人们传递信息、处理事务、交流感情的工具。随着社会的发展,人们在工作和生活中的交往越来越频繁,事情也越来越复杂,因此应用文的功能也就越来越多了。应用文是人们在生活、学习、工作中为处理实际事务而写的,有着实用性特点,并形成惯用格式的文章。

2) 应用文体裁的分类及范例

(1) 应用文的种类。应用文的种类很多,主要分为一般性应用文和公文性应用文。目前高考日语写作范围仅限定在一般性应用文的范围内,这类应用文包括书信、启事、会议记录、读书笔记、说明书等。书信是迄今最常见的作文题型,出现在2021年(电子邮件)和2012年(留言便条)。日语书信还包括问候信、慰问信、邀请信、通知信、请托信、咨询信、感谢信等。

应用文的写作目的一定要明确,同时其表达方式也要区别于其他文体,要精简易懂,以便更好地传达信息和沟通。在写应用文作文时,需要讲究其用词的恰当性和准确性,同时要注意内容的真实性和严谨性。最为关键的人物、时间、地点等信息要明确写出并统括相关信息以保证信息传递的完整性。

(2) 应用文的写作特点。应用文具有自身独有的特点,特别是应用文的格式,经过长期的积累,其格式形成了别具一格的形式。例如我们写的书信,会要求抬头称呼顶格写,寒暄语单独成段,落笔处的祝福语等都有约定俗成的格式规范。对应用文格式的掌握程度直接影响到考生本身的文化修养,所以掌握其格式是写好日语应用文的第一步。

从书写形式上看,一般书信、贺年卡、明信片、传真以及针对并不十分熟悉的人时,往往用较高规格的敬语。相反,如果是写给晚辈、下属、友人等可以根据亲近程度选用较低规格的用语,表现亲密自然的感情。此外,还需要注意男女用语的区别。

【案例分析4.6.7】(电子邮件)

中日学生交流会のご案内

山本さん、こんにちは。
しばらくですね、お元気ですか。

基于学科核心素养的高考日语研究

早速ですが、うちのクラスは10月15日(金曜日)午後14時～17時において、中日学生交流会を行う予定です。

交流会では、「日本人から見た中国人」について、日本人留学生の皆さんに話していただきたいです。中国語がお上手で、中国のこともよく知っている山本さんにもぜひ参加していただきたいんですが、如何でしょうか。もしお友達を2、3人誘って、一緒に参加していただければ、うれしいです。

急にこんなことをお願いして申し訳ございませんが、交流会がうまく行わるように、いろいろ準備しなけれならないこともありますから、参加できるかどうかについては、9月30日までに返事してくれれば助かります。

では、お返事をお待ちしております。

李明より

作文译文： 中日交流会邀请邮件

山本先生，您好！

很久不见，您还好吗？

恕我冒昧，我们班预定10月15日(星期五)14点～17点召开中日学生交流会。

交流会上，我们想请各位日本留学生围绕"日本人眼中的中国人"这个主题做一交流发言。这次也想请擅长汉语、通晓中国事情的山本先生务必前来参加交流会，您是否方便呢？如果能邀请上您的2到3位朋友一起参加的话，我们会很高兴。

突然提出这样的邀请和请求，真对不起。为了让交流会顺利地进行，我们还要做各种准备，您能否参加本次会议，请在9月30日之前回复我们。

那么，等待山本先生的回音。

李明

案例评析： 在当今信息化的社会，电子邮件已经成为必备的通信工具之一。在日常生活或商务来往中，简洁得体的电子邮件就像社交和商务礼节一样需要得到重视，不能被忽视。虽然电子邮件的书写格式不像日语书信那样烦琐，但是写好一封简洁得体的日语电子邮件也应该成为应用文写作的基本要求。

【案例分析4.6.8】（留言条）

田中さんへの書置き

田中さんへ

孫翔宇です。自宅にいらっしゃらないようなので書置きにて失礼します。

私はこのあと用事があり、しばらく外出しますが6時前には帰宅します。田中さんに頼まれていたCDを図書館へ返すことと、スーパーでのマーボー豆腐のもとの買い物はすでに済ませました。マーボー豆腐のもとは自宅の冷蔵庫に入れてあるので確認よろしくお願いします。それと、私が自宅にいる間に山田さんという方から電話がありました。明日の正午の食事の約束が事情によりキャンセルになったということです。また出席予定だったほかの方にもすでに知らせたようで、夜にまたこちらに電話をかけるそうです。

　　もしまた何かあればいつでも私に連絡をください。お忙しい中、失礼しました。

作文译文：　　　　　　　　　**给田中的留言条**

田中先生：

　　我是孙翔宇。因为您不在,留下此留言条,失礼了。

　　待会儿,我有要事需要出门一段时间,6点之前回家。田中先生吩咐的去图书馆返还CD、去超市购买麻婆豆腐调料的事情已经完成,麻婆豆腐的调料放在家里的冰箱里,您确认一下。另外,我在家的时候,有一位叫作山田的先生打来电话说,明天中午约定的饭局因有要事取消了,好像已经通知了预订出席聚餐的其他人,晚上他会再来给您打电话。

　　如果有什么事情,请随时跟我联络。百忙之中,打扰您了。

案例评析： 2012年高考日语考试中曾出现留言条写作的主题,要求考生根据所给出的话题给房东留言。日语留言条的内容要尽量简洁、准确,既要写出重点,还要让别人能直接看懂。书写格式要规范、准确,尽量不要出现错误字词。留言条还要注明是写给谁的,是谁写的这个留言,姓名不能含糊不清。还有一个重点是：写留言条时一定要写清楚日期,为什么留下这个便条,想交代什么事情等。留言条要尽量放在比较明显的位置,让接收人能够及时看到,或者打电话提醒一下对方。

【案例分析4.6.9】（问候信）

新年のごあいさつ

　　あけましておめでとうございます。

　　元旦早々にご丁寧な新年のごあいさつ状をいただき、誠にありがとうございました。旧年中は、いろいろお世話さまになり心から感謝いたしておりま

す。本年もあいかわらずよろしくご協力のほどにお願い申し上げます。

まずは、新年のごあいさつまで。

敬具

作文译文: 　　　　　　　　新年的问候

新年快乐!

元旦伊始收到了郑重的新年问候信,非常感谢!去年承蒙您多方关照,在此表示衷心的感谢。今年也请您一如既往地多加协助。

谨此致以新年的问候。

敬上

案例评析: 问候信首先要有一个主题,即什么时候的问候。其次开头语与结尾语往往是前后呼应的,但在贺年卡和季节的贺卡中,一般不用结尾语。基本格式是:时令的寒暄——平安与否的寒暄——感谢的言辞。

【案例分析 4.6.10】(慰问信)

暑中お見舞い

暑中お見舞い申し上げます。

平素は格別のお引立を賜り厚くお礼申し上げます。

格別の暑さがつづく今日この頃、ご一同様にはお障りもなくお過ごしでございましょうか。私どもも幸い変わりなく暮らしておりますので、なにとぞご安心して下さい。暑さはまだまだこれから、くれぐれもお身体をご大切にとお祈り申し上げます。

まずは暑中お見舞いまで。

敬具

作文译文: 　　　　　　　　暑期的问候

敬祝暑期安康!

平素承蒙特别关照,深表谢意。

在今天这个特别炎热的时候,您全家都过得好吗?我们也很幸运地生活得很好,请您放心。炎暑今后还将继续,希望您保重身体。

谨此祝您暑期安康。

敬上

案例评析：问候信是传达情感的一种文书，跟一般书信的格式类似，包括称呼、问候寒暄语、正文、祝福语、署名、日期。日文的季节问候卡经常省略称呼、署名和日期，用一句固定的问候语独立开启。正文部分可用1~2段文字来表达一直以来受到对方照顾或帮助的感激心情，告知自己的近况，询问对方的现状。最后一段是祝福语，通常要向对方致敬或表示祝福。问候信或问候卡要写出自己的真情实感，不要言不由衷。

【案例分析 4.6.11】（邀请信）

ショールーム開設のご案内

拝啓　御社ますますご発展のことと心からお慶び申し上げます。

毎々格別のご愛顧を賜り厚くお礼申し上げます。

さて、このたび創立20周年を記念して4月1日より当社ビルの4階に「ショールーム」を開設いたすことになりましたので、ご案内申し上げます。

ぜひ、お近いうちに、ご参観くださいますよう心からお待ち申し上げております。

まずは、ショールーム開設のご案内まで。

敬具

作文译文：　　　　　　　　展示厅开设的介绍

拜启　衷心祝贺贵公司日益发展。

每次都承蒙特别关照，深表谢意。

那么，这次纪念创立20周年，4月1日起在本公司的4楼开设"展示厅"，特此告知。

请您务必近日抽空前来参观，衷心期待您的莅临。

谨此告知关于开设展销厅的消息。

敬上

案例评析：邀请信是邀请亲朋好友、知名人士、专家学者等参加某项活动时所发的要约书信，它是现实生活中常用的一种应用文。在一般情况下，邀请信有正式与非正式之分。非正式的邀请，通常是以口头形式来表现的，相对而言，它显得要随便一些。正式的邀请，既讲究礼仪，又要设法使被邀请者备忘，故此多采用书面的形式。活动邀请信有几个特点，如礼貌性强、感情诚挚、语言简洁明了、适用范围广。

【案例分析4.6.12】（通知信）

電話番号変更のお知らせ

拝啓　御社ますますご発展のことと心からお慶び申し上げます。

毎々格別のお引立に預かりありがたくあつくお礼申し上げます。

さて、このたび電話番号を下記の通り変更いたしましたので、お知らせ申し上げます。

＊新電話番号：××××××××

＊変更日：10月1日

まずは、電話番号変更のお知らせまで。

作文译文：　　　　　变更电话号码的通知

拜启　衷心祝贺贵公司日益发展。

每次承蒙特别关照，非常感谢。

那么，这次电话号码变更如下，特此通知。

＊新电话号码：××××××××

＊变更日期：10月1日

谨此告知关于电话号码的变更。

案例评析：通知信的写作严谨，但相对简单，不同类型的通知信也有相对变化的格式。通知信的格式是每个文秘工作人员需要掌握的基本知识。一般由标题、正文和落款三部分组成。通知内容要写得明白、具体，在内容较多的情况下，可分条开列。

【案例分析4.6.13】（请托信）

カタログ送付のご依頼

拝啓　御社いよいよご発展のことと心からお慶び申し上げます。

突然お手紙を差し上げ失礼いたします。実は取引先で貴社の製品XXXを拝見いたしました。当社でも貴社製品に非常に興味をもっておりますので、お忙しいところ誠に恐縮ですが、カタログをご送付くださいますようお願い申し上げます。

まずは、取り急ぎお願いまで。

敬具

作文译文： **寄送商品目录的请求信**

拜启　衷心祝贺贵公司日益发展。

突然给您写信，失礼了。其实是这样的，我在客户那里看到了贵公司的产品×××。我公司对贵公司的产品也非常感兴趣，百忙之中打扰您实在不好意思，请发送商品目录给我公司。

谨此匆匆提出请求。

敬上

案例评析： 请托信是请求或嘱托别人帮助办事的信件。写作的基本要求是对请托的事项要写得具体清楚、简洁明了。日文的语言表达要直截了当，坦率明确，涉及的人和物要详细交代。

【案例分析4.6.14】（咨询信）

問い合わせの手紙

拝復　留学お受け入れくださるとのご返事、ありがとうございました。

早速ながら規定の通り、履歴書、大学の推薦状を同封いたしますので、よろしくご検討のうえ、留学ご許可くださいますようお願い申し上げます。出国パスポートは只今手続き中で、まもなく交付されることと思いますが、日本大使館へのビザ申請には貴大学の入学許可証が必要ですので、よろしくお願い申し上げます。

なお、留学が実現した場合のことですが、学生寮のような宿泊設備はございますでしょうか。ない場合、あるいはあっても満員の場合には宿泊場所を斡旋して頂けますでしょうか。その場合の費用は如何ほどか、お手数ながら重ねてお伺い申し上げます。

まずは、用件のみにて失礼いたします。

敬具

作文译文： **咨询信**

拜复　收到贵校同意接受我留学的回信，非常感谢。

按照规定，随信附上本人的履历表、大学推荐信，请您在审核资料的基础上给予我留学的许可。出国护照正在办理中，我想不久就会办妥。我向日本大使馆提交签证申请时，需要有贵校的入学许可证，请多多关照。

另外，如果顺利实现留学，（贵校）有学生宿舍之类的住宿设备吗？没有学生

宿舍,或者宿舍满员的情况下,校方能否帮助介绍住宿的地方?这种情况下的费用是多少?麻烦您一并告知。

　　谨此就上述事项做出咨询。

敬上

　　案例评析:咨询信是向有关部门、单位或个人询问、打听某件事或某方面情况的书信。咨询信又叫"问事信",这类书信很常见。开启的寒暄语简单且结构固定。正文内容要把自己需要询问的事情,有什么想法或打算告诉对方,把需要对方解答的问题一一列出。结尾部分可以顺便问问对方近况,显得既热情,又懂礼节。最后可以用「敬具」来代替署名。

【案例分析 4.6.15】（感谢信）

開業祝いの御礼

　　拝復　快い涼風の吹く今日この頃、ますますご健勝のことと心からお喜び申し上げます。

　　さて、このたび当社創立に際しましては、早速にご丁重なお祝のことば並びにお祝の品を頂戴いたし、ご芳情のほど深い感謝いたしております。

　　何と申しましても、まだまだ経験も浅く、微力のものでございますので、今後とも何卒よろしくご指導のほど切にお願い申し上げます。

　　私としましても、誠心誠意、最善を尽くして頑張り、ご期待にお副りできるよう努力したいと思っておりますので、どうぞよろしくお願い申し上げます。

　　まずは、とり急ぎお礼まで。

敬具

作文译文:　　　　　　　　祝贺开业的感谢信

　　拜复　在凉风吹拂的今天这个时候,衷心祝贺您越来越健康。

　　这次本公司成立之际,得到您的衷心祝贺之辞,并收到祝贺的礼品,在此非常感谢您的深情厚谊。

　　不管怎么说,我们的经验尚浅,力量微薄,因此今后务必还请多多指教。

　　我本人也要诚心诚意,尽最大努力,会努力不辜负您的期望,还请多多关照。

　　特此致谢。

敬上

　　案例评析:感谢信是为表示感谢而写的一种专用书信,收信人和发信人均可

是个人或单位。感谢信的格式一般是：标题位于第一行的正中,第二行退一格书写「拝復」用于替代被感谢的单位或个人。正文写感谢的内容,结尾用几句寒暄语表达感谢和敬意,最后一行靠右写上「敬具」,或署上个人姓名和日期。感谢信要求把感谢对象的人物、事件准确地叙述出来。叙述要恰当,文字要精练,感情要真诚、朴素。

4.6.5 高考日语写作选题的总结

写作是一项实践性很强的活动,能够培养学生发现问题、分析问题、解决问题的能力。写作训练不仅是对考生在校学习日语成果的一次集中锻炼,而且对今后的继续学习和生活、工作实践也将产生长期深远的积极影响,起到潜移默化的促进作用。因此在开始练习写作的时候,首先要从思想上重视,端正学习态度,明确这是高考准备过程中必须完成的一项工作,是取得高考日语理想成绩的必经之路和基本要求。

5 基于核心素养的高考日语备考策略

5.1 核心素养视域下高中日语课程标准

5.1.1 2003年版高中日语课程标准存在的问题

我国以培养"全面发展的人才"为核心,建立了"文化基础、自主发展、社会参与"三个维度的核心素养总体框架。在林崇德主编的《21世纪学生发展核心素养研究》(2016)一书中,核心素养研究课题组对现行的义务教育阶段(19门)及高中阶段(16门)课程标准进行了以句子为单位的内容分析,提取出现行课标中所涉及的核心素养指标共36项,并对直接指向学生培养的句子进行编码及结果统计,得出"现行课标重视对核心素养的培养,较全面地关注了未来人才所必备的素养,但对各素养的重视程度存在差异;体现了素养的发展性,重视学生的发展;高度重视少数工具性素养的培养,对社会参与及人文性素养的重视不够"等分析结论,同时还指出现行课标存在"核心素养在不同科目中分布不均衡;在同一课标内部分布不合理"等现象。在此基础上,有研究者针对2003年版高中日语课程标准进行了详细分析,认为存在若干问题。在此总结归纳如下:

1) 突出学科本位,忽视了社会参与

参照林崇德主编的《21世纪学生发展核心素养研究》(2016)中有关各项核心素养指标的内容表述,将2003年版高中日语课程标准中提及的核心素养指标对应"文化基础、自主发展、社会参与"三个维度进行归类,其具体体现情况见表5-1。从统计结果来看,2003年版高中日语课程标准比较全面地关注了学生的关键能力和必备品格,但对各项素养的重视程度存在显著差异,表现为更多地关注

语言素养和学习素养,忽视了社会参与维度中的国家认同、公民意识等素养。

表 5-1　2003 年版高中日语课程标准中核心素养的体现情况

文化基础	人文底蕴	语言素养、人文素养、价值观尊重和包容、艺术与审美能力
自主发展	学会学习	学习素养、信息技术素养、沟通与交流能力、团队合作问题、解决能力、主动探究反思能力、计划和组织与实施
	健康生活	自我管理、健康素养、自信心、情绪管理能力、生涯发展与规划适应能力
社会参与	责任担当	国际意识、国家认同、多元文化公民意识
	实践创新	实践素养、创新与创造力

2）缺乏学习能力与思维品质培养的结合

课程标准与教学大纲最主要的区别体现在从传统教学理念关注教师的"教"转变为重视学生的"学"。学生学习日语的过程也是学会如何求知,如何与人交流和沟通,如何独立或合作解决问题,不断反思自己的学习状况,调整学习行为,确立适合自身特点的学习体系的历练过程。对学习能力的培养在不同阶段应有不同的侧重点,例如小学教育阶段的学生以直觉思维和形象思维为主,日语学习基础阶段也应以记忆、模仿和反复操练为主,多借助图片、音视频、动作和联想等方法来加深记忆,鼓励学生大胆模仿和重复,使其体验成就感,树立学习日语的信心。到了初中特别是高中阶段,随着学生语言能力及逻辑思维能力的提升,日语学习高级阶段应侧重于不同语言文化之间的比较和辨别,引导学生归纳语言现象,自主构建日语知识体系。

5.1.2　高中日语课程标准的目标要求

高中日语课程标准重视对学生自主学习能力的培养,对语言学习策略做了具体的目标要求,包括"认知策略、调控策略、资源策略、交际策略",具体见表 5-2。认知策略主要表现为在学习语言知识和操练语言技能时不断记忆、组织和理解所学知识。例如,在阅读训练时可以借助情境和上下文推测、归纳文章及句子大意;在词汇记忆时遵循记忆规律,借助联想思维提高记忆效果,并善于对语言知识进行归纳、比较等。调控策略表现为学习过程中的情感态度,例如积极与老师和同学交流、分享学习体会,保持学习热情,遇到困难时能主动寻求帮助等。资源策略是要合理分配学习时间,主动拓宽学习途径,营造良好学习氛围。交际策略是在语言输出与输入过程中,借助非言语行为、会话技巧等多种手段保证交际顺利进行。可见,自主学习能力的培养不仅包括学习方法、会话技巧等策略因素,更包括

学习态度、学习动机等情感因素。

表5-2　高中日语课程标准提出的四项策略

认知策略	表现为在学习语言知识和操练语言技能时不断记忆、组织和理解所学知识
调控策略	表现为学习过程中的情感态度,例如积极与老师和同学交流、分享学习体会,保持学习热情,遇到困难时能主动寻求帮助等
资源策略	要合理分配学习时间,主动拓宽学习途径,营造良好学习氛围
交际策略	是在语言输出与输入过程中,借助非言语行为、会话技巧等多种手段保证交际顺利进行

程晓棠曾结合英语语言特点和学习过程的特点,探讨了英语学习可能促进学生"观察与发现、比较与分析、逻辑思维、概念建构、信息记忆与转换、批判思维、认识周围世界、时空判断、严密思维和创新思维"十种能力的发展。2003年版高中日语课程标准虽然关注了学生自主学习能力的培养,提出"学习策略是提高学习效率、发展自主学习能力的重要保证",但是对学习能力与思维能力之间的关系缺乏具体阐述,对日语学习如何促进和提升学生的思维能力缺少明确的指导,容易导致学习能力的培养变成学习方法的传授,这一问题在新课标的修订过程中予以了充分重视。

基于以上论述,可见,虽然我国核心素养总体框架业已公布,日语学科核心素养也已确立,且现阶段正在依据该核心素养体系对各学段的课程标准进行修订中,但是修订与完善课程标准是一个长期的渐进的探索过程。2003年版高中日语课程标准在十几年的教学实践中取得了显著成效,这是一个不可否认的事实。例如推动了教师教育观念的转变,关注学生自主学习能力的培养,尝试任务型教学方法,重视形成性评价体系等。但我们也要清楚地看到,原有的课程标准存在一些有待进一步完善和调整的内容。

5.1.3　日语课程标准修订中的关注问题

基于以上分析,我们认为,高中日语课程标准修订过程中应着重关注这些问题:日语教育究竟要培养什么样的日语人才?是培养能用日语做事的人,还是培养具有国际视野、家国情怀,运用日语有效解决现实问题的人?我们的选择无疑是后者。因此,高中日语课程标准在修订的过程中应注意体现我国外语学科核心素养的特点,重视日语学科的育人功能,同时加强日语学习与思维品质培养之间的联系,并在课程标准的各个部分渗透核心素养,使核心素养在语言学习的过程

中被自然地呈现出来，而不是被刻意地贴标签。

1) 要特别重视育人价值的体现

从学生全面发展的角度重新审视日语教学的价值和目标，日语教育应"超越语言沟通与文化交流的范畴"，突出多元文化中的中国情怀，将社会主义核心价值观落实到日语学科核心素养中。语言能力和文化交流是日语学科核心素养的外显目标，而外显目标必须扎根在学生内在品格的发展基础之上，即学生必须具备良好的道德和思维品格才能有效利用日语进行文化交流。在新修订的日语课程标准中进一步突出核心素养，标志着日语教学育人价值的回归，即更为关注学生的健康成长，使学生在知识、技能、情感、态度和价值观上得到全面发展。

课标的修订需要结合各地在日语教学改革中总结出的成功经验，在新修订的日语课程标准中，推荐若干将育人和语言学习有机结合起来的教学方式和方法。近些年，外语教学提倡围绕"有意义的话题"来开展教学活动。"有意义的话题"不仅指真实的、贴近生活的内容和情境，还包括能够体现价值观及道德品质的话题，不少地方在这方面取得了良好的效果。

2) 应进一步关注学生思维品质的培养

如前所述，2003年版高中日语课程标准对日语学习如何促进和提升学生的思维能力缺少明确的指导，这在新修订的高中日语课程标准中必须得以强化和鲜明地体现。虽然思维品质难以测量和评价，但它是未来人才所必备的关键能力之一，即"人通过大脑进行分析、综合、判断、推理而对事物进行全面深入认识的能力。它包括质疑能力、分析与综合能力以及想象能力等"。日语学习与思维品质的发展密不可分，理解和表达语篇的意义，在情境中体验语篇所潜含的价值取向都需要思维。反过来，思维也会在包括语言学习在内的各种活动中得到发展。因此在高中日语学习过程中，应结合日语学习的规律以及言语特征来发展学生的思维。

5.2 核心素养视域下高考日语考试策略

5.2.1 基于日语课程标准的考试策略

什么是考试策略？这是基于日语课程标准的四项学习策略来考虑的，也是让学生为提高日语高考成绩、运用日语而有意识地采取的考试方略。考试策略是针

对每一个考生在备考过程中遇到难题时，选择尝试解决这些问题的思维过程，并受这些思维的支配所采取的某种与之前不同的复习准备行为，是一种调控和管理的思路与行为。

新课标（2017年版）核心素养中的"学习能力"指的是获取知识与学习资源、管理与调控自身学习的能力。要求学生通过日语课程学习能保持学习兴趣，提高自主学习意识，学会与他人合作，具备不断探究、学会学习的能力；提出学习能力的培养可以帮助学生形成可持续发展、终身学习的品质。学习能力主要包括获取与选择、管理与调控、独立与合作三个维度。

5.2.2　2017年版高中日语课程标准的四项策略

2017年版高中日语课程标准（即新课标）中关于学习策略的内容要求，既有宏观的目标，也有详细的要求，具体见表5-3。

表5-3　2017年版高中日语课程标准中学习策略的内容

策略	目标及要求
认知策略	目标：主要是应对语言能力的形成 要求： ① 在听和读的过程中，借助情境和上下文推测语义或语篇大意 ② 借助图表等非语言信息理解或表达 ③ 抓住重点，利用推理、归纳等手段分析和解决学习中的问题 ④ 借助联想调动已有背景知识 ⑤ 遵循记忆规律，提高记忆效果
调控策略	目标：主要是应对学习者管控情绪和态度、安排计划、寻求帮助等自我管理方面的能力形成 要求： ① 学习中遇到困难时，积极寻求有效的帮助；自觉克服困难，磨炼意志 ② 积极与教师、同学交流学习的体会和经验，汲取有效学习方法 ③ 通过学习档案等及时反思，维持或修正学习行为 ④ 在日语交际过程中体验成功的喜悦，增强自信心 ⑤ 通过制定学习目标、评价学习成果等活动，提高学习成效
资源策略	目标：主要是应对管控外部环境等方面的能力形成 要求： ① 主动营造有效学习的良好环境和条件 ② 排除外界干扰，集中精力学习 ③ 在学习活动中积极与同学协调、配合、合作 ④ 主动拓宽日语学习的途径，把握和创造学习、运用日语的机会 ⑤ 有效利用传统媒体及新媒体等资源获得广泛的日语信息 ⑥ 乐于与他人分享日语学习资源，相互促进

(续表)

策略	目标及要求
交际策略	目标：主要是应对克服语言障碍和提高交际效果方面的能力形成 要求： ① 在交际过程中，利用多种会话技巧克服语言障碍，维持交际 ② 借助手势、表情等非言语手段提高交际效果 ③ 在交际中注意选择对方易于理解的语言表达和行为方式 ④ 关注交际中语言运用是否得体，根据需要做相应的调整

考试策略与学习能力的关系在于，考试策略是日语学科核心素养"学习能力"的重要组成部分。学习能力既包括学习策略，也包括考试策略，极为重视学生对日语本身以及对日语学习的认识和态度。

考试策略从宏观上来讲，和学习策略一样，也包括认知策略、调控策略、资源策略和交际策略，具有主动性、程序性、灵活性和可教性。如何将考试策略纳入辅导资料编写与课堂教学，以及有效地提高学生的考试效率和应对试卷的能力，是日语教育工作者应该攻克的一个研究课题，这对于高中日语教育和高考日语有着显而易见的现实意义。

如何掌握考试策略？把考试策略当作知识来传授，"贴标签"式的介绍是不大能取得良好成效的。但是考试策略是可以训练的，关键是要结合具体的考试内容、试卷出题倾向等才能形成策略。考生要根据历年高考日语四个方面的试题，备考的时候学习和训练不同的考试策略，并积极寻找和发现适合自己的考试方法和策略。

5.3 高考日语听力的考试策略研究

听力可以说是参加高考日语的学生的较大障碍。虽然近十几年来的听力试题难度并不是很大，仅限于日本语能力测试的N4甚至N5的水平，但据了解，对听力充满自信并能完全听懂的考生人数并不是很多。究其原因主要有：一是考生学习日语的起步较晚，多数考生从高中阶段才开始学习，时间约1~3年不等；二是这些考生大都由英语学习转为日语学习，语种的转换需要一个适应的过程，短时间内要有大的突破还需要老师给予精准的指导，同时组织必要的训练；三是考生对日本文化和日语知识缺乏必要的了解，同时学校也不具备小语种听说的环

境条件,难以培养起语感。

为此,我们科研团队基于迄今已储备的资料,涉及听力、词汇、语法、阅读、写作等,依靠科研团队丰富的研究和教学经验,将科研攻关和教学重点转向高考日语的研究和指导方面,通过编写《高考日语指导与实践》系列(6册),加上《听学日本语》(4册)和app测试训练体系等前期攻关,旨在帮助奋斗在高考第一线的老师和考生解决目前高考日语指导和训练资料缺乏的问题。下面我们将从三个方面来着重介绍提高听力能力的策略、攻略以及解题技巧,旨在培养考生用科学的方法来找到日语听力突破的有效途径。

5.3.1 提高高考日语听力的策略

1) 加强日语语音的练习

任何外语的学习,语音都是基础。语音不标准,不加以矫正的话,单词、短语、句子、对话、语篇的听写都会受影响。所以,要想真正提高日语听力水平,必须从语音抓起,要加强语音练习。考生想要提升自己的日语听力,首先要检验自己的日语发音是否标准,如果自己连日语发音都不正确,怎么能听懂标准的日语发音呢?解决这个问题的办法就是要跟着录音和外籍老师进行模仿性练习,或者坚持练习历年高考日语听力真题,学习标准的发音,让自身的发音尽量达到合格的标准。

在学习日语的初始阶段,考生首先要掌握的是对日语假名发音的熟悉。对于一个初学者来说,耳朵"灵敏度"的训练是很有必要的。日语语音中浊音、促音、长音、拗音是最难听清和分辨的,我们可以根据这些发音去寻找这些发音的特点和规律,再结合单词记忆去逐一攻克。语音训练的重点之一是读音的区分,诸如长音与短音(夢/有名、選手/先週、すき/スキー)、清音与浊音(天気/電気、近郊/銀行、再開/災害)、促音和拗音(阪/作家、部下/物価、町/マッチ、初期/食器、一種/一緒)、难辨音(自然/事前、危険/期限)、读音类似的数字的读音(3回/3階、四つ/六つ、18階/16階)等的区分,都需要考生精听、精读、精练、精辨。

准确而地道的日语发音训练不会让考生在听力考试时留下遗憾,而有瑕疵的发音和语调不仅不会有效地提高听力水平,而且更会影响考生选择答案的准确度。因为当你与正确发音处于同一频道时,你的耳朵也会听到正确的日语发音,日语听力能力会由此得到提高。如果你平时的语音语调存在问题,当正确的日语词汇、词组和句子等信息输入的时候,你可能会"听而不进",直接导致考试的

失败。

2）积累必要的词汇和语法

考生感觉日语听力难的原因有很多，其中最主要的是对日语词汇掌握得不多，遇到口语化的词语更是蒙头转向。实际上，日语听力常考词汇基本上是固定的，尤其高考日语的听力考试超纲词汇很少，所以考生不必一碰到听力考试就恐惧。毋庸置疑，日语学习中的词汇量是个关键，尤其是对听力而言，如果你连基本的词汇都没有掌握，几乎处于空白状态，那么录音对话里说什么你当然听不懂了，这需要我们平时不断学习和积累，因为这是外语学习的基石。

如何解决词汇量的问题呢？我们首先要掌握历年考试的高频词汇及固定搭配，通过不断模仿发音、朗读和记忆，把这些词汇深深地印在自己的脑海里。平时跟老师或同学用日语交流时，尽可能使用每天掌握的词汇和用语。根据高考日语大纲的规定，日语的必备词汇范围限定在2 500个左右，听力部分要求的词汇量更少。如果考生能掌握大约1 000～1 500个词汇和词组作为"五会"单词，便达到了必要的听力条件。但要做到熟练地掌握，例如「日本、東京、さくら」等常用词语，而且无论是"听、说、读、写、译"哪个方面要做到自如地使用，还需要加强听说的训练。否则一旦这些很熟悉的词汇被装入一个长句子中，有的考生或许就听不出来了，在考场上处于尴尬的状态。

考生还应该学会自主地、经常性地对自己的听力能力做出评价和提升。听力考试时感觉生词多的原因往往还有我们每次做完听力试题后，不善于对听力原文中的词汇做回顾和总结，不去研究常考词语的用法、特点。久而久之，积累下来过多的生词，导致下次你在考场遇到同类型的词语时仍然不会，结果是听力成绩迟迟提不上去。建议考生在备考时准备一个笔记本，将自己训练时听不出来的词汇、词组、句子、语法等都记下来，用记录的方式可以反省为什么会出现这类错误，正确的表达和释义应该是什么。要学会对自己错误之处及时进行改正并反复记忆，才能达到提高听力成绩的目的。

短语练习也是必需的练习，"只要单词听懂了句子自然就能明白，听力的好坏全靠单词"这类说法并不完全正确。在日语学习过程中，有时候会遇到这样的句子,「昨日、私は雨に降られました」（昨天，我被雨淋了），即使你很熟悉「私、雨、降る」这三个单词，如果你既不了解自动词的被动语态表达，也不清楚「に」在该句子中引导的是被动句主体，就会产生歧义。毕竟人的瞬间反应能力要经过系统训练，要有基础语法知识的支撑，在听力考试中适应不同的语态和时态的表述也需

要时间，否则遇到单词变形或长句的话就会摸不着北。如此看来，我们的记忆库里储备必要的词语搭配、基本语法知识就显得格外必要了。

考生还要注重日语听力中常见的口语表达形式，学会日式思维的表达形式。考生可以尝试着把辅导资料中的常用词组、口语表达、重点表达方式都背下来，这些都是必须掌握的听力的基础。进一步结合我们总结的高考日语听力 12 大类题型的具体特点、设问形式、关键词汇、高频词汇、核心考点等进行系统的学习和训练，逐日累月地积蓄必备的日语词汇和语法知识。虽然这是一个比较枯燥而辛苦的过程，但却是不可忽略的。提高日语听力最有效的方法就是多听、多读、多练、多积累，借助视听手段大量地学习和复习日语单词、短语、句子以及必要的语法点。

3) 善用科学的方法来记忆单词

在外语学习过程中，每一个学习者都会面临记忆的难题。每次在考试复习前，采取临阵磨枪、死记硬背的考生很多。其中有一些考生在小学或初中时学习成绩非常好，但一进入高中成绩就一落千丈。这并不是由于记忆力下降了，而是随着年龄的增长，擅长的记忆种类发生了变化，依赖死记硬背行不通了。

人的记忆方法有很多种，而且各个年龄阶段的记忆能力也不一样，具体说来，大人擅长的是"情景记忆"，而青少年则是"机械记忆"。要持续提高自己的记忆能力，我们有必要在老师的指导下学习一些符合年龄的记忆法。下面我们介绍几种有代表性的科学记忆方法。

（1）情景重现记忆法。也称"场景记忆法"。情景重现记忆法是指通过现有场景或自我塑造的场景，来达到记忆学习内容的一种学习方法。不知道大家是否都有这样的经验？看完一本书，你可能什么也没有记住，但如果你看过一部电影，总有那么几个镜头会深深地印在你的脑海里，即使过了很长时间，都难以忘怀。

大家都看过关于穿越题材的小说或电视剧吧？里面的主人公穿越到了另一个时空，去亲身感受某种经历。情景重现记忆法就是用我们的头脑带我们穿越到要去记忆的材料里面，去亲身感受记忆内容里主人公的所见、所闻、所触、所感。

（2）联想记忆法。这是一种利用事物之间的联系通过联想进行记忆的方法。联想是大脑的基本思维方式，一旦你了解了这个奥秘，并知道如何使用这种方法，你的记忆能力就会得到很大的提高。

联想是由当前的感知或思考的事物想起有关的另一事物，或者由头脑中想起的一件事物，又想到另一件事物。例如我们在教「四季」这个单词的时候，会关联

教授「花、草、紅葉、雪」这代表四季的4个名词,进而扩展学习4个表示季节颜色的形容词「赤い、緑、黄色い、白い」和表达四季温度的4个形容词「暖かい、暑い、涼しい、寒い」,以及体现四季特征的4个词组「花が咲きます、雨が降ります、風が吹きます、雪が降ります」,用色彩鲜艳的图画建构起一个四季联想图来加深学生的视觉和感官印象;带领学生学唱日文的《四季歌》,让学习者在头脑里出现一幅生动形象的"四季图",伴随着音乐的旋律,可充分达到单词之间的联想、关联、记忆的完美效果。

客观事物是相互联系的,各种知识也是相互联系的,因而在思维中,联想是一种基本的思维形式,是记忆的一种方法。联想就是当人脑接受某一刺激时,浮现出与该刺激有关的事物形象的心理过程。一般来说,互相接近的事物、相反的事物、相似的事物之间容易产生联想。用联想来增强记忆是一种很常用的方法。记忆的一个主要功能就是在有关经验中建立联系。思维中的联想越活跃,经验的联系就越牢固。如能经常形成联想和运用联想,就可增强记忆的效果。

(3)潜意识记忆法。如果充分利用好这种方法,对我们学习日语、练习听力会有很大的帮助。生活中有很多例子在体现这种记忆方法,例如我们外出的时候,无论是自己开车或乘坐其他交通工具,还是散步或跑步,都会有意无意地看到路边的很多广告牌,对这些一扫而过的信息,我们并没有做特别记忆。可过几天,当你和朋友在聊天的时候,这位朋友偶尔提到他想寻找日语培训机构,或想去某个地方旅游等,或许你会想起外出时看到的某个培训学校的广告牌,有时也能想起某个广告牌上宣传的旅游线路,这时你就可以将这些信息介绍给你的朋友。这样的经历应该很多人都会有吧?不过我们没有意识到这是"潜意识记忆法"在发挥作用。我们明明没有特意去记忆,只是在外出时扫了几眼广告牌,日后如果什么时候需要运用到这部分,大脑就自动提供记住了的部分信息或者全部信息。

(4)视觉听觉记忆法。每个人都有适合自己的记忆方法,还有的人善于用视觉记忆力来记忆单词。这种记忆方法是指对来自视觉通道的信息的输入、编码、存储和提取,即个体对视觉经验的识记、保持和再现的能力。视觉记忆能力对我们的思维、理解和记忆都有极大的帮助。如果一个人的视觉记忆能力不佳,就会极大地影响自己的学习效果。相对视觉而言,听觉更加有效,由耳朵将听到的声音传到大脑知觉神经,再传到记忆中枢,这在记忆学领域中叫"延时反馈效应"。例如只看过歌词就想记录下来是非常困难的,但要配合节奏唱的话,就能够很快

记下来,比起视觉记忆,听觉记忆更容易留在心中。

4) 营造全日语的语言环境

对于日语学习者来说,营造有利的日语听力环境除了亲自去日本外,我们还可以通过看日剧、电影、动漫、综艺,唱日文歌曲等方式来营造有利的日语听力环境,特别是带有中日双语字幕的日剧等,可以更好地帮助学习者走入一个提高听力的环境。

日语听力的提高需要根据自己的兴趣打造全日语环境,养成多看、多听的习惯是提高听和说的关键。看日剧和动漫、听歌和广播,可先在不看文字版的情况下听,再配合日语字幕的文字反复听,吃透文本,让耳朵记忆单词、词组和语言表达方式。在这种营造的语言环境中,要有意识地学习和记忆语言的表达。最初观看时不必强迫自己记笔记,当你掌握了一定词汇量及句型后,再尝试开始记笔记,对生疏的词汇、没有见过的句型或惯用语,都可以记下来,用于回顾和定期复习。如果方法采用不当,有的学生反而会失去学习兴趣,让观赏影片变得没有意义。毕竟这是教材学习之外的辅助手段,趣味性是维持长久学习的原动力,愉快的学习不仅能让疲劳的大脑获得暂时的休息,同时还可以缓解大家紧张学习的心理压力。

学生平时多抽空看看日本的动漫影片,可以选择语言比较好的作品来看,将剧中人物的台词同步进行复述练习,让你的大脑跟着生动的影片活动起来,不完全限于机械的模仿、刻板的复述,仅仅限于机械的重复对于我们的听力和开口能力是不会有"事半功倍"的效果的。要想提高自己的听说水平,一定要学会自己说话,把听到的台词大意尝试着说出来,在做整段台词复述时尽量使用一些关键词语和词组,同时大脑中要想象动漫影片的故事情节,结合每一个不同的语境,将自己人为地放置于一个客观虚构的语言环境中。"配音比赛"和"日本剧目的表演"都是很好的学习活动,学生可从中揣摩说话的特点和语气。

如果有机会利用假期去日本旅游或者短期修学的话,在自然的语言环境中去练习语言当然更好,但国外学习的语言环境在多数情况下还得靠我们自己去创造、去寻觅。不要抱怨在国内没有日语环境,我们要靠一点一滴的积累,不做一步登天的美梦,我们可以自我构建起外语学习的语境。我们要在这种人为的环境中选择一些自己喜欢的电影、日剧去观看,其中有大量的日语说法,有生动的日本文化、日本社会的展现;生活题材的日剧的好处还在于日常对话多,流行语多,氛围轻松,日语地道。你可以记录下自己喜欢的单词和句子,反复模仿、反复朗读、反复练习,每天练一点,细水长流,这样下去,以后自己也可以自如地使用了。这样长期观看、听练、记忆的结果是让学习和娱乐并存,我们在娱乐中快乐地学习并得

到成长。

5）养成持之以恒的听力习惯

要想提高听力水平，最好每天都进行听力训练。每天若能保证30分钟到1小时的练习时间，坚持下去的话，习惯就成自然了。例如我们可以把乘坐地铁和公交车的时间、吃完晚饭散步的时间、周末打扫房间的闲散时间也充分利用起来练习听力，听听唱唱日文歌，看看日剧和电影，持之以恒地在较长的一段时间内不让自己的耳朵处于闲置状态，耳朵里永远听着与日语相关的声音。这似乎不算"听力"，只能被称为"听"，这意味着或许你的心思并不在听懂这些内容上面，你在跑步、你在做家务，但你的耳朵接收的是日语声音信息，这些声音信息会在你的大脑中潜移默化地影响你对日语的认知，大脑里就会渐渐形成日语的语感和思维，而这些正是学习一门语言所必需的。

我们还可以花上一段特别的时间，专注于倾听和训练。你不必过多地追求听的量，但要求理解每一个单词、掌握每一个细节。例如选择一篇独白题型的听力材料，先充分听，试着理解短文的主要意思，然后跟着音频模仿和复述，努力捕捉一闪而过的细节部分，理解每一个字，通过数次不懈的训练，直到我们完全弄明白为止。或许有人觉得这个学习过程是一种煎熬，因为很辛苦，但是只要你能够咬牙坚持，定会在一段时间后收到非常显著的效果。

学好日语没有捷径，只有方法的好坏。例如记日语单词，低头背诵、拼命默写并不是一个最好的办法。我们可以通过大声朗读来反复训练发音器官和耳朵，把声音铭刻在脑子里。这样既可以提高听力水平，又可以改进口语发音，同时记住了单词。默写单词只是训练了眼睛和手，却不能替代你的听和说，只有你的五官都被调动起来，才能获得在感官认知基础上提升你的学习理性和思维的良好效果。

从专项训练入手也是真正科学地突破听力障碍的一种方法，也是我们团队在日语教学实践过程中摸索出来的以听力带动口语、锻炼口译的好方法。高考日语的听力题跟中学的英语听力题一样，是有规律可循的，即你把历年听力真题拿出来多听、多练，反省自己做错的题究竟错在哪里？为什么错了？再结合辅导资料中总结出来的常考的知识点和语法知识，系统地学习和训练，收获必然是显而易见的。

做什么事情都离不开坚持，要想提高日语听力水平，一定要每天坚持多听、多说、多背，每天不间断地练习听力，切忌三天打鱼，两天晒网。坚持听练音频里的标准日语，真正精确到每一句话，每一个单词，不丢三落四。只有每天坚持，才能得到你所追求的满意的考试结果。

6) 培养开口说日语的意识

学生在听力和口语上存在缺陷主要有两个原因：一是缺乏系统的听说训练，这也是外语传统的语法和翻译教学方法造成的遗憾，一直以来外语教师多注重书面地分析外语，语法挂帅地教授外语；二是学习者缺乏开口的勇气，老是害怕自己会说错，害怕丢脸。那些能充满自信、流利地说日语的似乎都是在国外长大，或者长期留学日本的人。但是你要知道，我们这些生活在国内的人把日语作为母语之外的第二语言学习是不可能不犯错误的，其实多犯错误也是为了少犯错误。给自己一个开口说话的勇气吧，每当你缺乏勇气的时候，就用「頑張って、やってみよう」这些话来激励自己。

开口说日语，如果能直接和日本人交流是最好的，即多与日本人进行语言对话。不管是和外教，还是和日本留学生，只要有机会，一定不要放过和日本人进行交流的机会。这不仅可以练口语和听力，还能创造一个语言学习和交流的环境。如果没有条件结交日本人，我们也可以和老师或者同学交流，去认识周围学日语的朋友。有时候自己一个人学习没有动力，你可以通过结交学习日语的小伙伴一起学习和练习。总之，不要放过任何一个张口说日语的机会，频繁的交流能很快地提升你的听力和口语水平。

听力和口语都是在学习语言中学生感到较为困难的方面。我们经常听到"哑巴外语"的说法，其实就是因为受到学习环境的影响。在学习任何一门外语的时候，都会出现"哑巴"的情况。题目会做，但一到实际交流中就听不懂，也说不出来。日语学习也是这样，很多人在备考日本语能力测试和高考日语之前，只是一味地埋头背单词、刷题，忽略了听和说的练习，最后导致考试成绩不理想，主要原因是听力考试不过关。日语听力是很重要的，这种重要性不仅体现在考试当中，更体现在我们今后的留学或工作中，能听懂、流利地说出日语，会大大提高你的工作效率，增加成功的机会。

5.3.2 高考日语听力的备考攻略

1) 精选听力的材料

训练听力首先要选择适合自己日语水平的听力材料，有代表性的日语教材有《标准日语》初级、中级（4册）、《听学日本语》（4册）。因为教材都有丰富的听说训练内容，对于初、中级日语学习者来说，是很不错的日语听力和口语练习的材料。而且这些教材不仅有成体系的词汇、语法、句型和课文的学习和说明，更配备了实

用性很强的听说训练、语法实操的训练习题。花上2～3年的时间,在老师的指导下通过系统的学习和练习,可为高考日语打下坚实的基础。这是提高听力水平的前提,也是最重要的一步。没有这个学习基础,再好的强化方法都是无效的。

　　日本语能力测试和高考日语历年真题中的听力试题无疑是更好的训练材料。根据我们对高考日语近10年试题的综合分析,听力的难度系数并不高,基本限于N5级(80%)、N4级(15%)和N3级(5%)的水平。我们可以在国内市场上买日本语能力测试的真题试题集,而且听力文本的难度范围最好选择略高于自己考试需要的水平;准备参加高考日语的考生可用N5、N4、N3的听力试题作为日常训练材料,有步骤地做N5、N4、N3的听力专项练习。这里包含两个层面的实用意义:第一是加强听力的基础练习;第二是有针对性地练习与高考日语水平相当的听力题型。例如日本语能力测试和高考日语的听力试题都有"课题理解"的试题,通过这两方面真题的练习,考生可以了解到这类试题的题型特点、设问形式、关键词汇、关键句子、表达方式、重点考点、对话语境、答题方法、答题技巧、练习方法等。

　　如上一节所说,日本动漫、日剧、日本新闻、日本歌曲也是充满乐趣的听力材料。动漫类的选材很重要,首先要选择自己感兴趣的内容,再考虑动漫的语言难度。因为每部动漫的语言特点、难易程度都有所不同。例如,《哆啦A梦》《蜡笔小新》这类作品比较简单,而《名侦探柯南》的语言稍有难度,考生要根据自己的日语具体情况选择适合自己的动漫作品。与动漫相比,日剧的语言会正规一些,语速也会稍快,难度比动漫要高。开始看日剧的时候可能不能完全听懂,我们可采用记笔记的方式进行学习和整理。关于日剧的选材方面,《一公升的眼泪》《最后的朋友》得到较多的推荐,因为它们的语言结构比较简单。听唱日本歌曲也是一个很好的学习途径。如果你是个音乐爱好者,在紧张的学习闲暇,可以听一听日语歌曲,品味其中的歌词。利用休息之余来提高自己的听力水平,可算是一举两得。NHK(日本广播协会)新闻深受日语学习者的喜爱,因为它的语言正规严谨、词汇量丰富。高考日语的考生可以选择一些慢速的、难度不大的听力材料,尽量通过自己的耳朵,大致把新闻的词语听准、听懂,为做难度较高的试题做好准备。

　　总之,无论你选择哪种类型的听力材料和练习方式,都要不断努力,一字一句地听清楚,多做笔记,多查阅词义。毕竟听力水平的提高并不是一蹴而就的,重在坚持。

2）制订训练的计划

　　制订听力训练计划的重要性在于,凡事预则立,不预则废。做什么事有了计

划就容易取得好的结果,反之则不然。可以说一个明确的学习目标和计划,对你的学习效果有着深刻的影响和意义。关于高考日语的长期听力训练,我们可分成三个阶段,并明确每一个阶段的具体任务内容。

(1) 听力能力的培养。考生可集中精力完成三个任务。首先是利用各种资源培养对听力的兴趣和敏感度,其次是积累常用的口语表达,最后是精听听力材料,模仿听力录音。

一般认为日剧是利用价值较高的资源。因为日剧的剧集比较多,针对同一主题的词汇、词组或句子等会反复出现,既有助于考生掌握正确的语音和语调,也有利于加深考生的记忆,使考生在潜移默化中掌握其中反复出现的口语表达方法。我们建议考生看日剧时每集至少看三遍。第一遍完全不看字幕,结合剧情听台词,能听懂多少算多少。第二遍带上日文字幕,着重看自己没听懂部分的字幕,找出没听懂的原因,加强对陌生表达和语音语调的熟悉度。第三遍选择不显示日文字幕,跟读对话,模仿对话的语调和语速,训练自己适应日语语调和语速的能力。如此坚持下来,考生对日语的听辨能力会大大加强。当然,日剧只是可利用的资源之一,考生还可根据自己的兴趣,选择日语电影、日语歌曲以及日语广播等多种资源来培养自己的听力能力。

据统计,日本人平时说话时所用的核心词汇约为 2 000 个,这些常用词汇的形式也都较为简单,但用法却非常灵活,很多考生还做不到使用自如。考生平时在课本上学到的日语表达大部分都是书面语,对日本人平时常说的口语、略语、暧昧语等接触较少,但常用口语化表达却是日语听力考试中经常涉及的内容。这种与常见口语表达相结合的考查方式比较新颖,也许会成为今后听力考试的一种趋势,这就要求考生平时多积累类似的表达。考生要在利用历年考试真题做练习,看日剧、日语电影或听日语广播时,注意留意其中出现的这些表达,通过多听、多读的方式加强记忆。

(2) 结合题型备考。经过第一阶段的能力培养后,考生应该已经具备了一定的听力敏感度。接下来很重要的一步就是要将听力能力与听力考试相结合,结合听力考试题型进行有针对性的备考。这一阶段的时间可控制在半年左右。此阶段考生的主要任务包括两方面:第一是有针对性地背诵听力词汇;第二是对听力考试真题进行分类训练,总结出题规律和答题技巧。

所谓有针对性地背诵词汇,是指考生不要按五十音图的排列顺序背单词,而是将听力词汇分门别类,然后以"类"记词。考生可按照历年听力考试所涉及的场

景对词汇进行分类,然后按类别背单词。这样记单词有两个好处:一是有利于考生熟悉听力考试场景,在考场上听到类似的场景时能快速做出反应;二是将词汇放到场景中记忆,能增强词汇的形象感,便于考生在理解的基础上更牢固记忆。

听力考试中涉及的场景多与考生的生活息息相关,考生要熟悉与这些场景相关的词汇。例如在校园生活场景中,考生需要记忆的词汇包括图书馆类词汇「図書館、書籍、雑誌、本棚」等,职业类词汇「大学生、中学生、運転手、サラリーマン、家庭教師」等,课程类词汇「国語、数学、物理、英語、歴史」等。在日常生活场景中,考生要背诵运动休闲类的词汇「ゴルフ、サッカー、ジョギング、散歩、水泳、野球、テニス」等,交通类词汇「車、自転車、新幹線、タクシー、バス、地下鉄、飛行機、電車」等。

考生若能很好地掌握场景词汇,应付听力考试的短对话和长对话应该不成问题。但听力考试的独白类题型中还经常出现与经济、科技、医疗和教育等相关的词汇,这就要求考生也要熟练掌握这些类别的词汇。对考生来说,在短时间内对众多词汇进行分门别类的记忆并非易事。我们编写的《高考日语指导与实践》听力考试试题集根据不同的场景、不同的主题对词汇进行了分类总结,这无疑能够大大提高考生背单词的效率。

(3) 模拟冲刺训练。这一阶段考生的主要任务就是集中精力做近几年的听力考试真题。但是这一阶段与上一阶段有所不同,那就是考生无须进行分类训练,而是要按照考试中的题目顺序做题,完全模拟真实考场的场景进行测试。每做完一套听力考试真题后,考生依然要按照上一阶段提到的方法,对题目进行归纳和总结。在这一阶段考生主要完成两项任务:

① 背诵高频词汇和生僻词汇,即将听力录音材料中出现的高频词汇和生僻词汇全部整理出来,进行重点记忆,做到听力录音材料阅读无障碍。

② 分析做错题目的原因,扫清知识盲点,避免下次做题时犯同样的错误。

以上是我们为高考日语考生打造的日语听力备考规划,其中每个阶段所占用的时间可依据考生个人情况而定。如果每个考生都能根据自己的具体情况制订一个更为周密、合理的计划,并持之以恒地执行,我们相信你走入考场会自信、顺利很多吧。

3) 精听选定的材料

所谓精听,就是把听力材料以句子为单位重复听,直到完全听懂每个词和每句话为止。要达到这种效果,考生通常需要把听力材料听上 2～3 遍(具体遍数依

考生的听力水平而定)。考生在精听的同时还有一个重要的任务,那就是边听边模仿。模仿时考生要尽可能地让自己的声音接近音频中人物的发音、语气和语调,考生模仿得越接近,越容易快速听辨出各种语音。这种方法不仅能提高听力水平,还有利于练就一口地道的日语发音。精听和模仿的过程说起来简单,但坚持下来不容易,因为重复的工作是最为枯燥的。这就需要考生具备持之以恒的精神,从一遍又一遍的精听和模仿中寻找自己细微的进步,从自己渐渐的提升中体会坚持的快乐。精听听力材料的练习方法可归纳为以下几点:

(1) 高考日语的单词量只有 2 400~2 500 左右,更何况听力部分所涉及的单词量会进一步打折扣,一个备考工作做得充分的高中生所掌握的单词量往往会超过很多。可有的考生却面临听力考试的时候不知所云,仍有听不懂的单词,这应该不仅仅是生词的问题。事后看一看听力原文,或许会懊恼万分,原来是这么简单的词汇。所以我们在选定听力资料后,一定要把每一个单词完全听懂、记牢。

(2) 保证每一阶段的专项训练和模拟听力录音能够完全听懂。每听完一句话,争取能准确地复述出来,包括每一个单词。如果考生按照这种方法用心练习,一句一句直到把每一句话完全"吃掉",对生僻的单词进行同步复述,基本上保证听懂每一段对话或短文(独白),通过几个月的努力,听力水平应该会有提高。

(3) 要做日语句子的听写练习。一味地只听不写,就发现不了自己的不足,也不利于提高日语听力水平。而常做日语听写练习,就会找到一些听力提高不了的原因。究竟是词汇量不够? 还是把握不了语音语调? 可以闲暇时看日剧和电影,听日语歌曲,听一句写一句,边听边把字幕中的句子、歌词写下来等。

(4) 反复倾听并和文本进行对照。为了提高听力水平,我们在选择适合自己水平或稍高于自己水平的教材等资料的基础上,要求先从头到尾精听录音,然后一遍又一遍地听自己不明白的地方。如果有些地方实在听不懂,也应该试着听清楚每个音节,然后打开书看一看,把一些影响你理解的新单词在字典里查出来,再合上书从头到尾听,直到能理解全部内容为止。通过这样的听力训练,可以提高辨音能力和听力理解能力。

(5) 学会用日语来思考。很多考生习惯于在听录音的同时做中文翻译,这是不利于听力水平的提高的,要学会跟着对话人走进不同的日文语境中,让自己的速度跟上录音速度,不要边听边翻译。一般来说,只要清楚地听懂大多数单词,能理解其大意就行了。

4）精听泛听相辅相成

（1）精听材料的选择：一般来说，外语教学中听力虽不像阅读那样清晰地分为精听和泛听，但训练一定要从认真听开始。我们认为，精听是先用与高考日语水平相当的日本语能力测试的听力真题来练习。一定要是真题，不能用中国人读的录音，也不能用动漫或者日剧的对白。因为真题是最清晰的，也是最地道的。听的时候不能看听力内容的文字，一旦看了就完全失去了练习的效果了。

（2）精听的具体方法：能更好地提高自己能力的就是听写。找你喜欢的材料，日剧也好，新闻也好，如果想要练习听力，为日后中日交流奠定基础的话，听的内容就必须是更加贴近实际生活的内容。当然还可以买一些合适的指导性的书籍和练习集，或者有原文可以参照的听力材料。高质量的听力材料会更快速、更全面地提升自己。

在找到合适的材料后，就开始进行听写训练，把自己听到的单词全部记下来，反复听，反复确认。一直到除了写下来的内容之外全都听不懂的时候，再跟听力材料的原文进行对照，看看有哪些听对了，有哪些听错了，有哪些没听出来。然后把它们一一搞明白，再返回原来的听力材料反复听，直到耳朵能够辨别出原文中的单词。

（3）精听和泛听的区别：如果说精听是注重于"质"的话，泛听则是把重点放到"量"的方面。这个工作似乎和前面讲到的利用闲暇听日语歌曲、看日剧类似。不同的是，我们在进行泛听的时候，可以尝试找一些没有字幕的东西，比如说日语广播、综艺节目等。不一定全部听懂，但只要保持听的状态，泛听的目的就已经达到了。

另外，泛听有一个应该掌握的技巧就是"关键词"。在泛听的过程中，有些句子整体上可能不能全部理解，但只要能够听懂其中的几个关键词，我们依旧能够理解大致的意思。这在提高听力水平方面其实也是很重要的。那么如何在大量的语言材料中最快地汲取到所需的信息呢？关键词就是它的钥匙。

5）把握听力的重点难点

日语听力的重点难点和英语也有区别。日本人说话绕弯子、省略表现、缩语表现、暧昧表现、委婉表达、简体和敬体等和西方人是有区别的，是非常有特点且难以把握的难点。

（1）省略现象。日语中常会有省略人称的情况，口语表达尤其如此。经常省略的人称是第一人称「わたし」，这类省略句的动作主体一般是说话人自己，表示

说话人自己要做某件事。听力试题中的对话往往不一定总是完整的,时常也会出现省略的部分,因为根据二人对话的语境,省略的部分意思已经明了,不特意说也可以。例如「そうです。日本の北海道へ」这句话,考生要正确地把握说话人省略的内容是什么,即「行きます」或「行きました」等,在大脑中将完整的话语补充出来,由此来掌握这类句子的特点、明确句中的动作主体显得十分重要。对于说到一半的话,即省略的表达,要充分理解未说出来的部分,通过仔细听这类对话前面的话,就可以弄清楚省略部分的意思了。

此外,日语会话中说话人有时不明说自己的观点,往往通过间接的、委婉的方式来表达。如「…のではないでしょうか、…んじゃないですか、…んじゃない、…はちょっとどうかな」等句型,是否能够明白这类没有直接表达出来的说话人的想法,需要考生正确理解这些句型的意义,才能充分了解说话人的想法。考生可通过大量听力试题的练习,逐渐掌握日语的这些表达方式和解题诀窍。

(2) 日语的授受、语态和敬语的表达。日语的授受表达有「AがBに…てあげる、AがBに…てくれる、AがBに…てもらう」三种形式,需要考生明确"授予"的主体和对象;使役表达「AはBを/に…(さ)せる」句式虽然简单,但也要求考生弄清楚是谁给谁,给了什么物品,进而区别于被动语态的用法;被动表达「AはBに…(ら)れる」句型的重点不仅是要区别动词类别,更需要了解自动词被动语态的特殊用法;敬语表达细分为尊敬语、谦让语、礼貌语和美化语,考生尤其要注意尊敬语和谦让语在听力对话中的区别,弄清楚动作的主体是谁,准确地把握动词的具体含义,例如「いらしゃいます」是"去",是"来",还是"在"的意思?日语听力中经常会出现的敬语动词、授受动词,都是听力考试的难点,建议考生平时多做练习加以区分和巩固。

(3) 语言表达的种类繁多。欧美的语言学家曾将言语行为分成如下五大类:
阐述类(陈述、主张、宣誓、推测、警告、假设);
指令类(请求、建议、忠告、邀请、命令、要求);
承诺类(同意、接受、宣誓、许愿、允诺、保证);
表达类(祝福、吊唁、赞同、遗憾、道歉、感谢);
宣告类(命名、布告、宣言)。

结合日语的表达方式,我们对出现频率较高的两类言语行为表达做一分析和说明。

第一类阐述类是指说话人真实地叙述某一个命题,即描述世界上的状况或事

件,考生在听力练习中会听到「…だ、…ことである、…んです」(陈述和主张),「…だろう、…でしょう、…かな」(推测),以及「…ならば、…なら、…たら」(假设)等不同表达方式,这时候需要慎重做出考量。第二类指令类中的请求表达就有「…てくれる、…てくれない、…てくれませんか、…てもらえる、…てもらえない、…てもらえませんか、…てほしいんですが、…をお願いします、…をお願いできないかな」等多种形式,而表示指令的句型则有「…て、…てください、…するように」等等,如此繁多的表达方式肯定令考生眼花缭乱吧。现在市面上有不少听力句型和词汇总结的指导书,我们编写的《高考日语指导与实践》就包含了这方面的指导内容,考生可以在备考时对照书本进行总结归纳,考前复习这些精华内容,相信在考试的时候就能派上大用场了。

关于听力试题中的难点,可以归纳为:第一是题量较大,有 15~17 题,占据总分的相当比例;第二是录音仅播放一遍,有的考生在录音播放结束后能够抓住一些有效信息,但也有考生听完后大脑仍是一片空白,茫然无措;第三是 3 个选择项的近似点,有的选项甚至是特设的干扰项,不认真听或者混淆了录音信息,考生容易掉入陷阱,做出错误的选择。

6) 勤于学习后的总结反省

反省就是对听力训练过程和每一次模拟考试情况进行回顾、总结、分析,检查听力存在的问题,记录下每次练习的对错率和进步程度,确定今后的改进措施。勤于总结和反省的好处有以下几点:

(1) 反复强化,避免遗忘。唯有常常总结反省,才能强化记忆,不会遗忘。因为遗忘是人的天性,人脑的特性就是如此,只有反复强化,才会形成长期记忆。考生通过不断复习,能够巩固知识。很多人都主张要结果导向,以终为始,要有结构化思维。

(2) 温故知新,提升自己。仅仅避免遗忘还不够,那是原地踏步,我们追求的是向上攀登。古人云,温故而知新,可以为师矣。反省的好处就在于能发现自己的问题,同时也能发现自己的长处,于是就可以采取扬长避短的措施。

(3) 避免颓丧,树立信心。有不少考生在备考训练时,一开始往往考不到理想的成绩,甚至每次模拟考试的成绩单都不好看。太多次的失败容易导致某些意志薄弱的考生对听力产生畏难情绪,难以坚持训练下去。必要的总结和反省能够帮助这些考生发现自己每天的进步,重拾学习和考试的信心。

(4) 扬长避短,改善情绪。总结反省每一次的训练和模拟考试成绩会让考生

将不快的经历进行分解,从中可以体会到在不断进步的愉快经历。这能给予考生继续前进的希望。

(5) 突破局限,开拓思维。我们知道每个人都是一定程度上的"井底之蛙",局限能导致太多问题,无须多言。总结反省能让我们审视自己的局限性,看看自己的错误出在哪里。是不会的单词太多?是语言表达或语法不熟?还是语气理解不到位?或者是对日本人的发音不熟悉?从每次的模拟考试中考生不仅能找出共性错误,加以格外注意,还能发现语音、单词、语法等方面的问题,从而为自己创造一个更大的努力空间以及奋斗的方向。

5.3.3　高考日语听力的解题技巧

听力部分在高考日语试题中占有一定的比重(约四分之一),这部分得分有可能影响到整个考试的成绩,因此必须给予足够的重视。

如何在考试冲刺前的有限学习时间内,尽快达到听力部分的基本要求,这是考生最关心的问题。作为指导老师,一方面我们要让考生了解学好日语需要一段较长的时间,日语听力水平的提高要靠日积月累,靠平时的训练;另一方面有必要向考生传授一些针对听力考试的心得和技巧。

1) 集中培训和辅导策略

提高听力能力需要老师组织考生在考试前夕进行有计划、有针对性、有一定强度的集中训练。从考生报名参加考试起,老师就应制订出听力训练的计划,如每周安排5~6个学时的时间让考生听一些历年真题或相当于高考日语听力难度的模拟听力试题。在做听力试题的过程中,不断总结、归纳学生在听力方面的不足之处,帮助学生分析错误的原因,弄清楚是生词问题还是理解能力或背景知识问题。当然考生如果有条件在考试前能参加一段时间的高考日语特训强化班,其效果会更加明显。

老师从组织考生集中考前冲刺训练之日开始,可在以下三个方面帮助考生做好精神层面和解题技巧的冲刺训练。

(1) 精神准备指导。准备听力是一个非常重要的环节。如果没有特定的语言环境,老师可以指导考生集中复习迄今为止学到的日语词汇和语法知识。以此为线索,培养学生的预测和推断能力,以便于后续的听力试题的理解和语法知识的巧用。通过对话语境和对话结构,将生动的场景传入考生的脑海里,找出说话人和听话人之间的关系,并从中发现解题的线索。

（2）信息收听指导。听力信息阶段是听力训练逐步进行到最后检验训练效果的阶段。对此，辅导老师要耐心帮助考生排除精神紧张等心理干扰，积极做好信息解码的练习，多参与培训班的日语交流活动，为完成听力任务做好预演准备，从而顺利达到考试时听力信息能够准确传播的目的。

（3）深化学习指导。听力训练的总结性指导是听力训练的深化阶段。随着每次听力训练的结束，老师不要忽视有针对性的指导工作。可通过讲解和分析听力文本，指导学生进行讨论，从中找到出题倾向以及解题的技巧，指导学生自由发挥和展示他们的分析和思维能力，在训练中提供给学生锻炼和提升的空间和机会。

关于集中培训的方法，可因人而异。例如对于听力基础薄弱的学生，可采用"二看一不看"的方法来集中培训。

① 看读听力原文预热。把听力原文中所有生疏单词、词组、句型标记出来，查找字典，熟读并记忆。

② 看听力原文听录音。放听力录音，同时认真看听力原文一遍，保证每个单词、词组、句型都能准确无误地听出来。

③ 不看听力原文听录音。如果有些应该会的单词、词组、句型没有听出来，打开听力原文对照，把没有听出来的内容画出来，熟读10遍以上，或者反复听5遍左右。

这样坚持练习10天之后，考生的听力水平就会有明显的提高。

进入解题的环节，老师可以按照"看选项—听录音—做笔记—回头看"的方法来指导训练。

高考听力试题的特点是三个选项在试卷中都会印刷出来，每道题目的设问读两遍，听录音前读一次，听录音后读一次。

（1）看选项。指导考生学会根据三个选项内容，预先做出推断。预判将出现的听力场景发生在哪里？是商场还是学校？进而推断出大致可能出现的内容。

（2）听录音，做笔记。围绕着"五个 w 一个 h"的核心考点，即 who（何人）、what（何事）、when（何时）、where（何地）、why（何因）、how（如何），边听边做必要的记录，然后根据设问在录音中找到相关的信息，从中找到准确的答案。

（3）回头看。按照第1步和第2步做完一道听力题，如果对选出的答案不够自信，可在进入下一题之前回头看看，查找可能出错的原因。

老师还可以把每次模拟考试出现错误的难点和重点做专题的讲解和分析，组

织学生有针对性地复习相关的单词和知识点,记住相关的表达方式,多按照上述的训练方法每天做真题和模拟题。考生一旦解题熟练了,就能轻松找出正确答案。

2）重点锁定关键性词语

经过较长时间的日语学习和听力练习以及考前的冲刺训练,考生应该具备走进考场的一定能力,但是仍会有考生在听力考试时因受到录音语速、说话语感、现场情景等因素的干扰,影响到水平的正常发挥。如果考生在听力考试时能够听懂一些关键词语,事先了解这些词汇所具有的特殊意义,或许就能够掌握解题技巧,从而顺利过关。

（1）具有接续意义的接续词。日本人习惯使用委婉的、暧昧的表达方式,即通常对于一个事物的否定不会表达得那么直白,而是用"但是……"的省略表达形式来体现这种语气。表示这种意义的接续词有「けど、でも、のに、しかし、ところが」等。这些都是表示逆接作用的接续词,多用于出现与预想和期待完全相反的事实和结果的情况,与原来的情况相悖。翻译成中文是"可是……,不过……,然而……"等意思。

考生需要注意的是当录音对话中出现这类表示转折的词语时,这些词语前面的意见、观点、建议等往往都不是正确答案。所以在解答听力题时,一定要重点关注这些接续词。例如:

○ 大丈夫ですか、ずいぶん疲れているようです**けど**。（2015 年）
○ そんなに気にしなくていいですよ。**でも**、無理しないでくださいね。（2015 年）
○ そうだね。前から期待していた**のに**ね。今度の山登りは？（2017 年）

（2）具有修饰作用的副词。如「やっぱり」,表示归根到底仍然是最初预测的结论,跟预想的一样,意为"依然,仍然,果然,到底还是"。这个词的后面往往就是说话人最终要选择的答案,也就是引出正确答案的关键词。例如:

○ でも、入ったことがないから、**やっぱり**ちょっと心配ですね。（2016 年）
○ じゃ、**やっぱり**、図書館で勉強しましょう。（2018 年）
○ そう、わたしは寒がり屋だから、**やっぱり**暖かいとこに行きたいなあ。（2011 年）

「あいにく」多用于来委婉表达说话人不能满足对方所提要求的时候,表示"不凑巧,遗憾"的意思。此外,还有用「あいにく…」,不说出后面句子的省略形式,表达"对不起,我无法满足你的要求"的含义。例如:

○ **あいにく**雨が降り出した。（模拟试题）
○ **あいにく**なことに旅行中で会えなかった。（模拟试题）
○ **あいにく**ですが、またこんど来てください。（模拟试题）

「ちょっと」这个副词的用法有很多，除了表示"有一点，稍微"，还包含否定或拒绝的意思。与其他直接否定和拒绝的语言形式相比较，「ちょっと」的表达更加委婉一些。在特定的语境中，「ちょっと」还有「分かりません」的含义。例如：

○ 物理は**ちょっと**苦手なんです。（日本语能力测试题）
○ 林さん、**ちょっと**、いい？（日本语能力测试题）
○ このパソコンは、8万**ちょっと**だ。（＝8万円より少しだけ多い）
○ 7時半は**ちょっと**。その次の日の日曜日は大丈夫ですか。（2012年）
○ そう、**ちょっと**派手すぎるんじゃない。（日本语能力测试题）
○ A：病院はどこですか。　B：さあ、**ちょっと**…（＝分かりません）
○ 彼のピアノは**ちょっとした**ものだ。（＝かなり上手だ）

而「…はちょっと…」是听力考试中常见的拒绝形式，是一种委婉拒绝对方邀请和提议时的表达方式。这种场合下的「ちょっと」没有"少量，一点点"的意思，只是作为说话人表达拒绝前的"引子"，没有实际意义。

「どうして」和「なぜ」是原因和理由设问中经常出现的副词，针对这样的设问，考生重点要听清楚「…から、…ので、…そのため、…ために、…て（で）、…し、だから、ですから…、そのおかげで…」等关键词，从这些关键词的前后找到提供正确答案的线索。例如：

○ わあ、おいしそう、母ちゃん、**どうして**ご馳走？（2016年）
○ **なぜ**なら、自分の出したごみを持ち帰るのが、自分の行動に責任を持つことだと考えるからです。（2019年）

（3）含有特殊意义的词汇。如「実は」这个单词通常单独使用，作为副词起修饰作用，主要表示强调。它用于披露事件的深层内容，也可以引出对方感到意外的事实。可以翻译为"说真的，老实说，其实"。「実は」后面的句子是说话人的真正意图，自然也是对话的核心，是高考日语听力常常考查的内容。例如：

○ **実は**ね、最近アルバイトをしすぎて、疲れているのよ。（2019年）
○ **実は**、うちの店員が1人、病気で入院してしまったんだ。（2013年）
○ **実は**明日、両親が田舎から来るんです。それで…（2011年）

「もういい」表示说话人烦躁、受够了的心情，相当于「怒った」，意为"够了"。

而「いいです」则可表示两种不同的语气，即拒绝或者采纳。例如：
- **もういい**。今日は疲れたから帰る。（2010 年）
- これは**いいです**。（拒绝的表现）
- これが**いいです**。（积极的选择态度）

「…にする」表示个人的决定、选择，可翻译为"我要……，我选择……"。例如：
- じゃあ、花か果物を買うお店のところ**にする**？（2016 年）
- 私はうどんを食べたから、今度は肉**にしよう**かな。（2018 年）
- ですから、わたしはほとんどカードを使わないよう**にします**ね。（2016 年）

3）熟悉常用的表达句式

日语口语中常用的表达方式有很多，例如肯定和否定、过去和将来、愿望和意志、目的和原因、提议和建议、邀请和回复、接受和拒绝、许可和禁止、请求和指示、叮嘱和命令等。这些意义的表达往往通过一些特定的句式表现出来，具体如下：

（1）否定语气的表达
- …ではない/ではありません。（不是……）
- …じゃなくて、…です。（不是……而是……）
- …ないでください。（请不要……）
- …ないでくださいませんか。（请不要……行吗？）
- あまり…ません。（不怎么……）
- ぜんぜん…ません。（完全不……）
- 疑問詞＋も…ません。（完全不……）
- まだ…ません。（还没……）
- …が要りません。（不需要……）

（2）过去动作的表达
- …ました。（做了……）
- …動詞基本形＋んでした。（做了……）
- …つもりでした。（原打算做……）
- …動詞た形＋ところです。（刚刚做了……）
- …予定でした。（原计划做……）
- …（よ）うと思っていました。（原打算做……）

（3）将来动作的表达
- …ます。（要做……）
- …動詞基本形＋んです。（要做……）
- …つもりです。（打算做……）
- …動詞基本形＋ところです。（正要做……）
- …予定です。（计划做……）
- …動詞ます形＋そうです。（眼看就要……）
- …ておきます。（事先做好……）
- …（よ）うと思っています。（打算做……）

（4）愿望的表达
- …がほしいです。（我想……）
- …がたいです。（想要……）
- …てほしい。［想要……（做）…］
- …てもらう。［想要……（做）……］
- …ていただく。［想要……（做）……］
- …動詞基本形＋ようになりたい。（希望……）
- …動詞基本形＋ようにする。（希望……）

（5）目的和原因的表达
- …ために…。（为了……）
- …ように…。（为了……）
- …から…。（因为……）
- …ので…。（因为……）
- …て…。（因为……）
- …とあって…。（由于……）
- …てこそ…。（只有……才）

（6）提议和建议的表达
- …ほうがいいです。（……比较好。）
- …たらどうなの。（……好了。）
- …てみたらどうだ？（……怎么样？）
- …てはどうでしょう。（去……怎么样？）
- …たらどうかしら。（……怎么样？）

○ …てみたら…。（是不是……?）
○ …ほうがよろしいと思います。（我认为……为好。）

(7) 邀请和回复的表达

○ …ませんか。（……一起吧?）
○ …ましょう。（……一起吧。）
○ …どう?（……怎么样?）
○ …に行かないか。（……不去吗?）
○ よかったら、…ませんか。（方便的话,……吧?）
○ …んですが、一緒にどうですか。（我想……,一起怎么样?）
○ いいですね。…ましょう。（好啊,……吧。）
○ いいよ。そうしよう。（好啊,就这样吧。）
○ おもしろそうだね。行きたい。（好像很有意思,我想去。）
○ すみません、ちょっと…。（不好意思,有点……）
○ ちょっと用事があって…。（我有点事儿……）
○ 残念ですが、また今度にしましょう。（很遗憾,下次吧。）

(8) 许可和禁止的表达

○ …てもいいですか。（我可以……吗?）
○ …てもかまいませんか。（我可以……吗?）
○ …たいんだけど、いいかな。（我想……可以吗?）
○ …（さ）せて…。（让我……）
○ …てはいけない。（不准……）
○ …てはいけません。（……不行。）
○ …ものではない。（不可……;不要……）

(9) 请求和指示的表达

○ すみません、お願いします。（不好意思,请你帮忙。）
○ あのう、お願いがあるんですが。（不好意思,我有事拜托你。）
○ …てくれる/てくれないか。（能帮我……吗?）
○ …てもらえる/てもらえませんか。（能帮我……吗?）
○ …てもらってもいいですか。（能帮我……吗?）
○ …てほしいんですが。（希望你做……）
○ …て/てください。（请……）

(10) 叮嘱和命令的表达

○ ちょっと待って。（请等一等。）

○ …しなさい。（请做……）

○ …に立ち止まらないで。（别站在……）

○ 他の本は読まないこと。（不看其他书。）

○ 授業中はおしゃべりをしない。（上课时不要讲话。）

4) 掌握高频率出现的词汇

词汇是外语学习的基础，所以词汇量对于考试来说非常重要。在考试前的冲刺训练中，有必要让考生把重点的动词、副词、助词、结尾词、口语表达反复朗读，以加深记忆。

（1）动词。日语动词根据活用分为三大类：一类动词，二类动词，三类动词。考生在复习日语动词的时候，需要掌握日语动词的几个特点：①动词都是以う段假名结尾；②分为他动词（及物动词）和自动词（不及物动词）两类；③特殊动词「走る、入る、切る、帰る、喋る、知る、要る」，这些动词的外表形态很像二类动词，但实际上属于一类动词的范畴。为此有人编了一个口诀来帮助学习者记忆这几类动词：

我<u>跑</u>进了超市，<u>切</u>了一块西瓜，<u>回</u>到了宿舍和舍友<u>聊天</u>，<u>知道</u>了出国<u>要</u>用护照。

有的考生在学习日语时经常会被动词的各种活用形给难倒，也为此感到十分苦恼，归根结底还是基础没有打好。动词作为高考日语的必考点，考生可以总结一下历年高考日语中频繁出现的动词。表5-4展示了2010—2022年高考日语频繁出现在试题中的日语自动词和他动词，可作为重点记忆的词汇来学习。

表5-4 2010—2022年高考日语中频繁出现的自动词和他动词

自动词	他动词
急ぐ、生まれる、変わる、困る、騒ぐ、勤める、慣れる、直る、働く、回る、話しかける、引っ越す、間に合う	集める、押す、片付ける、考える、決める、探す、誘う、叱る、調べる、立てる、楽しむ、頼む、伝える、続ける、止める、直す、貼る、なくす、拾う、間違える、迎える

（2）副词。对于即将走进高考日语考场的考生，要知道他们的备考训练做得如何，也可从日语副词的掌握程度来加以衡量。因为日语中的副词有很多，有的外表很相似，其含义却相去甚远。我们一起来看看高考日语中高频出现的那些副

词。根据很多考生平时记忆单词的习惯，现按照五十音图的顺序排列如下：

○ ああ、あまり、いかが、いちばん、いきいき、いつか、いったい、いつも、いつまでも、いっそう、いっぱい、いっしょに、いろいろ、恐らく、およそ、主に、思わず、かなり、必ず、がっかり、きちんと、きっと、急に、決して、結局、こう、こうして、この間、この前、今度、幸い、さっき、さきほど、さっそく、しばらく、しっかり、じっと、ずいぶん、すぐ、ずっと、少し、ぜんぜん、それほど、それより、そんなに、たまに、たいへん、大体、たくさん、たいてい、だいぶ、たぶん、だんだん、ちっとも、ちょっと、ちょうど、ときどき、特に、とても、どんどん、なかなか、はじめに、はっきり、非常に、本当に、ほとんど、もっと、やっと、ゆっくり

高考日语每年都有检测副词的试题，作为考前冲刺的复习指导，我们总结2010—2022年的高考日语真题，从试题中整理出经常涉及的副词，希望对正在备考的考生有所帮助。

（3）助词。高考日语中助词的出现频率相当高，因为助词不仅种类繁多，而且每一个助词的意思也很多。考生经常会搞混，特别是作为高考日语常考的四种助词，即格助词、副助词、接续助词、语气助词（终助词），错题的频率可谓不低。在此，我们来逐一分析这四类助词的特征和容易混淆的助词。

① 格助词。格助词一般放在名词、代词或名词性词组的后面，表示这个名词和句中其他成分之间有着何种关系。经常容易出错的有「に」和「で」、「が」和提示助词「は」的用法区别。

「に」的用法有：存在的场所、动作的接受者、移动方向或目的地、变化的结果、动作的出处、时间、比例、原因、能力的主体、被动句中动作的主体、他动词使役句中动作的主体等。

「で」的用法有：动作进行的场所、方式和手段、限定的范围、原因和理由、原材料、数量和时间的限定、动作主体的数量和范围、动作进行时的状态、表示总和等。

从「に」和「で」二者的用法来看，差别还是很大的，只是在表示"场所"和"原因"方面容易产生混淆。如果考生能够了解「に」表现的是一种静态的存在场所，而「で」表示的则是一种动态的动作进行的场所，或许就能够分清二者的不同之处了。

主格助词「が」和提示助词「は」的用法区别更是一个让人头疼的难题，也成为

日语教育工作者多年来的研究课题之一。

「が」的用法有：表示动作的主体、存在的人和物、属性的所有者、好恶的对象、能力的对象、愿望的对象、可能的对象、变化的主体、疑问的焦点、五官感受到的情况等。

「は」在句中起提示主题的作用，或用于突出提示句中的某一成分，句子后面的内容会对该成分进行叙述或说明。用「は」提示的主题可以是人或物，也可以是地点或时间等，是说话人和听话人共有的信息。「は」的用法有：提示主题、表示对比、强调提示对象、加强否定语气、与其他助词复合使用使该成分成为主题等。

二者容易产生认知模糊的一点是关于"动作主体"和"提示主题"的问题。这是一个比较抽象的概念，对日语初学者来说是难以理解的。我们可以通过下面两个例句来做出解析。

A句：山田さんは北京へ行きました。（山田去北京了。）

B句：山田さんが北京へ行きました。（山田去了北京。）

A句强调说明的是谓语「北京へ行きました」这个动作，「山田」这个人是说话人和听话人的共知信息，即两人都认识「山田」，「は」所叙述的重点在于"山田干吗了"。而B句强调的则是主语「山田」，谈话双方似乎对「北京へ行きました」这件事情都知晓，那究竟是"谁"去了北京呢？这就是「が」要强调的动作主体，即去了北京的人是「山田」，不是其他人。

② 副助词。日语中的副助词又叫「取り立て助詞」，多接在各种词的后面，只增添不同的意义，不表示词与词之间的逻辑关系。副助词接在体言或用言后面可以构成一个体言性的词组，因此可以接格助词或助动词「だ、です」做各种句子成分。高考日语中常用的副助词有「まで、ばかり、だけ、ほど、くらい（ぐらい）、など、やら、か、どころか、ずつ、さえ、すら、でも、も」等。这些副助词中，需要区别用法的只有表示范围、程度、数量的「ばかり、だけ、ほど、くらい（ぐらい）」四个副助词。

（a）「ばかり」是日语口语中一个很常用的助词。基本用法有：

- 数量词＋ばかり：表示大致的程度、数量，意为"大约，左右"。可以和「ほど」互换。
- 名词＋（助词）＋ばかり：表示限度，意为"只，光"。
- 动词＋たばかり：表示动作发生，意为"刚刚"。
- 动词基本形＋ばかりだ：表示事态朝着坏的方向发展，意为"一直，越发"。

(b)「だけ」的基本用法有：

- 名词＋（助词）＋だけ：表示限于某种范围，意为"只有，只能"。
- だけでは/だけでも：表示限定的条件，意为"只，只要，光"。
- 动词基本形＋だけ：表示限于某种分量、程度，意为"尽量，尽可能"。

(c)「ほど」的基本用法有：

- 数量词＋ほど：表示大概的范围、程度，意为"大约"。
- AはBほど……ない：表示比较的标准，意为"不像……那么的……"。
- 动词ば形＋ば＋动词基本形＋ほど：表示状态递进，意为"越来越……"。
- ほど：作名词用，意为"限度，分寸"。

(d)「くらい（ぐらい）」的基本用法有：

- 数量词＋くらい：表示大概的数量，意为"大约"。
- 活用词基本形＋くらい：表示程度，意为"……的程度"。
- くらい：表程度和数量时有轻视的语气，多用于口语。

③ 接续助词。接续助词的作用相当于汉语的连词，接在活用词后面，连接两个句子或两个词组，表示并列、让步、因果、条件以及递进等关系，发挥着承上启下的作用，这是高考日语的一大重点内容。考试前的集中培训指导考生系统地针对接续助词这一知识点做融会贯通的讲解和分析显得十分必要。这里我们有必要对日语的接续词和接续助词做一区分。

- 接续词：指没有词形变化的独立词，主要起承上启下或语气转折的作用，但它对内容的表达、文脉的连贯也起着重要作用，可以达到结构紧凑、叙述流畅的效果。

表示顺接的有：だから、そこで、すると、したがって、よって

表示逆接的有：しかし、だが、ところが、けれど、でも、が

表示并列和累加的有：そして、しかも、なお、それに、さらに、また

表示对比和选择的有：または、それとも、あるいは、もしくは

表示补充说明的有：つまり、なぜなら、例えば、すなわち、ただし

表示转换的有：さて、ところで、では、ときに、それでは

- 接续助词：指没有词形变化的附属词，接词组或从句后面起承上启下的作用，用法与接续词相似。因为用法繁多，在此就不逐一详细做出讲解了。

○ て、ながら、し、から、ので、ば、と、ては（では）、が、けれども、のに、ても（でも）、たって（だって）、とも

④ 语气助词（终助词）。日语常用助词的一种，有「か、ね、よ、わ、の、な、なあ、ぞ、ぜ、や、かしら、かな、もの、て（で）、け、けれど（けども）、か」等。语气助词接在句子末尾，可表示疑问、判断、感叹、劝诱、警告、禁止、命令等语气。语气助词的语法特点具体体现在以下三点：

(a) 语气助词一般接在句末的谓语后面。

(b) 语气助词不能和并列助词重叠，但能和提示助词、接续助词重叠，可置于后面。

(c) 日语的语气助词有男性用语和女性用语的区别。

(4) 接尾词。日语中的接尾词数量不少，根据无词性变化和有词性变化的特征，可具体做以下的分类：

① 无词性变化的结尾词

○ ～あて（会社あて）、～あまり（三日あまり）、～おき（3メートルおき）、～がけ（わらしがけ）、～かげん（飲みかげん）、～がた（先生がた）、～さん（お医者さん）、～気（弱気）、～君（山田君）、～様（お嬢様）、～かた（売りかた）、～目（臆病目）、～たち（わたしたち）、～ども（学生ども）、～時（通勤時）、～中（運転中）、～中（世界中）、～だらけ（欠点だらけ）

② 有词性变化的接尾词

又可根据词性特征，进一步地划分为以下四类：

(a) 名词性接尾词：～み（強み）、～さ（高さ）、～気（寒気）、～手（話し手）、～付き（目付き）、～振り（仕事振り）、～方（考え方）、～扱い（客扱い）、～先（旅行先）、～屋（寿司屋）

(b) 动词性接尾词：～振る（利口振る）、～びる（大人びる）、～がる（嫌がる）、～張る（欲張る）、～ける（茶ける）、～めく（秋めく）、～まる（深まる）、～める（高める）、～立つ（目立つ）

(c) 形容词性接尾词：～たい（眠たい）、～っぽい（油っぽい）、～らしい（馬鹿らしい）、～がましい（勝手がましい）、～け（楽しけ）、～勝ち（病気勝ち）、～的（科学的）

(d) 副词性接尾词：～がてら（書きがてら）、～毎に（学校毎に）、～当たり（一カ月当たり）

(5) 口语表达形式。在日语听力试题中，会有很多语音变化的现象。这是口语的特点，也给考生带来分辨的困难，考生需要对这些现象做一了解和归纳。

表5-5是日语口语缩约形,表5-6是日语口语省略形,表5-7是日语口语中的音便,表5-8是日语书面语在口语中发生的一些规律性变化。

表5-5　日语口语缩约形一览

ちゃ/じゃ		ちゃ/きゃ	
正规表达	口语表达	正规表达	口语表达
V+てはいけない V+ではいけない N+ではない	ちゃいけない じゃいけない じゃない	～なくてはいけない ～なければならない	なくちゃいけない なきゃならない
りゃ		ちゃう/じゃう	
正规表达	口语表达	正规表达	口语表达
これは それは あれは	こりゃ そりゃ ありゃ	てしまう てしまった	ちゃう ちゃった
とく			
正规表达	口语表达		
ておく ておいて ておいた	とく といて といた		

表5-6　日语口语省略形一览

「て」常被省略	
正规表达	口语表达
～ている ～ていけば ～ていく ～てもっていったら	～てる ～てれば ～てく ～もってったら

表5-7　日语口语中的音便一览

口语中出现的「ん」音		口语中「の」发「ん」	
正规表达	口语表达	正规表达	口语表达
信じられない 待ってる なにをしてるの ～なってるの	信じらんない 待ってん なにをしてんの ～なってんの	～のだ ～ので ～もの	～んだ ～んで ～もん

(续表)

「のだ」发成「んだ」		
说明理由或原因	加强语气、意志较强	表前后因果关系
A：どうして彼はお金を借りるの？ B：車を買うと決めたんです。	私は決めたんだ。 君はやるんだ。	帰省するつもりだから、 休暇を取ったんだ。

表5-8　日语口语中的规律性变化一览

って		变促音		其他变化	
正规表达	口语表达	正规表达	口语表达	正规表达	口语表达
～ても ～でも ～という ～と	～たって ～だって ～って ～って	こちら そちら あちら どちら とても すごく ばかり	こっち そっち あっち どっち とっても すっごく ばっかり	ところ あまり	とこ あんまり

5) 考前实战演习不松懈

（1）实战真题演练。考生要想在高考日语听力中取得好成绩，就有必要在考前的一个月内反复练习历年的听力真题，力争听懂每一句话和每一个单词，努力跟读、跟写。考生听得越熟练，考试听力分数就越高。通过一个月的强化训练，考生不但能够提高听力水平，也可以巩固语法知识，扩大词汇量。大部分考生在背诵单词时，通常采用眼观、手写的方式，这一习惯导致看到单词能理解，听到单词却反应不过来。听力考的是考生对于单词、语法的掌握程度。只有多听才能提升反应的速度。

（2）养成良好习惯。每天最好拿出一个小时左右的时间来专门练习听力，这段时间内集中全部精力来听题和做题。要将每一道听力练习题完全弄明白，听后好好对照答案，对错题一定要阅读原文检查究竟错在何处？为什么错了？否则真题演练就毫无意义。如果你听累了的话，就看看日剧、综艺节目消遣一下，这些内容不要求必须全部听懂，只是让自己保持听的状态，培养对日文语境的熟悉。大部分人应该有这样的体会，在外语学习过程中，那些平时听惯了外国人说话的人更容易进入情境，理解对话含义。听力考试亦是如此，熟悉了日本人说话的声音和语气，才会让紧绷的神经松弛下来，让考试变得简单。

(3) 保持平常心态。在考试过程中,有的考生一旦遇到听不懂的单词就会变得焦虑不安,以至于做错一题就乱了方寸,导致后面的试题接连出错。所以保持一颗平常心非常重要,学会放弃反而会带来更大的收获。建议考生在听力考试播放音乐的短暂休息时间内,尝试着做一下深呼吸来调整自己的情绪,保持冷静的状态。

高考日语听力部分试题一般有15～17题,考试时间不算短。考生在这期间必须时刻保持头脑清醒,养成边听边做笔记的习惯,这不仅可以让答题有据可循,也能提高注意力。

6) 考场的八项注意

在进入考场具体做听力试题时,考生还应该注意以下八个方面:

(1) 注意对话语境及主要信息。例如发生在百货商店的对话,售货人员和顾客一般会提到商品的价格、尺寸、颜色等信息。考生如果了解对话的环境,抓住主要的话题,就能比较准确地选出正确的答案。

(2) 熟悉各类题型的提问方式。在试题分析部分,我们将听力试题分为12个类型,并对每种类型的提问方式做了归纳和总结。考生备考时应该掌握这些不同的提问方式,在考试的时候注意听,区别各类题型设问的不同之处。

(3) 培养预测问题的实操能力。答题用纸上的三个选择项为接下来的对话或短文内容提供了重要的信息,如果考生在听对话或短文前能快速地浏览这三个选择项,预测一下对话或短文的主题以及可能提出的问题等,对选出正确答题是有很大帮助的。

(4) 答题时做一些必要的记录。在听对话和短文时,考生可做一些记录,如记录时间、地点、人名、数字等信息,以便帮助自己做出正确的选择。

(5) 判断对话双方的态度及意图。要准确判断对话者是同意、高兴还是拒绝、生气,关键是要听清楚关键词,再通过对话的语境、语调以及有关词语推断说话人的真实意图。

(6) 采用排除法答题。有时基本上听懂了对话或短文的大意,但面对三个选择项时却很难取舍,这时可以采用排除法。一般从最不可能的答案开始排除,再逐一将剩下的选项与试题内容进行对比,最后确定正确答案。

(7) 把握好答题的时间。听力试题在时间上要求比较苛刻,因为录音只放1～2遍,语速也较快,所以考生需要快速捕捉信息,并快速做出判断。另外,掌握好每一题的答题时间也是很重要的。

（8）及时摆脱困境。在答题时可能会出现这样的情况，即有的考生因为上一题中的某句话或某个词没听清楚，总是放心不下，老是在回想、惦记，结果后面连续几题都受到影响。所以在上一题没有听清楚的时候，要迅速摆脱纠结情绪，不要使自己陷于烦恼和困惑之中。

总之，高考日语的听力试题内容大多是选自日本人实际生活中的对话，是活生生的话语，所以语言简略。解答这类试题必须把握好对话的语流，理解它的意思。这就要求考生平时在课堂上要认真听老师对相关知识的讲解，争取多跟周围的日本人交流。另外，收听日语广播、观看日剧等都是很好的训练手段。

5.4 高考日语词汇出题倾向研究

高考日语第二部分"日语知识运用"的考核内容基本依据2020年修订的《普通高中日语课程标准》（2017年版）、《普通高等学校招生全国统一考试大纲及考试说明》、《普通高中课程标准实验教科书》三个纲领性文件来设计试卷。

从2011年起，高考日语试卷的"日语知识运用"部分统一确定为40道试题。这是高考日语试卷中对词汇、语法、日本文化知识进行综合考查的主要平台。

5.4.1 动词出题概率分析

动词可分为意志动词和非意志动词。意志动词是表示受主观意志制约的动作、作用的动词。他动词都属于意志动词，如「書く、話す」；自动词的一部分也属于意志动词，如「走る」。非意志动词是表示不受主观意志制约的、作用的动词，大多数是表示自然现象、心理活动、生理现象等的自动词，如「吹く、降る、空く、渇く、困る、怒る、できる」等。

动词是高考日语中出现频率最高的词汇。根据对2010—2022年试题的统计，动词试题总计达到64题，大概每年的出题量在2~8题，考生需要将动词作为重点词汇来学习和掌握。

日语知识运用部分涉及的动词考点，主要体现在动词的活用变化、自动词和他动词、动词的搭配、复合动词、补助动词等几个方面。关于动词的语态、授受、敬语等内容我们将在语法出题倾向中进行详细讲解。

1) 动词的活用变化

根据动词的属性以及后接词语的不同,动词会呈现出各种各样的形式。首先日语动词根据活用分为一类动词、二类动词、三类动词,其次根据活用变化形式可分为ます形、て形、ない形、ば形、た形等。

2) 自动词和他动词

表示变化的结果或者用于描述动作的状态,其表示的动作、作用不涉及其他事物的动词叫自动词,即动词本身就能完整地表示动作的动词。常见的句子形式为"名词＋が/へ/に等＋自动词"。侧重表示动作的过程,描述主体对对象施加的影响或产生的作用等,其表示的动作、作用涉及其他事物的动词叫他动词。简单地说,他动词是需要有一个宾语才能完整地表现动作或作用的动词。常见的句子形式为"名词＋を＋他动词"。

3) 动词的固定搭配

自动词根据前接名词的意义和逻辑关系可以形成各种习惯性的搭配词组。而他动词带宾语,从而形成动宾结构,有一部分动宾结构可以转化为名词。

4) 复合动词

日语复合动词有多种构成形式,比较常见的有：

(1) 实义动词＋实义动词,例如：立ち止まる、立て替える、持ち歩く。

(2) 实义动词＋接尾动词,例如：勉強し始める、話し続ける、食べ終わる。

(3) 名词或形容词词干＋动词,例如：近付く、長引く、心得る、腰かける、首切る。

5) 补助动词

补助动词只能附加在本动词后,增添某种补助性意义,不具有原来动词的实质性意义。常用的补助动词有：

(1) …ている：表示动作、作用正在进行；表示动作、作用结果的存续。

(2) …てある：表示动作行为的完成,表示其结果的存续状态。

(3) …てしまう：表示动作完成；表示形成一种不能复原、不能挽回的状态。

(4) …ておく：表示做事先有意识地做好准备。

(5) …てみる：表示尝试着做某事,多用于某种经验的尝试。

(6) …ていく：表示动作由近而远的变化(远离、消失)；表示状态的发展趋势。

(7) …てくる：表示动作由远及近地移动。常用的有「行く、帰る、歩く、走

る、泳ぐ、飛ぶ、乗る」等表示移动的动词。

5.4.2 名词出题概率分析

名词从意义上可以分为普通名词和专有名词。普通名词表示多数的、泛指的事物所共有的名称,如「大学生、職場、会社員」等;专有名词表示人名、地名、机构等个别的、特指的事物名称,如「山田先生、名古屋、秋葉原、日中友好協会」等。从词源上看,日语名词有和语名词、汉语名词、外来词名词、混合词名词四种。和语名词是指日本固有词汇的名词,如「紅葉、花嫁、玄関」等;汉语名词是指由中国传入或利用汉字创造的名词,如「新聞、飛行機、弁護士」等;外来词名词主要是指从欧美等国家的语言中吸收的名词,如「コート、ビール、ボールペン」等;混合词名词指由和语、汉语、外来词等复合组成的名词,如「イギリス語、野球チーム、グリーン車」等。

名词在每年高考日语试题中的出现数量居于词汇类的第二位。2010—2022年高考日语试卷大数据的统计显示,涉及名词的试题总计达到41题,每年针对名词设问的试题有1～5题不等,且数量呈现不断增加的趋势,是考生不可忽视的重点词汇。

日语知识运用部分涉及名词的考点,主要体现在实质名词的词义、形式名词方面。

1) 实质名词

表示实质性概念的名词叫作实质名词,例如「花、本、つくえ、人、犬」等。

2) 形式名词

形式名词是指形式上是名词,但没有或很少有实质性意义,在句子中只起语法作用的名词。其语法作用主要是将用言(活用词)或用言性词组体言化(名词化),以便连接某些助词、助动词在句子中充当主语、宾语、补语、谓语等。形式名词有三个特点:

(1) 几乎没有实质性意义,一般伴随着修饰语出现在句子当中,表示修饰语所限定的意义和内容。

(2) 可以使前面的活用词具有名词的性质、资格,在句中充当某种句子成分。

(3) 部分形式名词可以添加某种附加意义。

由于形式名词具有以上特点,所以考生在理解和翻译时需要灵活掌握。常用的形式名词有:

○ こと、もの、ところ、わけ、はず、つもり、ため、せい、うえ、うち、かわり、かぎり、とおり、まま、ほう、ほか、の、ふり、ゆえ

5.4.3 副词出题概率分析

副词用作状语，表示活用词的状态和程度，或者表示句子的语气等。副词按其来源可分为和语副词和汉语副词。如「もう、すぐ、すこし、ゆっくり、もっと、たえず」等为和语副词，「相当、突然、大变、随分、极」等为汉语副词。副词可单独作状语，部分副词也可以用作名词、连体词，或用来修饰其他副词。

副词在每年高考日语试题中的出现频率也很高，数量排在第三位，2010—2022年高考日语试卷大数据统计的显示，涉及副词的试题总计达到30题，每年出题概率为1～5题不等。在日语中，副词的作用是非常广泛的，而且副词的层次和种类比较多，副词本身数量也不少，需要考生认真总结和归纳。

纵观历年高考日语涉及副词的试题，一般在这几个方面设置重点：一是从副词的类别，如我们在"试题分析"部分总结的那样，副词分为情态副词、程度副词、陈述副词三个类别。二是从副词的构词，即将形态相近的副词作为四个选项，让考生根据各自的意义做出选择。三是与其他容易混淆的接续词、ナ形容词等混合在一起，让考生做分辨。四是以「な」开头的疑问副词。下面我们重点讲解一下第二点和第四点。

1) 副词的构词形态

关于副词的构词形态，多反映在表示状态的拟声拟态副词，这是高考的必考题之一。这类副词的特点是假名标记，考生如果不认识的话，根本无法猜测它们的意思。这类副词基本上有三种形态：AっBり型、AんBり型、ABAB型。

(1) AっBり型：可表示人物的性格、情绪和动作，也可表示事物的程度和状态。具体词例有：

① 表示人物的性格、情绪和动作。
○ すっきり（轻松）、しっとり（沉静）、きっぱり（干脆）、うっかり（不留神）、ひっそり（默默地）、ぐっすり（酣睡）

② 表示事物的程度和状态。
○ ぎっしり（塞满）、たっぷり（充分）、ぴったり（恰好）、しっとり（潮湿）、びっしょり（湿透）、ひっそり（寂静）

(2) AんBり型：同样可表示人物的性格、情绪和动作，也可表示事物的程度

和状态。具体词例有：

① 表示人物的性格、情绪和动作。
  - うんざり(厌烦)、やんわり(委婉)、ぼんやり(发呆)、のんびり(悠闲自在)

② 表示事物的程度和状态。
  - ふんわり(轻轻地)、しんなり(柔软)、やんわり(柔软)、ひんやり(冷飕飕)、ぼんやり(模糊)

（3）ABAB型：有形容人物性格、情绪和动作的，有形容事物的程度和状态的，还有一种词尾为「ら」的表示声音的拟声拟态副词。例如：

① 形容人物的性格、情绪和动作。
  - くよくよ(烦恼)、じめじめ(阴郁)、そわそわ(心神不宁)、ぶらぶら(溜达)、めそめそ(低声哭泣)、うとうと(迷迷糊糊)、へとへと(筋疲力尽)、がらがら(直爽)、ごろごろ(闲待着)

② 形容事物的程度、状态。
  - めきめき(显著)、のろのろ(迟缓)、じめじめ(潮湿)、がさがさ(干燥的)、いきいき(生动)、きらきら(闪耀)、すくすく(很快地)、さらさら(流利地)、からから(干巴巴)、だぶだぶ(肥大)、ぐらぐら(摇晃)、ゆらゆら(摇曳)、ばらばら(零散)

③ 词尾为「ら」的表示声音。
  - からから(哈哈、哗哗/笑声和旗帜飘扬声)、さらさら(哗啦哗啦/小河流水声)、ぐらぐら(哗啦哗啦/汤水沸腾的声音)、がらがら(轰隆轰隆/车轮滚动声)

拟声拟态副词的词义生动、形象、细腻，经常用于日语的口语表达中。了解和掌握好这类副词的意义和用法，不仅有利于高考日语的考试，更能帮助考生提高听力和口语水平。

2）以「な」开头的疑问副词

「なにも、なんとか、なんでも、なんだか、なんとなく」等是在高考日语考试中常考的一类疑问副词。这类副词有非常明显的特点，那就是含有日本式思维的表达，并且日常口语中使用频率极高，淋漓尽致地表达出了日语的那种暧昧特性。有些考生虽然记住了它们对应的中文意思，但是在考试中却不容易选对。这是因为这类词翻译出来的中文含义与词本身表达的含义和日本式思维表达的含义差别很大，所以掌握好这类词是非常重要的。

5.4.4　形容词出题概率分析

日语形容词和动词一样都属于活用词,根据后续的词语有不同的形态变化。日语和汉语都有形容词,但使用方法却大不相同。两种语言的形容词的人称限制不同,各具形态特征,词性差别迥异,单词构成各具特色,但使用频率却殊途同归。日本人的感情世界可以说是十分丰富,所以表达感情的形容词也非常具有特色。

形容词在每年高考日语试题中的出现频率位于第四位,2010—2022年的高考日语试题中涉及形容词的试题数量达28题,出题概率为每年1~4题不等。相比较而言,イ形容词的出现频率高于ナ形容词,考生可以有针对性地归纳和复习。

形容词的考查范围具有两个倾向:一是形容词的活用变化,二是形容词的意义辨析。形容词意义的辨析通过常用词汇的记忆可以很快积累起必要的词汇量。我们重点来梳理一下イ形容词和ナ形容词的各种活用变化规律、接续方式及使用方法。

1) イ形容词

(1)ない形。ない形是用于后接助动词的活用形,接在ない形后面的助动词有「ぬ(ず)、しめる、う」,表示否定、使役、推量等。例如:少なからず、寒からしめる、よかろう。

(2)ます形。ます形是既可以单独使用,又可以后接其他词语的活用形。接在ます形后面的词语有补助形容词「ない」,动词「する、なる」,助动词「た」,助词「て、ては、ても、たり、は、も」等。ます形的语法功能总结如下:

① ます形「～く」的名词法,可转换成名词用法。例如:遠く、近く、早く、遅く、古く、多く、深く、高く、詳しく、正しく。

② ます形「～く」的中止法,起并列词语和句节的作用。例如:この部屋は明るく、日当たりがいい。

③ ます形「～く」的副词法,放在动词前面作为修饰语成分。例如:楽しく学ぼう、長く感じる。

④ ます形「～く」后接补助形容词「ない」构成否定式。例如:寒くない、全然寂しくなかった。

⑤ ます形「～く」后接动词「する、なる」,表示一种变化。例如:高くする、悪くなる。

⑥ ます形「～かっ」后接助动词「た」构成过去式。例如:早かった、うれしか

った。

⑦ ます形「～く」可后接助词「て、ては、ても、とも、たって」、提示助词「は、も」等。ます形「～かっ」则可后接并列助词「たり」。例如：涼しくて、なくても、正しくとも、暑くたって、高くはありません、嬉しかったり悲しかったりしている。

（3）基本形。基本形既可单独使用，也可后接其他的词语。

① 基本形单独使用，用于结束句子或后接形式名词。例如：空は青い。天気の悪いのは…。

② 后接助动词，接在基本形后面的助动词有「そうだ、らしい、だろう、です、ようだ、みたいだ、なら」等。例如：おいしそうだ、よいらしい、寒いだろう、大きいです、うまいようだ、うれしみたいだ、赤いなら。

③ 后接助词，常接在基本形后面的助词有「し、から、と、が、けれども、か、よ、ね、わ、ので、のに、ばかり、だけ、くらい、ほど」等。例如：遅いので、近いのに、いいと思わない、古いだけで、ほしいくらい、安いほど。

④ 作为修饰成分，放在名词前作定语。例如：詳しい地図、きびしい先生、大きいこと。

（4）ば形。后接助词「ば」表示假定条件，或构成惯用句型。例如：なければ、寒ければ、よければ、早ければ、深ければ、…ば…ほど、…ばこそ…のだ、…も…ば…も…。

（5）名词形。用词干后接接尾词「～さ、～み」构成名词。例如：暑さ、寒さ、深さ、高さ、おもしろさ、弱み。

下面将イ形容词的5种活用形做一归纳，构成表5-9"イ形容词活用表"。

表5-9 イ形容词活用表

イ形容词	词干	ない形	ます形	基本形	ば形	名词形
暑い	あつ	あつから あつかろ	あつく あつかっ	あつい	あつけれ	あつさ
ほしい	ほし	ほしから ほしかろ	ほしく ほしかっ	ほしい	ほしけれ	ほしさ

2）ナ形容词

ナ形容词的活用形和イ形容词一样，有ない形、ます形、基本形、ば形、名词形5种形式。

（1）ない形。ない形是用于后接助动词的活用形，接在ない形后面的助动词

有「ぬ(ず)、しめる、う」,表示否定、使役、推量等。例如:
- 花が咲き実ってくるまでの人の勤労には容易ならぬ苦心と努力が重なります。(容易でない)
- 自分と外界との境界線も定かならず、不安と恐れの中で自己を形成していく年頃なのです。(定かでなく)
- 事務を円滑ならしめて仕事の能率を上げようと思う。(円滑にさせて)
- 祭りは賑やかだろうね。

(2) ます形。ます形既可以单独使用,又可以后接其他词语的活用形。ます形的语法功能总结如下:

① ます形「～で」的中止法,起并列词语和句节的作用。例如:丈夫で立派な家を建てたいです。この竹は柔らかでよく曲がる。

② ます形「～で」后接补助形容词「ない」构成否定式,往往要加「は」来加强否定的语气。例如:この花はきれいではない。私はパンが好きではありません。

③ ます形「～に」的副词法,放在动词前面作为修饰成分。例如:帰りの電車の中で今日のことを静かに思い出してみた。市街地から実に手軽に自然に出会いに出かけることができる。

④ ます形「～に」后接动词「する、なる」,表示一种变化。例如:静かにしてください。田中さんの顔は真っ赤になりました。

⑤ ます形「～だっ」后接助动词「た」构成过去式。例如:山の中は静かだったよ。今朝の日本海は穏やかだった。

⑥ ます形「～で」和「～に」可后接提示助词「は、も」等。ます形「～だっ」可后接并列助词"たり"。例如:
- 先方の態度がそんなにあやふやでは、将来が心配だ。
- 交通が不便でも、住み慣れた家の方がいい。
- 英語は上手には話せません。
- 家が貧乏だったり荒れている様を「ペンペン草が生える」などと言う。

(3) 基本形。基本形既可单独使用,也可后接其他的词语。

① 基本形「～だ」单独使用,可用于结束句子。例如:どんな仕事にも真面目な態度が必要だ。病人の様子が変だ。

② 基本形「～だ」后接助动词「そうだ」,表示传闻。例如:山田さんはテニス

が上手だそうだ。

③ 基本形「～だ」后接助词「し、から、が、けれども、ぞ、わ」等。例如：
- 彼女は肉も嫌いだし、魚もあまり好きじゃない。
- 仕事に腕時計が必要だから、買うことにした。
- 彼はしゃべることは下手だが、歌うことはとてもうまい。
- そんなことをしたら大変だぞ。
- 今度の海外旅行は天気がよくて素敵だわ。

④ 基本形「～な」作为修饰成分，放在名词前作定语。例如：
- 春はいろいろな花がいっせいに咲きます。
- 学生にとって一番大切なことは勉強だ。

⑤ 基本形「～な」后接助动词「ようだ」、助词「ので、のに、ばかり、だけ、くらい、ほど」等。例如：
- 震源地近くに住んでいた家族に電話したところ、全員無事なようだと聞いて安心した。
- 人間は體に栄養が必要なように、心にも栄養が要るのです。
- ニオイノンノは無害で安全なので、とても便利です。
- 夕焼けはきれいなのに、明日は嵐が来るらしい。
- 静かなばかりがよいのではなく、美しい音楽が流れていたり、子供たちの活気に満ちた話し声や笑い声も必要です。
- 好きなものを好きなだけ食べてください。
- あの料理は不思議なくらいよくできていると思います。
- この狭い香港には意外なほど豊かな自然が溢れている。

（4）ば形。后接助词「ば」表示假定条件，或构成惯用句型「…さえ…なら、も…なら…も…」，但经常省略「ば」。例如：
- 本当ならば水分や食事を開始しているのですが、あまりのお腹の痛さに飲むことも食べることもできない。
- どうしても嫌ならば話は別だが、しばらく我慢して様子を見ましょう。
- 体さえ丈夫なら、心配することは何もない。
- 彼女は好き嫌いが多い。肉もだめなら魚もだめだそうだ。

（5）名词形。用词干后接接尾词「～さ、～み」构成名词。例如：元気さ、豊かさ、静かさ、新鮮み、柔らかみ、温かみ。

下面将ナ形容词的5种活用形做一归纳，构成表5-10"ナ形容词活用表"。

表5-10　ナ形容词活用表

ナ形容词	词干	ない形	ます形	基本形	ば形	名词形
静かだ	しずか	しずかなら しずかだろ	しずかで しずかに しずかだっ	しずかだ しずかな	しずかなら	しずかさ

5.4.5　寒暄语出题概率分析

在日常会话中进行寒暄是交流的第一步，也是很重要的一步，是建立和谐友好关系的基础。无论是在汉语还是日语的表达中，每个人都要通过寒暄来确认彼此的和谐关系，可见寒暄在人与人交流中的重要地位。寒暄是生活中必不可少的，在各种交际场合中，是一种互相表示友好的表达方式。人们通常会根据时间、地点、谈话对象而选择适当的寒暄语。

在与他人见面或与人交往的时候，若能选用适当的寒暄语，往往会为双方进一步的交流做好良好的铺垫。反之，在本该与对方寒暄致意的时候一言不发，则显得非常失礼。例如，当自己被介绍给他人之后，应当跟对方寒暄。若只是点点头，应付性地握一下手，可能会被人误解。碰上熟人，也应当适当寒暄几句，如果视若不见，难免显得妄自尊大。在不同的场合，适用的寒暄语各有特点。

日本语能力测试将"あいさつ表現（寒暄语）"设定为N5~N1级别的考试内容，寒暄语在高考日语试题中也同样频繁出现。2010—2022年高考日语试卷大数据的统计显示，涉及寒暄语的试题有24题，每年的出题概率为1~2题。考生因为与日本人直接交流的机会不多，缺乏特定的语言环境，在寒暄语的运用和选择上往往存在误区，因此学习者有必要了解这种有代表性的日语表达方式，这对提高日语口语的表达能力也有很大的帮助。

1）寒暄语的定型化

日语中有很多汉语没有的独特的寒暄语，这些语言表达形式对说日语的人来说是最普通不过的。它反映的是日本的社会习惯，但是在外国人看来就显得很特别。例如：吃饭前，日本人一般会很认真地说「いただきます」（我开始吃啦），吃完饭又来一句「ごちそうさま」（我吃好啦）。上学或上班时，出门的人会说「行ってきます」（我走啦），送出门的人会说「行ってらっしゃい」（请慢走）。从外面回来时会很礼貌地说「ただいま」（我回来啦），家里人听到了就会回应「お帰りなさい」

（您回来啦）。

这些几乎定型化了的寒暄语并不局限于家庭内部，在同一个职场的人也会这样相互问候。例如：看到有人要外出时，对上司或前辈自不必说，即使是对同事，也会跟对方说一声「行ってらっしゃい」（请慢走）。下班时职场上的同事一般会对先要离开的人说「お疲れさま」（辛苦了）。日本人去别人家或别的公司拜访时，进门时要说「お邪魔します」（打扰了），出门时要说「失礼しました」（我告辞了）；或者进门时说「失礼します」（失礼了），出门时说「お邪魔しました」（打扰你们了）。

2）寒暄语亲疏有别

日本人的人际交往任何时候都要区分一个关系的亲疏远近。例如：表示感谢时对关系疏远的人会说「ありがとうございます」，对关系亲密的人会简单地说「ありがとう」。同样，早上见面时，对关系疏远或需要尊重的长辈要说「おはようございます」，对关系亲密的人会简单地说「おはよう」。一旦用反了就会显得对外部人不够礼貌而对内部人过于客套。

日语中有一句几乎众所周知的寒暄语，那就是初次见面时，日本人会讲「はじめまして、どうぞよろしくお願いします」（初次见面，请多多关照），而对方则会回应说「こちらこそ、よろしくお願いします」（哪里哪里，我还要请你多多关照）。这句寒暄语几乎成为日本人初次见面时相互问候的标配，但对关系亲近的人是不用的。

3）寒暄语受上下关系制约

日本社会是一个注重"年功序列"的社会。年龄、身份、地位不同，使用的寒暄语也完全不同。例如：慰问对方工作辛苦，对老师、上司、长辈要说「お疲れさまでした」，同事之间或者上司对部下只要说「ご苦労さま」就可以了。对久未见面的老师和上司要说「お久しぶりです。お元気でいらっしゃいますか」（好久不见，您身体好吗？），而对同学或同事只要说「お久しぶり、お元気ですか」（好久不见，身体好吗？）。当顾客在商场得到满意的服务时，会对店员说「どうも」（谢谢）或「どうもありがとう」（很感谢），而店员则要非常礼貌地回敬说「どうもありがとうございました。またいらっしゃってください」（非常感谢，欢迎再次光临）。

4）寒暄语的"内"和"外"

在日本的社会关系中，"内"和"外"有着明显的界限。与人交谈时会用强烈的内外意识来区别对待，包括亲疏关系、利益关系、上下关系等。这种内外关系也体

现在寒暄语上,要在充分考虑两者关系的基础上选用得体的寒暄语。对于处在同一圈内的人,人们在心理上有一种天然的亲切感与归属感,因而在语言的表达上会选用更加自然、亲近的寒暄语。而对于与自己关系疏远的圈外的人,人们在语言表达上会将对方看作需要尊敬的人,礼貌性地与对方问候寒暄,保持适当的距离。体现在寒暄语上则表现为对外部的人一般用「おはようございます、さようなら」等尊敬程度较高的寒暄语,而对于内部的人,则会使用「おはよう、じゃね」等相对随意的表达。

5) 寒暄语的集体归属意识

日本是个四面环海、面积狭小的岛国,由于地理环境的特殊性,日本的资源相对匮乏,日本人与外界的接触相对较少,这就造就了这个十分团结、集体意识强烈的民族。因为他们相信只有把自己融进集体,以集体为中心,团结合作,保持着对自己所处的集体强烈的归属感,民族才能得以生存。这一点在日语的寒暄语中也表现得非常鲜明和突出。这体现在日本人外出和回家时常用的寒暄语中。例如:日本人经常说的"我走了(いってきます)"和回应说的"你慢走(いってらっしゃい)",以及"我回来了(ただいま)"和"欢迎回来(お帰り)",这两组固定的寒暄语是家人之间常用的问候语。从汉语翻译的字面意思来看,很难看出寒暄语背后的深层意义。实际上,这些寒暄语所体现的思维正是日本人集体意识的表现。日本人把"家"看作一个集体,「いってきます」表达出门的人去去就回,不舍得离开集体的念想,「いってらっしゃい」同样表达家人对外出的人早点回来的期盼,期盼家人回归属于自己的大家庭的集体中。此外,日本人把自己所处的职场、公司、团体都视为集体的"家",有一种强烈的"集体归属感"。因此,这两句寒暄语同样会经常出现在日本的公司、社会团体等组织中,也深深地体现了日本人的团队意识和集体归属意识。

5.4.6　日本文化知识出题概率分析

古代日本被称为"倭"或"倭国",公元 5 世纪日本统一后,定名为"大和"。7世纪后半叶,日本遣唐使根据中国皇帝国书中的称呼将其国名改称为"日本",意为"太阳升起的地方",一直沿用至今。

日本是一个经历了传统、技术、环境的交汇,高度发达的资本主义国家。虽然日本是一个单一民族的国家,但它自古以来的文化构成却并不单一。在古代日本积极吸收中华文化,在近代则大力引进西方文化,二战后日本重新兴起了对日本

文化进行定位的浪潮。

古代日本文化主要得益于对中国文化的吸收和融合。日本吸收中国文化是多方面的、长期的历史过程。汉字、汉文、儒学、律令制度和佛教是日本吸收中国文化的主要内容,日本文化谱系中的中国元素随处可见。语言、医药、茶道、饮食、弓道、服饰、礼仪等等,无一不是受中国的影响。正是在中国文明的巨大影响下,日本才不断发展成就了所谓的"大和文明"。

基于对日本文化了解的必要性,在高考日语试卷中总会出现与日本文化密切相关的试题,每年出现的位置都处于第二部分"日语知识运用"的第55题,即最后一题。日本文化知识类题的难度系数并不高,考生只要对日本文化有一些基本的了解,都有可能轻松地拿到这一分。

1) 日本地理知识出题倾向

(1) 地理位置。日本地处亚欧大陆东部,东临太平洋,西隔东海、黄海、对马海峡、日本海与中国、朝鲜、韩国、俄罗斯相望。

(2) 岛国构成。日本由本州、四国、九州和北海道4个大岛及6 800多个小岛构成,是一个从东北向西南延伸的弧形岛国。

(3) 国土和人口。日本国土约四分之三是山地与丘陵,缺少平地,农业用地和城市用地受到限制,在这狭窄的平地上生活着约1.2亿人。

2) 日本服饰礼仪出题倾向

(1) 服饰种类。明治维新以来,日本服装主要分为现代服装"洋服"和传统服装"和服"两大类。"闭关锁国"的大门被打开后,与外界交流的机会日益增多,"兰学""洋学"等西方思想陆续进入日本,开始渗透到岛国民众的生活、文化、思想和意识形态中。当时与西方国家接触频繁的人士,如华族、政府要员等开始改穿洋服。表面上似乎是为了方便与西洋人打交道,其实是充分显现出日本人当时急切求变的心理状态。

(2) 服饰礼仪。日本人在交际应酬中对服饰非常重视,在政务活动、商务交往以及对外场合中多穿西服。在民间活动中,日本人有时会穿传统的和服。日本人认为衣着不整齐意味着没有教养,是对对方的不尊重。例如:进入别人家时,要脱掉自己的风衣、摆放好鞋子;参加庆典仪式的时候,都要身着礼服。

3) 日本国际性活动出题倾向

(1) 迄今举办过的国际性活动

1964年10月10日至24日,第18届夏季奥林匹克运动会在日本东京举办。

93个国家和地区参加了本届赛事。

1970年3月15日至9月13日,为期183天的日本首个世界博览会在大阪举行,主题是"人类的进步和和谐",有77个国家和4个国际组织参加。大阪是亚洲第一个举办世博会的城市。

2019年9月21日至22日,"2019中国节"活动在日本东京代代木公园开幕。本次活动由中国驻日本大使馆和"2019中国节"执行委员会共同主办。

2019年6月27日至29日,"G20第14次峰会"在日本大阪举行,数字经济成为与会领导人热议的话题。国家主席习近平赴日本大阪出席峰会。

(2)将要举办的国际性活动

2025年世博会将在大阪举行。2018年11月23日,国际展览局(BIE)第164次全体大会在巴黎投票决定日本大阪为2025年世界博览会举办城市。大阪世博会的主题是"构建未来社会,想象明日生活"。

4)日本"三雅道"出题倾向

(1)日本花道。花道又称"华道""日式插花",即日本传统的插花艺术,它是"活植物花材"造型的艺术。日本花道最早来源于中国隋朝的佛堂供花,传到日本后产生了各种流派,并成为修养身心的重要仪式。通过插花感受自然、生命的变化,在创作美丽的作品和欣赏的同时提高自己的审美。这是一种以插花为手段、以提高精神世界修养为目的的生活方式。

(2)日本书道。书道古称"入木道"或"笔道",直到17世纪的江户时代,才出现"书道"这个名词。日本书道以古拙质朴、清朗俊秀、豪壮浑厚的艺术风格占据着独特位置。书道即书法之道,追求意境、情操与艺术之美。

(3)日本茶道。茶道原称为"茶汤",是一种仪式化的为客人奉茶之礼,是一种从品茶而发展出来的特殊文化。日本茶道源自中国,分为抹茶道和煎茶道两种,但"茶道"一词所指的是较早发展出来的抹茶道。

5)日本基本知识出题倾向

(1)日本的国歌。《君之代》是日本的国歌,原曲由宫内省式部察乐师奥好义谱写,后又经雅乐师林广守编曲。日本文部省于1893年将之规定为小学生于庆祝国民节日时必唱之歌。

(2)日本的国花。传统认知中的日本国花是樱花和菊花,但并没有明确规定哪种是真正的国花。樱花象征一种勤劳、勇敢、友好、和平的美好品质,在日本人的心中有着十分重要的地位,是日本国民的一种象征。而菊花因其高贵、华丽、闲

寂的风度非常契合日本皇室贵族的情趣,是日本皇室的象征,具有更严肃的意义,日本皇室使用菊花作为徽章,甚至日本这个国家都被叫作"菊花王朝"。

(3)日本的货币。日本货币的发行银行是日本的中央银行——日本银行。日本银行发行的纸币面额有10 000、5 000、2 000、1 000日元等面额,另有500、100、50、10、5、1日元的硬币。一万日元纸币的正面是福泽谕吉,他是日本近代著名启蒙思想家,明治时期杰出的教育家、作家,背面是平等院凤凰堂内房顶上的凤凰雕塑。五千日元纸币的正面是日本著名女作家樋口一叶,背面为日本艺术家尾形光琳的装饰画《蝴蝶花》。

6) 日本法定假日出题倾向

(1)宪法纪念日(憲法記念日)。日本宪法是于1947年5月3日生效的。为了纪念这一事件,日本政府就把每年的5月3日这一天定为国家法定假日。相比建国纪念日,宪法纪念日似乎有着更加深刻的政治意义。

(2)绿色节(みどりの日)。日本的法定假日之一。从2011年开始,这个节日由原先的4月29日改到了每年的5月4日。绿色节的宗旨确定为"在亲近大自然的同时也感谢大自然赋予的恩惠,培育丰富的心灵"。

(3)儿童节(こどもの日)。日本的儿童节(5月5日)是日本的法定假日之一。这一天也是从公元前开始的中国传统的"端午节"。儿童节正处于黄金周之内,人们可以借此节日庆祝和祈福孩子们独特个性的养成以及他们的幸福,也包含着感谢母亲的心情。

(4)海之日(海の日)。日本的法定假日之一。该节日设定于1941年,从1996年起成为国民纪念日。日本四面环海,为了感谢得自海洋的恩典,并祈祷能成为国运昌隆的海洋国家而设定。

(5)山之日(山の日)。日本的法定假日之一,定在每年的8月11日。这个假日是从2016年开始实施的。主要是为了感恩大山的馈赠,并鼓励国民利用这个假期去亲近大自然。

(6)敬老节(敬老の日)。日本将每年9月的第3个星期一定为"敬老节"。这是日本国民的法定纪念日,目的是「多年にわたり社会につくしてきた老人を敬愛し、長寿を祝う」(向多年来为社会做出贡献的老人们表达敬意,祝贺他们健康长寿)。

(7)秋分节(秋分の日)。每年9月23日前后会迎来一年中的第16个节气——秋分。秋分是一年中十分重要的节点,这一天正值秋季的中点,全球各地

昼夜基本等长。秋分节被定为日本国民的节日，宗旨是「祖先をうやまい、なくなった人々をしのぶ」(追忆先辈，缅怀先人)。

（8）体育节（体育の日）。体育节是日本的国民节日之一。从 2000 年开始，日期定为 10 月的第 2 个星期一。体育节的口号是「スポーツにしたしみ、健康な心身をつちかう」(热爱体育，修养健康的身心)。

（9）文化节（文化の日）。文化节（11 月 3 日）是日本的国民节日之一，设定于 1948 年。文化节的宗旨在于「自由と平和を愛し、文化をすすめる」(热爱自由与和平，促进文化的繁荣)。

（10）劳动感恩节（勤労感謝の日）。劳动感恩节是日本的一个全国性法定节日，为每年的 11 月 23 日。它并不是西方国家的感恩节，而是源自日本古代的节日「新嘗祭」。劳动感恩节不仅是庆祝收获，广义上讲是「勤労を尊び、生産を祝い、国民がたがいに感謝しあう」(尊重辛勤劳动，庆贺生产丰收，国民之间互相感恩)的节日。

（11）天皇诞生日（天皇誕生日）。12 月 23 日天皇诞生日是平成时期日本的法定假日之一，是庆祝当时在位天皇诞生的日子。第二次世界大战前曾有"天长节"，后改为天皇诞生日。节日当天会在皇居内举行祝寿仪式。

7）日本社会生活出题倾向

（1）日本人口老龄化。人口老龄化是每个国家都有的问题。现代社会发展的速度很快，给人们带来的生活压力也很大，越来越多的人开始晚婚晚育。这就导致人口老龄化越来越严重，最后甚至会影响整个社会环境。日本的老龄化问题突出，人口的老龄化导致劳动力的需求跟不上，表现出来的一大特征就是老年人就业率特别高。据日本总务省 2021 年公布的数据来看，日本老年人就业率连续 16 年上升，目前 892 万人仍在工作，创历史新高。

（2）日本少子化现象。少子化是指生育率下降，造成幼年人口逐渐减少的现象。少子化代表着未来人口可能逐渐变少，对于社会结构、经济发展等各方面都会产生重大影响。日本社会少子化是由整个社会环境的变化，以及人们的结婚观、生育观的变化等多方面因素相互影响造成的。

8）日本饮食文化出题倾向

（1）日本的清酒。清酒是借鉴中国黄酒的酿造方法发展起来的日本国酒。清酒对于日本民众来说是餐桌上必不可少的一道饮品，无论亲朋好友聚会还是结婚生日典礼，以及日常餐桌上都可以看到被称作"神的恩赐"的清酒。清酒已成为

日本的国粹。美食佳肴的宴席上，绝对不能没有与日餐匹配和谐的，既轻度又爽口，既香甜又易入口的日本清酒。

（2）日本的年糕。元旦这天有吃「お餅」的习俗，就是我们所说的年糕。材料和做法都和我们的年糕类似，是糯米做的，里面含有淀粉、水、蛋白质等。但与中国的年糕不完全一样的是，日本年糕是纯糯米的，黏性很强，可以用火烤来吃。

（3）日本的寿司。寿司是一种日本传统美食。日本古时候的寿司是用盐和米腌制的咸鱼，后经演变形成由醋、饭和海鲜类等组合而成的日本料理。日本寿司是日本饮食文化中享誉世界的美食之一。

9）日本灾难事件出题倾向

（1）广岛原子弹。指第二次世界大战末1945年8月6日美国在日本广岛投掷原子弹。原子弹摧枯拉朽的破坏力，将大多建筑物夷为平地，繁荣的城市变成一片废墟。在这场灾难中，只有少部分人幸存下来，大部分人要么死于冲击波，要么死于核辐射，破坏力和杀伤程度超乎想象。

（2）长崎原子弹。指第二次世界大战末1945年8月9日美军出动B-29轰炸机将原子弹投到日本长崎市。长崎约60%的建筑物被毁，伤亡约8.6万人，约占全市总人口的37%。此举促使日本宣布无条件投降，第二次世界大战至此结束。

（3）阪神大震灾。即"阪神・淡路大震灾"，又称神户大地震，是指1995年1月17日发生在日本关西地方规模为里氏7.3级的地震灾害。地震震中位于濑户内海的淡路岛北部，导致6 434人遇难。地震后，日本政府指定该地为国家天然纪念物，并修建了"北淡震灾纪念公园"。

（4）熊本大震灾。是指2016年4月14日起发生在日本熊本县的一系列连环地震，日本气象厅将此次地震命名为"平成二十八年熊本地震"。日本国土地理院4月16日公布，当天凌晨在熊本县观测到的里氏7.3级地震的能量，约为1995年阪神大地震的1.4倍。

10）日本餐饮料理出题倾向

（1）日本餐饮特征。日本人吃饭讲求种类多样，主食、副食、配菜、水果、甜品俱全，量少质优。饮食追求味道鲜美，保持原味，清淡不腻，很多菜都是生吃。清淡少油是典型的日本饮食的特征之一。日本四面环海，由近7 000个岛屿组成的日本列岛气候温和、四季分明，有得天独厚的新鲜海产，食物的季节性强。日本人最爱吃的是海鲜、蔬菜。

(2) 日本料理种类。饮食文化在日本呈和、中、洋三足鼎立之势。日本把菜肴叫作"料理",日本菜就是"日本料理",把中国菜称为"中国料理"或"中华料理",把西洋菜统称为"西洋料理"。还有说法就是把日本料理称作"和食",西餐称为"洋食"。

11）日本语言文化出题倾向

(1) 亲属称谓。亲属称谓是人际关系在语言中的反映。不同的语言中,既有作为人类社会共同现象的称谓,也有区别于其他社会、民族的不同称谓。并且因不同历史阶段社会结构及社会关系的变化而出现局部的变体,呈现出五彩缤纷的样态。日语的亲属称谓在漫长的历史发展过程中亦形成了自己的体系和特点。日语的亲属称谓包括人称代词类、姓名类、亲属关系类、身份地位类等。

(2) 日语禁忌语。禁忌语指人们在说话时,由于某种原因不能或不愿说出某些具有不愉快的联想色彩的词语。在交际中,人们都会避免提及禁忌语,当不得不说的时候,就用相应的词语委婉表达。日本人是一个"以和为贵"的民族,一切委婉表达只为维持人与人之间的融洽关系。日语中有很多禁忌语的委婉表达,多是词语替换而来的,包括笼统含糊说法的替换、反义词的替换等。

12）日本住宅文化出题倾向

(1) 日本的「町」。日本地名里的"町"指市集、街市等意思,相当于中国的城镇街道。"下町"指的是一般市民居住的地区,在"下町"能看到很多老建筑,可以探访到日本古老的风情,例如低矮的民宅和工匠们的作坊。另外,如"日本人町",又称为"日本町、日本街",一般指历史上位于东亚(日本以外)和东南亚的海外日本人社区。

(2) 日本的「アパート」。相当于中文的"公寓、单元式住宅、公共住宅"。由于受到木质结构和轻量级钢筋结构的限制,其大多数是2~10层的建筑。

(3) 日本的「マンション」。是比「アパート」更具备规模的大型"公寓、高级集合住宅",分为低层住宅、中层住宅、高层住宅和超高层住宅。

(4) 日本的「一戸建」。指的是"独栋住宅",相当于中国的别墅,是日本很多小资产者和中产阶层自己买地建成的独栋小楼,也是日本私人住宅的理想形式。日本的木质「一戸建」是极具日本特色的建筑,由一个小院加停车位、2至3层的木造小楼构成,面积约100~300平方米,还兼具建设时间短、节能环保、生态等优势,一直备受欢迎。

5.4.7 外来词出题概率分析

日语外来词主要是从欧美语言借用并已融入日语的词汇，主要来自英语，也有来自法语、德语、俄语、西班牙语等。这些词汇虽然已经日语化，但在日本人的心目中仍然有来自外语的感觉，一般用片假名书写，形式比较固定。

外来词在每年高考日语试题中的出现频率很均衡，根据 2010—2022 年高考日语试卷大数据的统计，针对外来词设问的试题有 12 题，几乎是每年出现 1 题。而且在各类题目中出现外来词的频率很高，考生有必要认真系统地记忆常用的外来词词汇。

日语中把汉语以外的外来成分称为"外来词"，也叫「洋語、片仮名語」。追溯外来词的源头，始于 1543 年葡萄牙人因贸易进入种子岛、1549 年西班牙人为传教登陆九州岛。明治维新（1868 年）以前日本人将外来词套上汉字。明治维新后，外来词呈爆发式递增，套用汉字已经不可能了，终于确定改用片假名作为标记方法。

外来词虽然大都来自欧美语言，但是也有少量源自现代汉语、朝鲜语的外来词频繁使用于日常生活中。此外，还有日本人根据外来词的构成元素创造的日本式外来词，其词形、意义、结合方法与原来的语言存在差异，其中大部分是「和製英語」。例如：

(1) 明治维新以前的外来词
- タバコ(煙草)、パン(麵包)、テンプラ(天麩羅)、ジュバン(襦袢)、インド(印度)、ビール(麦酒)、ゴム(護謨)、コーヒー(珈琲)

(2) 明治维新以后的外来词
- コミュニケーション、コスト、ゴールド、マスト、メス、ペンキ、コップ、ビタミン、コレステロール、サラダ、カード、クリスマス、トイレ

(3) 源自现代汉语和朝鲜语的外来词
- チャーハン(炒飯)、シューマイ(焼売)、ラーメン(拉麺)、メンツ(面子)、ヤムチャ(飲茶)、マージャン(麻雀)、カルビ、キムチ、オンドル

(4) 日本式外来词
- オフィスレディ、ナイター、マイホーム、フリーター、タレント、サラリーマン、オートバイ、ハイテク、ベースアップ、パソコン、ワープロ

外来词的特征可总结如下：

（1）大都是名词。

（2）词汇难以分解。

（3）新概念、专门用语居多。例如：リサイクル、ガイドライン、コレステロール、ビタミン、ブロックチェーン。

（4）指代特别事物、概念的词汇较多。例如：ウイスキー、ナショナリズム、ロマンス、ユートピア。

（5）表达上有间接、委婉的作用。例如：便所/トイレ、借金/ローン。

（6）有时尚新颖感。例如：ご飯/ライス、名前/ネーム、旅館/ホテル。

5.4.8　惯用语出题概率分析

日语惯用语是日本人在漫长的语言文化生活中逐渐创造并固定下来的词组。它不仅在表达形式上生动、活泼，而且也形象地反映了日本民众的生活情趣、时尚以及他们的思维习惯，是极为宝贵的语言文化遗产。

惯用语是日语学习中的重要内容之一。加强日语惯用语的学习，能提高日语学习者的水平，使其掌握地道的日语表达。但目前看来，日语教材中的惯用语数量不足，与惯用语相关的练习较少，且题型单一。为此，一线教师在重视惯用语教学的同时，有必要指导学生了解日语惯用语语义扩展模式及汉日惯用语语义扩展模式的异同，并且设计一些应用型学习活动来提高学生对惯用语的理解和运用能力。

惯用语也是高考日语试题设计的内容之一。2010—2022年高考日语试卷大数据的统计显示，涉及惯用语的试题总量是11题，出题概率几乎是每年1～2题不等。惯用语虽然在每年试题中的出现频率的排位并不靠前，但是在各部分（听力、词汇、语法、阅读、写作）题目中都可以看到惯用语的影子，需要考生花费一些时间来学习和掌握日语中常用惯用语的基本用法。

如4.3.9节所述，从构成形态上来看，日语惯用语有三种形式，即动词性、形容词性、名词性。这三种形式都包含名词，并且来源非常丰富，独具特色。其中既有与人的头部器官相关的名词，如「頭、首、目、鼻、口、顔」等，也有与人的身体部位相关的名词，如「手、足、肩、胸、腹」等，以及「気、心」等名词。

1）与头部器官名词相关的惯用语

「頭」（头部）作为描述人体部分的概念，指人体脖子（颈椎）以上的所有器官，即人体的最上端部分。日语惯用语中高频率出现的相关词汇有表视觉器官的

「目」,表嗅觉器官的「鼻」,表听觉器官的「耳」,表味觉器官的「口」,以及「頭、首、顔」。例如:

目がいい(眼力好)　　　　目に入る(映入眼帘)　　　　目を引く(惹人注目)
鼻が高い(趾高气扬)　　　鼻にかける(骄傲自大)　　　鼻を折る(挫人锐气)
耳が痛い(刺耳)　　　　　耳が早い(消息灵通)　　　　耳を傾ける(倾听)
口が重い(沉默寡言)　　　口がうまい(会说话)　　　　口に合う(合口味)
頭が痛い(伤脑筋)　　　　頭が下がる(钦佩)　　　　　頭に浮かぶ(想起)
首になる(被解雇)　　　　首を捻る(揣摩)　　　　　　首を横にふる(拒绝)
顔が立つ(有面子)　　　　顔が広い(交际广)　　　　　顔を出す(露面)

2) 与人体部位名词相关的惯用语

与人体部位名词相关的日语惯用句不少见,主要涉及「手、足、腕、胸、腹、肩」等身体部位。例如:

手が早い(动作快)　　　　手を切る(断绝关系)　　　　手を出す(参与)
足が向く(信步所至)　　　足を洗う(洗手不干)　　　　足を運ぶ(特意拜访)
腕を磨く(练本事)　　　　腕をぶす(摩拳擦掌)　　　　腕が鳴る(跃跃欲试)
胸を張る(挺胸)　　　　　胸が大きい(心胸开阔)　　　胸を打つ(打动心弦)
肩が悪い(不幸)　　　　　肩を並べる(并驾齐驱)　　　肩をいからす(盛气凌人)
腹が黒い(黑心肠)　　　　腹が立つ(生气)　　　　　　腹が太い(肚量大)

3) 与「気、心」相关的惯用语

日语中的「気」可以表示充溢于天地间的气体(大気、天気),自然界中的自然之气(二十四気、暑気),作为万物生长所依存的来源(空気、湿気),作为人类生命的原动力(元気、精気)以及人们的内心活动与状态(気分、意気)等意义。日语的「気」和「心」看起来很简单,其实构成的惯用语意义非常多。例如:

気が強い(好胜)　　　　　気が短い(性子急)　　　　　気が合う(合得来)
気がする(感觉)　　　　　気が付く(注意到)　　　　　気が晴れる(心情舒畅)
心を寄せる(有好感)　　　心に残る(印象深刻)　　　　心を躍らせる(欢欣雀跃)
心を痛める(担心)　　　　以心伝心(心心相印)　　　　心を入れ替える(洗心革面)

5.4.9　数量词出题概率分析

日语和汉语有很多相似的地方,日语中很多常见的表达都和汉语有很深的渊源。日语常用的数量词很多与汉语的表达相似,即使出现差距,也是在长期的演

变和实践中形成的，很多表示数量的词汇在日语中被赋予了新的含义。这些数量词的使用范围和含义有时会被扩大，有时则会被缩小，这似乎成了常态。

表示人体部位的名词作为汉语的基本词汇具有多种扩展语义，做量词就是其中一个重要的语义延伸方向。日语中的汉字词深受汉语的影响，并在长期使用和发展的过程中发生了词义的扩大、缩小等现象，增添了新的含义。例如量词"头（頭）"，汉语量词"头"最早出现在汉代。名词"头"的本义是"首"，即脑袋，最初便是用来称"有头之物"，如以牛、羊等生活中最常见的家畜为主的大型动物。日语量词「頭」借自汉语，借入后在长期使用中演变发展，被赋予了新的含义，它的称量对象范围小于汉语量词"头"。由此可见，日语的量词也是根据表达事物的实际需要而产生的。

因为中日两国数量词存在多义性和含糊性，有时同一形式可以表达多种含义，同一含义也可以用不同形式来表达，意义与形式的对应关系也会发生变化。通过学习和对比，我们可以发现两国在数量词的发展历史、文化认知上的异同。

针对数量词设问的试题并没有出现在每年的高考日语试题中，2010—2022年的大数据统计结果显示，涉及数量词的试题总数为11题，出题概率为不到每年1题，这意味着有的年份没有涉及数量词的试题。但是在各类型题目中数量词的出现概率还是很高的，考生可以通过汉字和阿拉伯数字来轻松了解具体的含义。

数量表达是人的观念和符号的一种结合，不仅具有表示数量的功能，而且具有抒发心情、增强语势等修辞效果。日语中的数量表达一直是中国学生学习日语的难点，即使是日语水平达到相当程度的高年级学生对日语量词的掌握也不太熟练。日语量词同汉语量词一样发达，在用法上中日数量表达存在部分对应和不对应的情况，这使得学生在习得日语量词时容易出现某些偏误。我们需要重点关注中日数量表达的相似点及其差异，力求对高考日语学习和实践有所帮助，以提高学生学习日语数量表达的效率。

日语中的数量表达一般以"基数词＋量词"的形式出现，最基本的功能是计数。除此之外，在日常生活和文学作品中也会使用。数量表达虽然形式单调枯燥，却有着重要的作用。例如：

○ シャンハイの東方明珠テレビ塔は**468メートル**もあります。（上海东方明珠电视塔高达 468 多米。）

这个例句中的"468多米"这一数量表达的运用能使读者对所描绘的东方明珠电视塔马上产生深刻的印象。

另外，数量表达还具有凝聚感情、烘托意境的修辞功能，起到渲染夸张的作用。例如：

- 終戦後、「<u>一億</u>総懺悔」という言葉が流行しました。(二战结束后，"一亿总忏悔"这个说法是很流行的。)

在这句话中，"一亿"就是用来指代当时日本的全国人民，用"一亿"这个数量表达就可以使整个表达显得很形象生动。

再比如，比喻表现中数量表达的使用往往能为语言的表达增加独特的魅力，使读者对所描述的事物有深刻的印象。比喻作为最常见的修辞手法在谚语中也有着广泛应用；而生动形象的比喻手法，能给人以鲜明的形象和丰富的想象力。例如「嘘八百」这个说法，用"八百"比喻很多，并不是指八百这个具体的数字，而是指"很多谎话，谎话连篇"的意思。比喻手法作为一个民族语言的精华，能反映一个民族的文化特征。

此外，对比的数量表达是将两个数量词放在一起进行对比来得出结论的方法。对比的恰当使用能让读者一目了然，达到意外的表达效果。例如：

- 長者の<u>万灯</u>より貧者の<u>一灯</u>。(富者万灯不如贫者一灯。)

例句中的"万灯"和"一灯"形成了鲜明对比。通过把有钱人的万灯和贫穷人的一灯放在一起进行对比，得到"富者的万灯不如贫者的一灯"这个结论，以唤起人们的一种慈悲为怀的心情。

通过一些数量表达的运用，还可以使比喻性的词义在一定程度上得到深化，这样的夸张表达手法不是漫无天际，而是为了给读者以深刻印象，并与读者产生共鸣。例如：

- 背中の子を<u>三年</u>探す。(寻找背着的孩子找了三年。)

在现实中肯定不会有这样的情况发生，但就是通过这样的夸张手法来描述"骑驴找驴"这样一种情况。正是这样一种夸大其词的表达使读者印象深刻，且带有喜剧讽刺的效果。

数量表达在日语"对句"中的作用也很明显。对句，顾名思义是将两个比较完整的部分放在一起进行比较。这样的对比形象而深刻，同时也有对其中一方面的倾斜，具有强调的作用。例如：

- 楽しみの<u>一年</u>短くて苦しみの<u>一日</u>は長い。(快乐的一年很短，痛苦的一天很长。)

这样两句话的对比，告诉我们在生活中应该时刻抱着快乐、积极、乐观的心态，这样再长的时间我们也不会觉得长。

数量词作为语言中的一个词类，在日常生活的各个方面都会使用，从以上的分析可以看到，数量词在日语惯用语的表达中起着举足轻重的作用，主要表现在两个方面：一是指实数，其功能是计算，精确严谨；二是指虚数，主要是指经过泛化的数字，它的功能是表义，有抒发心情、增强语势的作用。这种情况下的数量词多数发挥了比喻、对比、夸张、反复等修辞的作用，使整个语言的意义表达更为深刻。其中绝大多数会产生语义模糊的现象，但是这种模糊虚化能使一个个单调乏味的数字充满活力，让听者和读者产生丰富的想象空间，使数量词表达更为生动形象，更容易被人们所接受。

同时，从上述例子中可以看到，在把包含有数量表达的日语惯用语翻译为中文时，会出现直译、略译、意译的情况，译文能够反映出中日两国文化的差异。这种多方面、多层次的文化差异来源于其民族特定的地理环境、风俗习惯、宗教信仰、历史背景等方面。由此可见，在今后的学习过程中，我们应该把握好这种中日文化的特点及差异，从而更准确地运用数量词，更好地理解中日文化的内涵，达到更高效的交流效果。

5.4.10　连体词出题概率分析

现代日语的单词通常按其语法功能分成 12 大类。连体词是其中最后一个确定的词类。"连体词"这一名称的出现时间并不长，直到 1947 年日本文部省所编的《中等文法》出版，连体词才正式作为日语的一个词类得到承认。

连体词是独立词，在句中只能作定语，即用来修饰名词、代词等，起修饰限定的作用，不能作其他成分，没有词形变化。

日语学界一致公认的连体词为数并不多。由于几乎所有的连体词都是由其他词类转化而来的，因此在词类转化过程中必然有一个漫长的过渡时期，对它的认识与接受同样也需要有一个漫长的过程。对学习者而言，目前只要我们把握好连体词的基本定义与特征，在实际运用和语法分析时是不会有太多问题的。

2010—2022 年大数据的统计显示，高考日语试题第二部分"日语知识运用"中出现的连体词试题总数是 5 题，每年的出题概率为 0～1 题。因此考生有必要学习和了解常用连体词的基本意义，以便在考试中更好地弄清楚每个句子的意义。

如上所述，连体词是较新出现的一个词类，所以它没有固定的形态，都是从其他词类或词组转化成的。归纳起来连体词有以下几个来源：

(1) 名词/代词＋の/が。例如：この本、その話、あの人、例の場所、わが国。

(2) 动词的连体形。例如：ある日、あらゆる国、たいした名人、とんだ災難、去る十日。

(3) 形容词的连体形。例如：大きな目、小さな町、おかしな人、単なる空想、いろんな書物、こんな時、そんな事、あんな芝居、どんな本。

(4) 副词＋动词。例如：そうした事態、こういう事情、そういう言い方、あอういう見解、どういうやり方。

日语连体词构成的定语是专门用来修饰名词和代词的。从形态上看，连体词主要有以下几种构成形式：

(1)「の/が」型连体词。例如：この、その、あの、どの、例の、ほんの、わが。

(2)「る」型连体词。例如：ある、あらゆる、いわゆる、あくる、くる、さる。

(3)「な」型连体词。例如：こんな、そんな、あんな、どんな、大きな、小さな、おかしな。

(4)「た/だ」型连体词。例如：たった、たいした、とんだ。

(5)「う」型连体词。例如：こういう、そういう、ああいう、どういう。

连体词可以说是日语中数量最少的一种词类。虽然它用法简单，较易掌握，但在实际的日语学习和使用中，我们也会遇到需要认真辨别的问题。

○ **大きな**声がする。何だろう。（好大的响声，是什么呀？）

○ 卒業した**明くる**年、留学したのです。（我是毕业的第二年去留学的。）

○ 小さいのに親を騙すとは、**大した**子だ。（这么小就欺骗父母，真不得了！）

○ **確たる**証拠もなしに、人を疑うな。（不要没有确凿证据就怀疑别人。）

连体词一般总是修饰紧接在它后面的名词或代词，但有时也会出现一些有间隔修饰的情况，即连体词和所修饰的体言之间隔着一些其他词语。这种情况主要发生在带指示性的连体词上。如下面例句中的连体词（单画线词）便是隔着其他词再修饰名词（双画线词）的。

○ **そんな**怖い<u>顔</u>をしてぼくを睨まないでくれ。（别拿那么吓人的神情冲着我。）

○ **あの**素敵な<u>メキシコビール</u>、飲んだことあるの？（那种很棒的墨西哥啤酒，你喝过吗？）

5.4.11 代词出题概率分析

代替名词直接指示人或事物的词叫作代词。代词和名词、数词是属于一个类

型的词汇,三者在语法上的性质基本相同。不过名词是表示一定的事物概念的词,而代词是根据说话人的立场来指示各种事物概念的词。

代词可分为人称代词、指示代词、指示人称代词和反身代词。人称代词指自己一方时用自称,指对方时用对称,指自己和对方以外的人时用他称,指说话者所不知道的或不定的人时用不定称。需要注意的是,日语中指示人称代词的他称,根据所指的距离又分为近称、中称和远称。近称指离说话者较近的人或事物,中称指离听话者较近的人或事物,远称指离说话者与听话者都不近的人或事物。

另外,日语的人称代词由于第一人称、第二人称、第三人称的亲疏尊卑关系,形成了多种多样的表达形式,例如敬语表达中的人称代词就极为复杂,与身份等情况密切相关,使用时有严格区别。这也是考生在学习时应该格外注意的地方。

代词在历年高考日语试题中的出现频率并不高,总数排在倒数第一位。2010—2022 年大数据的统计显示,涉及代词的试题为 0 题,即在"日语知识运用"部分基本上没有以代词设问的试题。不过涉及日语代词的试题在阅读理解试题中多有出现,且多为"指示代词"。这是因为"日语知识运用"部分以单句为主,代词作为选项来设计试题并非易事,但在阅读部分的语篇中,有前后文的支撑,代词便会成为考核点,需要考生认真对待。考生至少要了解每一个代词的语法作用,以及这些代词在语篇中的指代意义。

日语中的こそあど系列指示词是各类题型中出现最多的指示词,也是考生在进入日语学习的初级阶段就会接触到的代词系列。こそあど系列指示词在会话和文章中频繁使用,一般情况下,由于学生缺乏日语语境的熏陶,单纯定义其为近、中、远称必然成为导致误用的一个重要原因,因此有必要寻求一种既能够解释现场指示又能解释文脉指示的比较确切的定义。这样不仅能够大大减少误用,也能给初级阶段的学习带来极大的方便。因为こそあど系列指示词的使用区别不仅基于距离的远近,还要根据说话人对于指示对象的熟知程度来区别使用,其本质是指代在独白和思考时脑海中浮现的思维对象。运用日语进行信息交流时,こそあど系列指示词主要用于现场指示和文脉指示。

1) 现场指示

高考日语学习者中很多人在进入中学阶段之前就已经有一些英语基础,因而很难跳出英语"this/that"和汉语"这/那"的二维模式,对以"that/那"表述的「そ」系和「あ」系的指示词概念分不清,容易产生混淆。因此,教师有必要考虑如何帮助学生建立起稳固的「こ—そ—あ」三维模式,并力求在导入现场指示的用法时,

顾及更难掌握的文脉指示用法，这对于今后在语言运用实践中避免误用也具有非常现实的意义。

こそあど系列指示词的四个系列，在初级学习时会被指导使用近称、中称、远称、不定称的概念来定义，但是这样的单纯定义恰恰也是引起误用的原因之一。因此有必要引导学生从另一个角度对它们进行重新审视。

「こ」系指示词具有比较稳定的视角，完全立足于说话人的立场，指示的事物为说话人所属或处于说话人所属的领域之内。例如：

- <u>ここ</u>に ボールがあります。（这里有球。）
- <u>これ</u>は 兄さんのものです。（这是哥哥的东西。）

很明显，在这两个例子中，汉语的"这"能逐一和它们对应，不会出现概念上和理解上的偏差。但是，对于「そ」系和「あ」系指示词都以"那"表述的内涵则需要仔细分析。例如：

- （说话人指着对方手中的郁金香）<u>それ</u>って、チューリップなの？（那个，是郁金香吗？）
- （说话人指着对方也能看到，但离两个人都较远的郁金香）<u>あれ</u>って、チューリップなの？（那个，是郁金香吗？）

上面两例的中文译文完全相同，说明仅从中文无法判断是在哪一个场景之下的对话。但是，日文表示的场景是不同的。「それ」的场景是说话人与听话人处于相对的位置，即说话人使用「それ」时，所指示的事物为对方所属有或处于对方领域之内。而在「あれ」的场景中，说话人与听话人之间的位置界限模糊，这时的「あれ」表示说话人和听话人有共同的视角和位置，「あれ」这个事物成为他们的共识，对于由「あれ」所指示的事物，双方已经达成了默契。

由于こそあど系列指示词中「ど」系与"what、which"等疑问词完全对应，其不定称或疑问的概念也不会导致混乱。

2）文脉指示

こそあど系列指示词用于文脉指示时，由于所指事物看不见、摸不着，给教学带来了很大的困难。这时如果将会话交流的过程作为一种对信息的处理过程，则有可能化无形为有形。

（1）「こ」系指示词用于文脉指示时，可达到下面对话中的效果和指代意义。例如：

- A：実は、近く社長が交代するらしいですよ。（其实，似乎是最近老总交代

的哟。）

　　B：えっ？ほんとうですか。（哎,是真的吗？）

　　A：ええ、でも、<u>この</u>話はしばらく秘密にしてくださいね。（是的,不过这个消息请暂时保密一段时间呀。）

　　这是说话人将属于自己的信息传递给听话人的场合,说话人使用了「この」,意味着关于「社長が交代する」这一信息的详情还没有完全传递出去,说话人接下来还会就这一信息的详情做出进一步的说明。

　　(2)「そ」系指示词在文脉中的理解与运用多是一种较平静的客观指示,以平直的口气提及说话人所不了解的事物,或者承接听话人的话题内容。例如：

　　○昨日、鈴木という人が家に来た。<u>その</u>人は父の古い友人だそうだ。（昨天,一位叫铃木的人来家里了。听说那个人是父亲的朋友。）

　　(3)「あ」系指示词在文脉中的理解与运用,一般指示双方都熟知的信息。例如：

　　○A：東京大学の山田さんをご存知ですか。（您认识东京大学的山田先生吗？）
　　　B：ええ、知っています。<u>あの</u>人とは10年以上の友達です。（是的,我认识。我和那个人是有10多年交情的老朋友了。）

　　需要注意的是,「あ」系由于在汉语中没有相应的用法,所以在译成汉语时体现不出日语中"远"的语感,也只能译成"那"。这在翻译的时候不成问题,但在语篇的理解和选用方面要注意和「そ」系的区别。

　　总之,指示词在日语中占有重要地位。掌握每一个指示词的用法,无论是对于高考日语还是日语学习都是大有裨益的,只要考生用心去体会,在语言表达、阅读理解和写作上就会做到游刃有余,运用自如。

5.4.12　接续词出题概率分析

　　日语的接续词作为词类之一,其词性相当于汉语中的连词,英语中的conjunction(连词)。在日本传统的学校语法中,接续词是一类很特别的词。其特别之处在于,在句法上它可用于连接词与词、句子成分与句子成分以及句子与句子,同时它是独立词,可以单独构成句子成分,而它所构成的句子成分属于独立成分。

　　接续词在历年高考日语试题第二部分"日语知识运用"中的出现率几乎为零,2010—2022年大数据的统计显示,涉及接续词的试题完全没有,即出题概率为零。一方面的原因是"日语知识运用"部分的句子比较简短,都属于单句;另一方

面的原因是这部分考点似乎都锁定在对接续助词的测试上。不过我们在第三部分阅读理解的短文中可以发现为数不少的接续词,因此考生若忽略了学习接续词的基本意义和用法,有可能会在阅读理解文章方面遇到困难,无从了解短文的具体意义。

接续词的名称译自荷兰语。因为这类词的语法作用与副词相近,所以有日本学者也将之称为"接续副词"。接续词的作用相当于一个助词,主要是在词与词、句节与句节之间,或者句子、段落之间起前后连接的作用。能否准确使用接续词,是进行会话、理解文章、撰写报告和作文的关键。也就是说,如果不能准确使用接续词,则说话没有逻辑,写文章条理不通。接续词在表达文章的逻辑性以及连贯性方面起着重要作用,甚至成为衡量一篇文章好坏的主要标志之一。

日语的接续词不仅具有语法意义,而且具有词汇意义,只不过它的词汇意义是抽象的。通过分析接续词,我们看到一个带有接续词的句子可以表示多重内容。这直接影响到日语的词汇分类和句子结构的分类。

高考日语阅读理解中经常会出现选择适当接续词或者正确理解文章大意的试题。因为接续词有很多分类,意义各不相同,所以这种试题很容易出现错误。我们通过对接续词的分类整理,可以让考生掌握根据上下文、前后句子的逻辑关系选择正确的接续词的方法。根据意义不同,接续词可以分为三大类七小类。

1) 用于表示两个事项之间的逻辑关系

(1) 表示顺接。这类接续词表示前后两项为因果关系或条件关系。常见表示因果关系的有「ですから、それで、そのため、従って」等,表示条件关系的有「では、それでは、すると」等。例如:
- 昨日疲れすぎた。**それで**、今日は頭がいたい。(昨天太累了。今天头疼。)（因果关系）
- 今朝事故があった。**そのため**、遅刻した。(因为早晨发生了事故,所以上课迟到了。)（因果关系）
- **では**、お先に失礼します。(那么,先告辞了。)（条件关系）
- 戸を開けた。**すると**外は雨が降っていた。(开了窗,发现外面下雨了)。（条件关系）

(2) 表示逆接。这类接续词表示前后两项为转折关系或让步关系。这类词常见的有「しかし、けれども、だけど、ところが、それどころか、それなのに、にもかかわらず」等。例如:
- この製品は安い。**しかし**品質が悪い。(这个产品价格便宜,但是质量不好。)

（转折关系）
- 彼はいかにも強そうに見えた。**ところが**簡単に負けてしまった。（看起来他似乎很强，但却被轻而易举地打败了。）（转折关系）
- もう四月だ。**それなのに**冬のように寒い。（已经四月了，但还像冬天一样冷。）（转折关系）

2）用于表示两个或两个以上事项的平行关系

（1）表示并列。这类接续词常见的有「そして、および、ならびに」等。例如：
- 彼女は明るく、**そして**親切な女性だ。（她是一个性格开朗、热情大方的女性。）（并列）
- この劇場内では飲食、**および**喫煙は禁止されている。（这个剧场禁止饮食及吸烟。）（并列）

（2）表示添加。这类接续词常见的有「しかも、それに、そのうえ、それから」等。例如：
- このテストは難しい。**しかも**問題も多い。（这次考试很难，而且题目多。）（添加）
- 自転車が欲しい。**それから**、ピアノも欲しい。（想要自行车，也想要钢琴。）（添加）

（3）表示选择。这类接续词常见的有「それとも、あるいは、または」等。例如：
- ミルクにしますか。**それとも**ジュースにしますか。（要牛奶，还是果汁？）（选择）
- 鉛筆か、**または**ペンで記入してください。（请用铅笔或者钢笔填写。）（选择）

3）用于表示总结归纳或补充说明的关系

（1）表示总结归纳。这类接续词常见的有「つまり、すなわち、要するに」等。例如：
- 日本の首都、つまり東京は非常に賑やかだ。（日本的首都即东京，非常热闹。）（总结归纳）

（2）表示补充说明。这类接续词常见的有「もっとも、というのは、なお」等。例如：
- 図書館は九時から五時までです。もっとも水曜日は休館です。（图书馆每天9点到下午5点开放。不过，周三休息。）（补充说明）

在高考日语出题倾向中，考查接续词的用法主要有三种题型，即基本问题、完形填空和阅读理解。第一种基本问题，主要考查接续词的辨析；第二种完形填空，主要考查选择合适的接续词，完成整篇文章；第三种阅读理解，主要考查对文章或

作者观点、主张的选择。这三种题型中，对于第一种基本问题我们可以从接续词词义辨析入手，对于第二、三种题型考生应从上下文的语境入手。特别是阅读理解试题中，通常会出现两个内容相反的表达，这时候考生应注意理解全文的整体内容。通常接续词前后的表达往往能清晰地表达作者的主张或观点，通过分析上下文的关系和接续词的意义，考生就能够更清楚地理解文章的主旨。所以接续词就如同我们人体的关节，通过接续词，考生可以厘清文章脉络，预测作者想要表达的思想。了解和掌握接续词的使用方法，才能更容易地掌握考试的解题方法，从而找出正确答案。

5.5 高考日语语法出题倾向研究

高考日语第二部分"日语知识运用"的考核内容是依据2020年修订的《普通高中日语课程标准》(2017年版)、《普通高等学校招生全国统一考试大纲及考试说明》、《普通高中课程标准实验教科书》三个纲领性文件来设计试卷的。

从2011年起，高考日语试卷的"日语知识运用"部分统一确定为40道试题。这是高考日语试卷中对词汇、语法、日本文化知识进行综合考查的主要平台。

5.5.1 助词出题概率分析

助词是没有活用的附属词，接在独立词后具有表示词语之间的关系或补充某种意义的功能。日语的助词主要有格助词、提示助词、副助词、并列助词、接续助词、语气助词6个类别。如表5-11所示，助词不仅是历年高考的必考点，而且所占比重在"日语知识运用"部分也是非常大的，2010—2022年的试题总量达到76题之多，平均每年的出题数量都在6～7题以上。其中又以格助词最多，占到了总数的50%以上，可看作重中之重，副助词和接续助词紧随其后。这三种助词在考试中的出现频率相对较高。

表5-11 2010—2022年高考日语助词考点一览

年份	格助词	提示助词	副助词	并列助词	接续助词	语气助词	合计
2010	まで/は		か			ね	4题
2011	に/を/まで/より				のに/たら		6题

(续表)

年份	格助词	提示助词	副助词	并列助词	接续助词	语气助词	合计
2012	で(2)/を/に/と		ほど				6题
2013	を/が	まで/しか	だけ		なら		6题
2014	を/に/が/より/に		ほど		のに		7题
2015	を/に/から	でも	ほど		てから		6题
2016	から/を/までに				のに		4题
2017	を/が/から	こそ	ほど		のに		6题
2018	に/が/では		ぐらい		て	かしら	6题
2019	の/を/にも	しか	だけ	し	て		7题
2020	を/で/から/に		ほど		て/のに		7题
2021	で/に/と	こそ	だけ/ぐらい				6题
2022	を/と/の		だけ			か	5题
合计	43题	6题	12题	1题	11题	3题	76题

5.5.2 助动词出题概率分析

助动词是有活用的附属词,接在独立词或某些附属词之后,与前接词共同构成句节,并增添某种语法意义。日语的助动词一般按其语法意义分为被动助动词、可能助动词、自发助动词、使役助动词、使役被动助动词、否定推量助动词、指定助动词、敬语助动词、过去助动词、否定助动词、愿望助动词、礼貌助动词、样态助动词、传闻助动词、比况助动词、推量助动词16个类别。如表5-12所示,助动词也是历年高考的必考点,2010—2022年的试题总数达42题,平均每年3题以上,而在助动词中又是推量助动词、比况助动词、样态助动词和愿望助动词的出现频率相对较高,几乎是每年必考,考生应重点掌握这几类助动词的所有用法。

表5-12 2010—2022年高考日语助动词考点一览

年份	推量	比况	样态	愿望	指定	否定	合计
2010	(よ)う	みたいだ	そうだ				3题
2011	(よ)う	ようだ	そうだ	たい			4题
2012		ようだ	そうだ				2题
2013		ようだ	そうだ				2题

(续表)

年份	推量	比况	样态	愿望	指定	否定	合计
2014	（よ）う	ようだ	そうだ	たがる			4题
2015	らしい	ようだ		たがる			3题
2016			そうだ	たがる		ない	3题
2017	（よ）う/らしい			たがる		ない	4题
2018		ようだ	そうだ				2题
2019	らしい	みたいだ		たい			3题
2020	らしい		そうだ	たい/たがる		ない	5题
2021		ようだ	そうだ	たい			3题
2022		ようだ	そうだ	たい	だ		4题
合计	8题	10题	10题	10题	1题	3题	42题

5.5.3 动词语态出题概率分析

　　动词的语态是指动词所表现的动作与施事或受事的关系。日语有 7 种语态，即主动语态、被动语态、使役语态、可能语态、自发语态、使役被动语态、敬语语态。如表 5-13 所示，动词的语态在出题数量上虽然没有助词和助动词那么多，但也可以说是每年的必考题，出题数量在 1～3 题之间。在历年试题中出现的都是动词的被动语态、使役语态和可能语态 3 种，应作为重点学习。其他语态的用法也需要大致了解。

表 5-13　2010—2022 年高考日语动词语态考点一览

年份	被动	使役	可能	自发	使役被动	合计
2010	かけられて	聞かせて/合わせて				3题
2011	込められて	休ませて				2题
2012	笑われて	やらせて				2题
2013			られる			1题
2014	頼まれた	話せて				2题
2015						0题

(续表)

年份	被动	使役	可能	自发	使役被动	合计
2016	言われて	習わせたい	買え			3题
2017	いかれて	やらせません				2题
2018	囲まれて	開けさせた	起きられる			3题
2019	歌われて	立たせる				2题
2020		作らせた	得られなかった			2题
2021	捨てられて	させない				2题
2022	られた		聞こえません			2题
合计	10题	11题	5题	0题	0题	26题

5.5.4 日语敬语出题概率分析

敬语是日语的一大特色,是说话人对听话人或所提到的第三者表示尊敬的语态,听话人或第三者一般为尊长或客人等。敬语通常被分为尊敬语、自谦语、礼貌语、美化语四大类。如表5-14所示,敬语也是高考日语的必考点,在历年高考中的出题数量多于动词语态,2010—2022年的出题总量达33题,每年出题数量平均在2~3题,出题形式多为尊敬语和自谦语的常用句型。敬语因其显示了日语的特殊性,可以说是重点考查的知识点之一。

表5-14 2010—2022年高考日语敬语考点一览

年份	敬语真题例	合计
2010	いらっしゃいますか/お持ちになって/ございません	3题
2011	お~になる/ご~もうしあげる	2题
2012	お~いただく/いただく/お目にかかる	3题
2013	ご~いたす/お~する/いる	3题
2014	参る/おいでになる	2题
2015	お~する/お~です	2题
2016	お~です/まいる	2题
2017	ご~いただく/ご覧になる/お~する	3题

(续表)

年份	敬语真题例	合计
2018	お目にかかる/お~です	2题
2019	いらっしゃる/される/ご~する/お~です	4题
2020	おる/お~いたす	2题
2021	おっしゃる/お~いたす	2题
2022	ご案内させていただきます/いただきます/お先に失礼します	3题
合计		33题

5.5.5　授受表达出题概率分析

授受就是授予和接受。在现实生活中,"授"就是"我(我们)给别人","受"就是"别人给我(我们)",这就是所谓的授受关系。

日语的授受关系是通过表示授受关系的动词和表示授受关系的补助动词来表达的。由于人和人之间还有尊卑、上下、长幼等的不同,因而表示授受关系的动词和补助动词也有尊敬和简慢的区别。

当「くれる、くださる、やる、あげる、さしあげる、もらう、いただく」作为补助动词时,所表达的授受关系和原来在句子中作主要动词时所表示的功能相同,就是给它们前面的主要动词添加该动作是为谁而做的意思,因而可以联系起来记忆。授受表达也是十分有特色的日语表达。具体如表 5-15 所示。

表 5-15　日语授受表达一览

授受表达	意义	词例
授受动词	授予	あげる/さしあげる/やる
		くれる/くださる
	接受	もらう/いただく
授受补助动词	授予	~てあげる/~てさしあげる/~てやる
		~てくれる/~てくださる
	接受	~てもらう/~ていただく

又如表 5-16 所示,授受表达的出题数量虽不及助词和助动词,但也是历年高考的必考点,每年出题数量平均在 1~3 题左右。试题中单纯考查授受动词的试

题很少见,几乎都是涉及授受补助动词的,可见授受补助动词才是考查的重点。此外,值得注意的是,试题中的授受补助动词常与使役语态(如「～させてもらう」)和敬语(如「～ていただく」)结合在一起出现,应予以重视。

表 5-16　2010—2022 年高考日语授受表达考点一览

年份	授受真题例	合计
2010	いただいても/会わせてください	2题
2011	～(さ)せていただけないでしょうか/～てくれる/～ていただく	3题
2012	～(さ)せてください	1题
2013	～てくれる/～てあげる	2题
2014	～てくれる/～てあげる/～ていただく	3题
2015	～(さ)せてもらう/～ていただく/～てくれる	3题
2016	～てもらう/～てあげる	2题
2017	～てくれる/ご～いただく/～(さ)せていただく	3题
2018	～てくれる/～てもらう	2题
2019	ご～くださる/～てあげる	2题
2020	～てくれる/～ていただく	2题
2021	～てやる/～てくれる	2题
2022	～てやる/～てくれる	2题
合计		29题

5.5.6　惯用句型出题概率分析

惯用句型可以起到搭建框架句子的作用,所以掌握好惯用句型,对于语言的构建至关重要。如表 5-17 所示,惯用句型在高考日语试卷的"日语知识应用"部分所占比重最大,2010—2022 年的出题总量达到 143 题,每年的平均出题数量高达 8～15 题,可见其重要性。在高考日语试题中出现的惯用句型多为日本语能力测试 N3～N2 级的常用句型。

表 5-17　2010—2022 年高考日语惯用句型考点一览

年份	句　　型	合计
2010	～そうもない/～ように/～していたら/～になって/～につれて/～したがえば/～きっかけで/～ことになっている/～こともない/わけではない/～じゃないか/～あれば	12题
2011	～ものだから/～おかげで/～ところだ/～てしょうがない/～において/～てからでないと/～きれない/～かわりに/～として	9题
2012	～ように/～時/～とおり/いくら～ても/～わけだ/にわたって/～とともに/～によって/～てからでないと/～に比べて/～たびに	11题
2013	～すぎる/～ところだ(2)/～ば～ほど/～に対する/～をはじめ/～きれない/～にとって/～ほどもない/～ようがない/～だけでなく/～がする/～のが	13题
2014	～ようにする/～せいか/～にかけて/～にとって/～はもちろん/～といえば/～にちがいない/～からいって/～上で	9题
2015	～てばかりいる/～べき/～はず/～こと(だ)/～とともに/～に沿って/～にもかかわらず/～とろこだった/いくら～ても/～ごとに/たとえ～ても/～といえば/～でしょう	13题
2016	～すぎる/～ことになる/～はず/～ところだ/～には/～にしたがって/～ずに/～と言われている/～からみると/～に関する/～につれて/～はもちろん/～と言えば/～かわりに/～と言ってもいい	15题
2017	～上で/～と言われている/～ものだ/として/～には/～ことに/～をきっかけに/～について/～ながらも/～べき/～わけではない	11题
2018	～らしい/～はず/～に対して/～ことだ/～ぶりに/～ようになる/～としても/～も～ば～も/～からこそ/～かわりに/～のを/～おかげ	12题
2019	～とは～ことだ/～はず/～というと/～とは限らない/～おかげで/～はもちろん/～にわたって/～ずに	8题
2020	～はずがない/～とおり/～ところだった/～がち/～にしたがって/～ながらも/～ことにする/～に応じて/～てならない/どんなに～ても/～も～ば～も	11题
2021	～はずだ/～ためか/～とおりに/いくら～ても/～に対して/～うちに/～わけではない/～ことになっている/～ながら/～によって/～として/～かどうか	12题
2022	～せいで/～ば～ほど/～とみえる/～とともに/～よると/～はじめて/～に決まっている	7题
合计		143题

5.6 高考日语阅读的考试策略研究

阅读理解历年来都是日语考试中篇幅最大、计分最高的题型。在高考日语试卷中,阅读理解总分50分,分值占比最高。从备考的角度来说,考生首先必须了解阅读理解部分的构成和试题类型是怎样设置的。我们先通过表5-18来了解高考日语阅读理解问题的大体设置情况。

表5-18 高考日语阅读理解问题设置

阅读理解部分构成	字数	问题数
文章一	400字左右	5题
文章二	400字左右	5题
文章三	400字左右	5题
文章四	500字左右	5题
合计		20题

如表5-18所示,阅读理解部分有4篇文章,每篇文章设置5个问题,共20题,每题2.5分,也是单题分数最高的题型。和日本语能力测试不同,高考日语4篇文章的字数大致相同,但文章体裁并没有明显的固定模式。因为每年高考日语的阅读理解题达到20题,所以这类题型的得分直接影响到考生的整个考试成绩,甚至有这样一种说法"得阅读者得天下"。

5.6.1 阅读理解答题策略

阅读理解主要考查考生的语言运用、逻辑推理和分析判断的能力。阅读理解题对考生的阅读速度和筛选关键信息的能力都有较高的要求。如何做好阅读理解题是提升高考日语成绩的关键,除了平时牢记单词、熟用语法之外,掌握一定的阅读技巧也很关键。总体来看,需要掌握以下答题技巧。

1) 通读全文,掌握大意

即观整体,知大意。做题前先快速阅读文章,做到对文章题材和大意有整体的认识。考生需要快速浏览整篇文章,重视标题(中心)、开头段(观点)、结尾段(结论)及各段落的首句(主题句),了解梗概,遇到生词、难句可以先跳过去。为了

有效做到这一点,需要先弄清文章的体裁。一般情况下,记叙文一开始交代人物、时间、地点、事件,然后详细叙述原因。议论文中,作者先提出观点,再加以分析,或举例论证,得出结论。说明文中,作者会首先提出说明对象,然后从时间、空间、用途、方法、步骤等不同侧面加以说明。

2) 浏览选项,细读答题

即看题目,做标记。先读设问和四个选择项,再去文中搜索关键信息,并在答案的对应内容处做标记。在掌握文章的大意后,考生可浏览一下短文后面的问题,然后带着问题仔细地进行第二遍阅读,这样可以做到有的放矢地寻找和捕捉有用的信息。例如在记叙文中要善于捕捉人物、时间、地点、目的、方式等关键信息,但对于深层结构的理解题,诸如文章的内涵、主题、中心、作者的意图、文章的结论及词句的理解等,需认真揣摩上下文之间的联系及逻辑关系,挖掘内涵,体会弦外之音,进行综合分析、推理判断,进而敲定答案。

3) 复读全文,验证答案

即整篇阅读并做完题目后,考生应对照答案将整篇文章从头到尾地再看一遍,逐一检查和核对,根据标记来检查自己的答案是否和题目相对应。

若能采取以上"三步走"的方法,加上平时的大量阅读和反复练习,相信考生一定可以提高阅读理解能力,在高考时获得理想的成绩。

此外,高考阅读从文章题材来看,包括随笔、评论、小说、社论、广告、宣传文等等,甚至还有对话,可以说涉及的范围很广。这意味着考生要答好阅读理解题,不光要有充足的单词量和语法知识的积累,在掌握答题技巧的基础上,还要对日本的文化背景、日本人的思维方式和语言习惯有所了解。

(1) 日本文化背景知识。文化背景包括政治、经济、社会、科学技术、天气情况、地理环境、人物的性格特点及知识水平等各个方面。文化背景知识是阅读理解的基础,考生一定要注意平时日本文化知识的积累,为阅读理解打下坚实的基础。

(2) 习惯用语及固定搭配知识。每一种语言都有一些习惯用语和固定搭配。一般情况下,这些习惯用语和固定搭配不能单从字面上来理解,要求考生在平时的日语学习中通过广泛的阅读和积累不断掌握。

(3) 日语学科综合知识。高考日语阅读理解题的短文不仅包括社会生活、政治经济、文化教育等各方面的知识,也包括历史、地理、物理、化学、生物、电子、音乐、美术等各学科领域的知识,因此熟悉和掌握各方面的知识,是提高日语阅读理解能力的有效途径。

以下分别从细节理解、选词填空、原因理解、具体指示、指示词、词句理解、文章主旨、作者意图、选句填空等方面来分别阐述各类题型的答题策略,希望能给考生提供一定的帮助。

5.6.2 细节理解答题策略

考查细节类题型的方式多种多样。一般会针对文中的词语、句子来进行提问。问题多以下划线的形式出现,如「文中に『4つのルール』とあるが、ルールの内容に当たるのはどれか」,也会用画线提示词语的形式来提问。在 2010—2022 年的高考日语试卷中,平均每年出题数量约 5 题,约占阅读题比重的 29.5%,主要考查考生是否能够准确理解文章中画线部分的词汇或者句子的含义,或者根据画线部分来进行推理判断。画线词语理解题一般有两种出题点和题目类型:一是考查画线词语部分与前后文的关系;二是考查对画线词语部分内容或观点的解释。解答此类题型的关键点在于:

(1) 理解画线部分句子的含义,弄清题意。

(2) 在画线部分附近寻找答案,因为解题线索一般就在附近,不会离得太远。有时需要在原文的基础上进行归纳总结。

(3) 结合文章的设问,仔细甄别 4 个选项的意义,选出正确答案。

5.6.3 选词填空答题策略

要求填入符合文章内容的接续词、副词、形容词、动词、名词、代词等,其中考查接续词相关的题目占绝大多数。日语的接续词在文章和句子中起到承上启下的连接作用,在选词填空类题型中,接续词是不可或缺的。那么接续词都有哪些呢?它们都表达了怎样的语法含义呢?接续词大致可以分为表 5-19 中所示类型。

表 5-19　高考日语接续词一览

种类	内容
表示顺接	だから、それで、そのために、したがって、その結果、ゆえに(因此)、それから、すると、そこで(然后,于是)、とすると、とすれば、そうしたら(如此说来,如果这样的话)
表示逆接	しかし、ところが(但是)、それなのに、にもかかわらず、それでも(尽管)、それにしても(话虽如此)、それにしては(相比之下)、さりとて(虽说如此)、かといって(即使那样)

(续表)

种类	内容
表示补充说明	ただし(但是,不过)、もっとも(话虽如此)、なお(再者,另外)、ちなみに(顺便)、ただ(只是)
表示总结归纳	なぜなら、というのは(因为)、つまり(总之)、すなわち(也就是说)、要するに(总之)
表示转换话题	ところで(话说回来)、さて(那么就)、そういえば(这么说来)
表示并列和添加	及び、並びに(以及)、それに、その上、しかも、おまけに(而且)、かつ、のみならず(而且,不仅)、そればかりか、
表示选择和对照	あるいは、または、それとも、むしろ(与其……不如)、それに対して(与之相对……)

这类题型的解题要领在于首先弄清4个选项的意思,尤其要注意近似接续词的辨析,然后弄清上下文或前后句的逻辑关系就能选出正确答案。

5.6.4 原因理解答题策略

原因理解类题型的目的在于考查阅读文章内容的前后因果关系,即根据文章内容概括出设问提及的原因。此类题型多带有询问表示原因、理由等关系信息的词语,如「なぜ、どうして、なぜなら、なぜかというと」等。提问方式一般有以下几种形式:

(1) どうして…か。

(2) 筆者は…の理由をどう考えていますか。

(3) 文章の中で…と言うことがあるが、その理由は何ですか。

(4) …はなぜ/どうしてですか。

解题技巧在于,做题时首先在文章中找到画线部分的句子,然后通读该句前后的内容,找出表示原因的句子,通常就是正确答案。如果行文结构是先果后因,答案一般就在该画线句子的后面。如果行文结构是先因后果,答案则就在该画线句子的前面。还要特别注意表示原因的接续词,因为出现这类词的句子往往就是答案句,具体步骤可分为:

(1) 在文中寻找表示相关原因、理由等关系的词语或句型,如「…だから、…から、…おかげで、…せいで、…せいか、…ために、…なぜならば…からだ、…というのは…からだ、…というわけだ」等。

(2) 若文中无明显表示原因、理由等关系的词语或句型时,可根据文章主旨,将选项带入题目中进行逆向推断,选出正确答案。

5.6.5 具体指示答题策略

这类题型是对文中画线处的句子或词语所指示的内容进行设问。答题时首先需要找到画线处在文中的位置,答案通常在画线处的前后就可以找到,然后再结合选项进行对比分析就能选出正确答案。具体指示类题型和下面こそあど系指示词类题目相似,答案基本上也可以在文章中找到,具体位置不是在画线部分前面,就是在画线部分后面。具体是在前还是在后要根据题目的类型来判断。

5.6.6 指示词答题策略

阅读理解题中的指示词的出现率非常高,无论是高考日语、日本语能力测试还是其他的日语考试,只要有阅读理解题的地方都少不了指示词的身影。这类题型常见的设问是指示词。指示词在词性上分为三类:

(1) 连体词性指示词
- この、その、あの/こんな、そんな、あんな/こうした、そうした、ああした/こういう、そういう、ああいう/このような、そのような、あのような

(2) 代词性指示词
- これ、それ、あれ、こちら、そちら、あちら

(3) 副词性指示词
- こう、そう、ああ/このように、そのように、あのように

在历年的阅读理解试题中,涉及「あ」系列的试题比较少见,因此考生要把「こ」系和「そ」系的指示词作为复习的重点。

同时,掌握好每一个指示词所指的含义,对做阅读理解题非常有帮助。指示词的含义如表5-20所示。

表5-20 高考日语指示词一览

指示词	语法意义	真题例句
こ系	(1) 离说话人近的事物 (2) 自己刚才提到的事物 (3) 即将提到的事物 (4) 强调内容 (5) 引用话语	新しいお小遣い制が始まるとすぐに、<u>これ</u>は大変なことだと気づいた。 私は××市に住んでいる。<u>この</u>町には独特の雰囲気がある。 <u>これ</u>を新しい創造の種にすることで、成功できたのです。 <u>これ</u>は今日になって知ったことだが、彼の帰国は先月だったという。 「早くしろ。」<u>これ</u>が母の口癖だ。

(续表)

指示词	语法意义	真题例句
そ系	(1) 离对方近的事物 (2) 对方刚才提到的事物 (3) 自己刚才提到的事物	女「これからどうするの？」男「病院に勤めるんだよ。」 女「**それ**はよかったわね。がんばってね。」 **その**人には成功も喜びも訪ねません。
あ系	(1) 离自己和对方都较远的事情 (2) 双方都知道的事情 (3) 过去的事情，回忆	男「昨日、××レストランへ行ったけど、すごく美味しかった。」女「ああ、**あの**店の料理は美味しいよ。」 （＝××レストラン） 子供の頃住んでいた**あの**家は海の近くにあった。 （＝记忆中的家）

在阅读理解文章中，「こ」系词大多表示说话人所熟知（或空间上较近）的事物，所指示的信息可能在指示词前面，也可能在后面。而「そ」系词主要用于表示听话人所熟知的事情，在文章中多数位于指示词前面。

指示词类题型的解题技巧在于：

（1）细读文章。反复推敲设问句的前后文指示词所指示的事物通常在前后文就能找到。当符合条件的事物有多个出现的时候，以最接近指示词的为准。

（2）用排除法。除了通读文章外，考生还需要具备一定的归纳总结能力，并将文章相关部分的内容与四个选项结合起来考虑，认真对比，逐一排除不合适的选项。

5.6.7 词句理解答题策略

词句理解类题型是针对文章中画线处的主语、宾语、对象语等句子成分，或者某个句子进行提问的，常见的疑问词有「誰、何」。其中「誰」是关于人物的提问，答题时在句子结构上要注意「は、が」等前面的主语，或是通过日语的一些特殊句型来做出判断，如表示主观意愿、客观意见等的句型「…と思う、…と思われる、…と言った、…たい」。而「何」是关于事物方面的提问，需要寻找关键词的提示或根据疑问词前后的句子来推断。

总之，词句理解类题型的解题关键在于根据画线处的不同提问指向，通过寻找关键词、厘清句子结构、把握文章主旨等方法来答题。考生答题的时候首先需要严格审题，明确设问点，然后找到画线句在文中的位置，进而结合上下文仔细推敲画线处的意思，最后再结合4个选项对比排除，从中选出正确答案。

5.6.8 文章主旨答题策略

文章主旨类题型就是概括文章的主题或内容,设问通常有"下列选项中哪个选项与文章内容最为相符?"。根据历年阅读理解题的综合分析来看,此类题型难度较高,需要考生对文章有很好的理解能力,以及对文章主题思想的提炼能力。考生在答题的时候,一定要紧扣文章主旨思想,再根据选项判断出最符合题意的答案。

文章主旨类试题分为两种:一种是文章题目的拟定,即文章主旨题。这类题目的解题要领是抓住文章首尾句或文中关键词句,边读边做标记,必要时对每一段落总结大意,对照选项选出最贴近主旨的答案。另一种是对文章内容的概括。这类题目首先审题是关键,同时要看清问题,然后在理解文章大意的基础上分析文章结构。此外,要注意高频词句和过于笼统或片面的词语,从中找出高频关键词句,再结合文章内容、题目设问和4个选项加以综合考虑,最终选出正确答案。

5.6.9 作者意图答题策略

作者意图类题型主要是考查对文章中作者的感受、观点、主张的理解,即对于设问或画线部分作者的观点和态度的回答,要求考生根据文章中的相关语句和上下文来判断和推测作者的想法。这类题型的设问一般是放在阅读文章的最后一个问题,通常会询问考生"下列选项中哪个选项最符合作者的主张?""关于……笔者最想说的是什么(是怎么想的/带有怎样的想法/是怎么说的)?"。提问通常以下面几种形式出现:

(1) …について、筆者の最も言いたいことはどれか。
(2) …について、この文章で筆者が最も言いたいことはどれか。
(3) …について、筆者はどう思っているのか。
(4) …について、筆者はどう思いますか。
(5) …について、筆者はどんな思いを持っていますか。
(6) …について、筆者はどう言いますか。

从文章阅读和答题思路上来分析,一般在文章的某个段落或者全文的最后一句可以找到或提炼出作者的主张。解答这种类型的题目时,考生切记不要以自己的认知、自己的价值观、凭空想象来随性选择答案。应对这类考查作者观点和文章主旨的题目,我们可以抓住文中一些表达思想、意见或主张的日语固定表现形

式来帮助自己迅速找到正确的答案。例如：

（1）在句子中出现的
○ だから、言い換えれば、つまり、結局、というのは、要するに

（2）在句末出现的
○ …べきだ、…と思う、…と考えられる、…なければならない、…に過ぎない、…とは限らない、…は言うまでもない

（3）用疑问形式表述意见
○ …だろうか、…であろうか、…ではないか

除此之外，也可以把文中多次出现的词语或句子作为关键词，并特别注意文中对这些关键词进行解释的内容。如果在选项中有类似含义的句子，便有可能是正确答案。

这类题型的出题目的是要求考生对整篇文章做出总结，考查考生对文章的整体把握和理解的能力，考查考生对作者观点的认知，问题中多出现「筆者の考え、筆者の気持ち、筆者がこの文章で最も言いたいことは何か」等字眼。对待这类问题的解答技巧在于：

（1）以文章中呈现的观点为准，切忌介入自己的主观观点，要站在作者的立场上，透过现象认识作者所要表达的观点。

（2）特别注意「…はずだ（应该是）、…に違いない（一定是）、…ではないだろうか（难道不是吗）、…と思う（我想）、…と考える/考えられる（我认为）、…にほかならない（正是，无非）」等句末表现形式。此类语句很多时候都含有作者的观点或主张。

（3）表达作者观点的语句多出现在文章的开头或结尾，少部分出现在文章中间。考生在阅读短篇文章时需注意首尾两个句子，阅读长篇文章时要特别重点解读最后一段内容。

（4）考生通读全文后如果对作者的主张仍然无法理解的话，可以尝试着去寻找文章中多次重复出现的词语，进而联系全文主旨来把握作者想要表达的观点。

总而言之，解答这一类题型最重要的一点就是要忠实于原文，绝不能脱离文章去想当然地答题。作者的观点和态度一般都是显示在文章的结尾段，这一段是总结段落。读懂4个选项的不同意思，选择与文章表述最符合的那项即可。

5.6.10　选句填空答题策略

选句填空类题型是要求考生根据文章内容进行填空的题目。目的在于考查

考生对日语文章中句子的逻辑性、句法知识等的掌握情况,设问多以「文中の(ア)に入れるのに最も適当なものはどれか」的形式出现,有时候考查的是词组,有时候是句子。

经过我们对 2010 年以来 13 年的高考日语阅读题目的分析,针对细节理解类的题目所占的比例是最大的,其次就是词句填空类,再其次就是作者意图类、文章主旨类以及其他题型。

解答选句填空类题型首先需要了解 4 个选项分别表达的意思,然后反复推敲填空处「ア」的前后文关系,再结合选项的具体意思,用排除法就能选出正确答案。

高考对于每一个高中生来说都是人生中一个至关重要的大事,考试成功与否甚至可以决定将来的学习和工作去向的好坏。高考的重要性是不言而喻的。现在越来越多的考生选择以日语替代英语参加高考,而高考日语中阅读理解题占据很大的比例,因此考生如何快速提升日语阅读水平,掌握必要的日语阅读的解题方法和技巧就显得非常重要了。

5.6.11　阅读中常见问题及对策

根据往年指导老师对学生的问卷调查,结果显示:在解答高考日语阅读理解题时,不少考生经常会遇到以下三大问题。

(1) 阅读文章遇到长句时发怵。日语长句理解难度大,句子成分关系难以把握,尤其是句末谓语部分,如果弄不清楚前面与之相关的主语或主题部分,读起来将不知所云。很多考生一看到很长的句子就心里发慌,不会依据句法知识来分析长句,读不懂句意,做题全靠瞎蒙和猜测,导致失分。

(2) 无法读懂文章的内涵意义。只能根据文章的字面意思去理解、去揣摩,其结果是难以准确把握文章中作者的想法和主张,也归纳不出文章的中心思想和主旨。

(3) 词汇和语法的储备量欠缺。因为记不住日语词汇意义,尤其是未能掌握近义词的用法区别,即使翻来覆去地读文章,一遍一遍地试图寻找答案,耗费时间很多,准确度也不高。

基于以上问题,指导老师可以从以下几个方面入手,力争在考试前夕有计划、有组织地帮助考生逐一攻克难关。

(1) 阅读训练以词汇和语法为主。组织考生系统学习词汇篇和语法篇,掌握

高考必备词汇、必备词组、必备语法知识、必备句型等。充分的积累可以解决知识贫乏的问题,为阅读理解打下坚实的基础。

(2)考前阶段训练从简短阅读开始。学习任何语言都是一个循序渐进的过程,简短的阅读篇幅更容易考起学生的舒适感,减少心理负担。从简短的文章阅读入手,随着阅读任务的圆满完成,可以让考生有成就感,对阅读产生兴趣。指导老师可以用"简中求快,通篇阅读"的方式组织训练,对内容相对简单的阅读文章,加快考生的阅读速度,使之定时完成文章阅读,缩短阅读理解的时间。通篇阅读要强调整体性、全面性,这样的系统训练有助于考生养成对文章全面理解、融会贯通的好习惯。

(3)阅读训练以句法知识为基础。在阅读文章中,长句的句子主干其实并不复杂,只是因为核心词汇前面的修饰成分太多,导致句子变得很长。指导老师要培养考生学会如何拆解长句,写出最简单的句型,即句子的主干部分,然后通过附加从句、插入语及其他的修饰成分来逐渐扩充和理解句子的整体结构。

(4)训练拆解文章结构和句子结构。要提高对文章的理解,逻辑推理能力是必不可少的。阅读文章时,考生一定要学会分析文章的句子和段落结构。首先,考生要学会对文章内容的拆解,了解各段落之间的逻辑关系,这样可以理解文章的大意,能够一下子就抓住文章的重点和段落大意。其次,考生要把握文章架构,弄清楚每个句子的句法和逻辑关系。最后,在整体把握文章架构和逻辑关系的基础上,再根据题目解答问题。

对于高考日语阅读中难度中等的阅读题材,不宜采用通篇阅读的方式,因为通篇阅读耗时较多且不容易抓住重点,无法达到很好的效果。

(5)分析文章主旨、把握作者意图。高考日语阅读每年都会设置1～2篇阅读难度系数较大的文章,解答的难点也在归纳"文章中心思想是什么""文章作者想要说什么"这类设问上。针对此类阅读文章,若要完全理解和掌握文章中的每一句话的意思是非常困难的,因为这类高难度的文章在语法知识、句子逻辑、段落结构上均达到或接近N2级的水平,要想突破高难度阅读文章的难点,不仅要找准关键点,反复推敲其中包含的深意,还需要了解日语委婉表达、暧昧表达、间接表达、省略表达等语言特点。在此基础上整体把握作者的行文思路、中心论点以及其表达意图。

综上所述,高考日语阅读理解部分的比例约占高考日语总分的三分之一,若这一部分发挥正常,那么高考日语成绩基本可以取得高分。如何高效地把握高考

日语的阅读部分呢？除了以上提出的必须掌握的五个阅读训练方法之外，考试时考生还可以采用以下几个技巧来应对阅读理解试题。

① 预先了解设问要求，带着问题看文章。与读完整篇文章再做题的方式相比较，先看设问的具体内容，带着问题去浏览文章，这样能够帮助考生明确阅读目的，节省出大量的时间。而且通过问题的引导，考生更容易发现文章的主旨思想，这对理解文章有很大帮助。

② 重点关注画线部分，在画线前后找答案。画线词语问题的答案都在文章里面，可以缩小范围在画线部分的前后找。例如对于提问画线部分理由和内容的问题，一般解题关键就在画线部分前后句子中。在大多数情况下，只要阅读画线部分附近的前后内容，即可找到解题线索，从中选出正确答案。对于这一类型的题目，只要解题思路正确，就能加快解题速度和提高答题正确率。

③ 不要忽略反复出现的关键词汇。反复出现的词汇是作者一直在考虑的词汇，也就是作者思考的关键词。所以在含有关键词的语句中，经常会出现对关键词的说明。例如作者对某个词语的说明，或者作者的意见和主张。在阅读文章时，考生要尽量用笔把反复出现的关键词画出来。

④ 切勿主观臆断，不能凭想象做判断。我们从往年失败的事例了解到，有不少考生在答题过程中，有很多错误的选择是与阅读文章无关的，仅仅是依靠以往的认知，甚至凭空想象来确定选项的。实际上所有的答案都包含在文章中，千万不要主观武断地做毫无依据的选择，从而错过正确的答案。

⑤ 果断排除近义选项，锁定关联性大的选项。考生要善于采取排除法，不纠结于意义近似的选项。对于模棱两可、难以判断的选项要认真思考，排除与原文内容不同的选项。经过两次判断便可排除不正确的或者毫无关联的选项，进一步缩小选择范围，于是正确选项自然就浮出水面了。

⑥ 构建正确的解题思维，把握文章主题和作者意图。考生可以先仔细阅读每一篇文章后面设置的 5 个问题，快速了解每道题的考查内容和考查方向，再返回来浏览文章第一段内容或前两句话。这对把握文章主题有帮助，而文章最后的总结段落往往是表达作者思想和观点的重要段落。

⑦ 合理做时间分配，控制阅读的整体时间。阅读理解部分总共考查 4 篇文章，每篇文章的篇幅字数差不多在 500 字左右，且都设有 5 道题。建议考生在每篇文章上花费的时间平均控制在 10 分钟以内。例如用 1 分钟快速浏览文章第一段内容或前两句话，2 分钟之内仔细读完该篇文章的 5 个问题，用 3 分钟完成带

有目的性的通篇阅读,4分钟之内完成所有问题的解答。最后如果时间充裕的话,再回来对文章进行重点阅读。这样整个阅读理解部分的试题就可以在40分钟内完成。

在平时的学习和训练中,每个考生的个人阅读习惯不同,解题思维也有差别。鉴于高考日语阅读文章有不同的难度,阅读理解的出题顺序是按照文章内容设置的特点,在考前的冲刺训练中,指导老师要尽可能地根据每个考生的特点,帮助考生总结文章阅读技巧,构建起良好的解题思路,努力提高解题效率和正确率。

阅读理解题对考生的阅读速度和寻找关键信息的速度都有较高的要求,如果能够把握好试题题型并掌握各种题型的解题技巧,就能在很大程度上提升解题速度。因为无论文章内容如何变化,高考日语的难度系数均是在考试大纲范围内设定的,考生掌握其规律便可各个击破,在高考日语阅读中取得理想的成绩。

5.7 高考日语写作的考试策略研究

写作是一项实践性很强的活动,能够培养考生发现问题、分析问题、解决问题的能力。写作训练不仅是对考生在校学习日语成果的一次集中锻炼和提高,而且对今后的继续学习和生活、工作实践也将产生深远的积极影响,起到潜移默化的促进作用。因此在开始练习写作的时候,首先要从思想上重视,端正学习态度,明确这是高考准备过程中必须完成的一项工作,是取得高考日语理想成绩的必经之路和基本要求。

5.7.1 高考写作的精神准备

终于要进入写作的训练阶段了。这时候聚精会神的态度以及心理上、精神上的准备都是很重要的。考生在动手练习写作之前,首先要调整和稳定良好的精神状态。怎样才是精力充沛的良好状态呢? 就是指要保持沉着冷静、活力充沛的精神面貌。其次是仔细琢磨、斟酌日常积累的材料,并进行深层次的材料分类。最后根据训练的主题,选择合适的材料和方法来着手撰写作文。这也是写作训练的三个基本步骤。

1）重视考前的写作训练

高考前,考生对待写作训练的态度直接关系到高考作文的成功与否,谦逊认真的态度十分重要。若要使作文立意清晰、结构合理,将自己的想法和观点很好地传达给评阅老师,尽量避免误解和错觉,就需要努力练习,写出表达准确、通俗易懂的文章。指导作文写作的老师可从以下几个方面训练考生。

（1）把握各类体裁的写作特点。指导考生在了解历年作文主题设置范围的基础上,区别和掌握议论文、记叙文、应用文等的写作特点和要求。同时根据高考日语作文的出题倾向,指导老师有计划地设置不同体裁的命题作文,指导考生练习写作,由浅入深地加强训练。

（2）鼓励考生的差异化选择。面对同样的作文命题,考生基于各自的生活学习经历、家庭背景会产生因人而异的写作材料。指导老师要鼓励考生加强选择写作内容时的主体意识,让考生选择自己有浓厚兴趣的、自己非常熟悉的人或事来写作。指导老师既要尊重考生的自主选择,又要当好必要的参谋。

（3）多方面指导作文写作。指导老师可以从多方面对考生的作文训练作出指导,例如作文内容是否切合主题？提出的论证或事例是否能够支撑主题？作文的基本框架是否恰当？作文的层次是否清晰？作文的结论和主张是否具有逻辑性？指导老师要帮助考生确认每一篇作文结构的合理性、论证方法的可行性、完成作文的可能性,力求达到作文的结构、中心的论点、主要论据层次清楚、前呼后应,逻辑严密。让考生通过系统的写作训练,树立信心,放下包袱,轻装上阵。

（4）引导考生发挥主观能动性。指导老师可以根据作文主题的内涵和外延提出一系列相关的问题让考生去思考,必要时候可以帮助考生分析内涵及外延的问题。注意培养考生的应用写作能力,让考生认识到不仅文章要写得好,还要学会很好地表述自己的观点,这是写作训练的重要目标。

（5）发现和解决写作中的问题。考生在训练写作的过程中肯定会出现各种各样的问题,指导老师必须严格把关,发现问题,并及时解决问题。指导老师要严格审阅考生的每一篇作文,指出文章中出现的问题,大到观点正确与否、论据是否充分,小到字、句、段是否表达准确、作文主线是否条例清晰。

2）重视写作内容的选择

怎样选择写作内容是作文成败的关键。它实际上就是确定"写什么"的问题,是作文最重要的环节之一。考生可能会遇到这样的困惑：或是头脑里一片混乱,

找不到特别感兴趣的话题,或者对命题作文的体裁茫然不知所措,弄不清应该写成什么体裁的文章,等等,最终可能导致作文写作的失败。

作文内容选择准确、适当就是良好的开端。考生如果能够事先准备若干合适的写作内容,确定几个熟悉的话题,可能就会有一个好的心情,产生一种写作的动力,从而达到训练的目的。这样,考生的写作兴趣就会得到提高。

鉴于高考日语的性质,作文的命题、体裁、要求都是确定的,迄今出现的体裁都是议论文、记叙文、应用文三种类型,图表类、说明文等已经逐步被取代。考生从以下几个方面或许能够发现好的写作内容。

(1) 从平时的学习中选择内容。在中学 6 年的学习过程中,学校开设各种类型的课程,我们会接触到不同年级的老师和同学,在校园里会发生各种各样的趣事,这是最大的内容素材来源。考生从多年的生活中获取了大量的信息,对哪些有可能成为作文话题的人和事应该有基本的认识。只要平时注意观察,多思考,勤动脑,多质疑,就能找到有意义、有深度、有见解的可写作的内容。例如「アルバイト」这个话题,日本大学生中 90% 的人有过这种"勤工俭学"的经验。关于勤工俭学的目的,相关调查表明,有的人是为了赚学费,有的人是为了买车,有的是为了海外旅行,有的则是为了积累社会经验……

(2) 从社会生活中选择内容。每个人都生活在一个社会环境中,只要有心观察,逛街散步就会有发现,听说读写就会有感想。善于动脑筋的人会发现各种值得思考的、引人注目的、令人疑惑不解、可能使人兴奋的人和事,可写入作文的热门话题在生活中无处不在。比如说,在现实的语言生活中,我们会在国内的广告、报纸上看到"营业中、料理、人气、献金"等词语,学过日语的人是否知道这些是来自日语的词汇?

(3) 从亲朋好友中选择内容。写自己身边熟悉的人和事是最容易成功的。一个具有一定家庭生活基础、校园文化熏陶的考生,只要对某一个人、某一件事仔细观察、认真回忆、深入思考、不断探究,就可能产生独到见解,有所发现,落笔成章。如果写作材料容易集中,举出 1~2 个典型的事例,叙述或论述透彻,就可以保证在规定时间和规定字数内顺利完成作文。例如命题作文「私の家族」,除了常规性介绍家庭成员具体为何人、各自的工作以外,要有一个重点介绍的亮点,切忌平铺直叙地面面俱到写每个人。有篇范文把阐述的重点集中在家庭成员之一的宠物狗身上,通过若干事例生动地描写了这只小狗和家人共处时的种种趣事,于是这只可爱、机智、调皮、刁蛮的宠物狗形象成功地跃然于纸上。

3) 重视写作素材的积累

写作文，素材和词汇积累的重要性不言而喻，丰富的素材和扎实的日语词汇基础是写好作文的前提。没有一定数量写作素材的储备，大脑里一片空白，是无从下手写作的。平日的所见所闻、必备的知识结构、基础词汇和语法知识、作文写作的技巧、学习生活素材的积累等等都是产生个人见解、形成核心观点的基础。不准备好充分的写作素材，则创见无从产生，观点也难以形成。

就像我们做菜，首先必须去菜市场或者超市把材料买回来。市场上有各种各样的蔬菜、肉类、鱼类，新鲜的、不新鲜的，各种各样的材料都有。如果选择不新鲜的材料，是做不出美味佳肴的。

在考试前的冲刺阶段，考生首先要训练的是在10~15分钟内构思写出一篇作文草稿，并且用语适当，表达形式多样化。为此，在备考的过程中，考生应该准备一些范文模板，每天背诵一定数量的万能句子，记忆写作时常用的词汇和句型，掌握正确的语法知识。在此基础上，考生围绕不同体裁的热点话题和主题来收集写作素材，根据每次训练的作文命题，尝试着将这些素材装进各种文体的文章中，提交给老师修改以后，再回过头来总结和反省写作中出现的问题。考生要逐渐学会用恰当的词汇、正确的语法、地道的日语、合理的架构来阐明一个主题。例如2020年的命题作文「紙の本と電子書籍について」，考生在自己的知识库中需要储备的材料应该有：

（1）对于纸质书籍和电子书籍的基本认知。这样才有可能层次清晰地阐述二者的不同特征，进而在对比的基础上，得出自己的看法和结论。

（2）对于纸质书籍和电子书籍的优势和不足的认识。概括要准确，挖掘要深入，要了解两种书籍的长处和短处，不能仅停留在表面的表述上。

（3）对于两种不同性质的书籍，要辩证地分析，从各个角度去分析所掌握的素材，不能片面理解，一味地主张哪个好，或者哪个不好。

5.7.2 高考写作的构思布局

作文以情景、印象、体验、感想等作为描写的中心点，是一种关于某种事物的描写，或对于某种事物的感想的文章，其特点是始终都围绕主观感情来进行描写。

写作文如果带着一种随意性，想到哪儿就写到哪儿的话，可能会发生由于各

种原因无法围绕主题继续下去、思维过于分散的情况,因此我们有必要对作文的整体事先做好构思。

所谓构思,是指把一个人的内心思想传递给别人的艺术。如果要把作文写得条理清晰、脉络分明,必须让全文有一条贯穿始终的主线。这就是所谓围绕主题展开议论或阐述。一个思维不清晰的作者是很难写出条理清晰、脉络分明的作文的。

要构思一篇结构完整的作文并非易事。命题作文由于主题的限定、体裁的限制、内容的规定等,在构思方面会存在差异。记叙文一般需要按照时间的顺序、空间的位置、人物和事物的特性来撰写;议论文则需要按照事实的经纬、逻辑关系、社会影响等来撰写;应用文要求遵循固定的格式来展开写作。

高考日语作文的结构多为三段式结构或四段式结构。我们以历年命题作文的范文为例,一起来分析一下作文结构搭建的基本思路和方法。

1) 三段式结构

三段式结构指的是采用绪论、本论、结论三部分来组织材料展开论述或表达的写作方式,高考日语作文往往采用这种写法。记叙文的三段式结构可以理解为"开头—发展—结局";议论文也可以用这种"总—分—总"的三段式表达法,即问题提出、展开论述、最后总结的表达方式。

2) 四段式结构

四段式结构主要指按照起、承、转、结四部分来布局文章内容的写作方式。"起"即引出话题,吸引读者注意;"承"就是承接开启的问题展开详细论述;"转"则是话锋一转,变换角度阐述主题或介绍其他事实、不同观点等,表面看似乎脱离"承"的话题,但根本目的仍然是为主题服务,丰富文章内容;"结"则是抓住要点,归纳全文进行总结、点题,或抒发感情、升华主题。

要提高构思布局的能力,可以通过考试前写作实践系统地训练思维。只有思维能力提高了,构思作文的能力也将随之提高。关于历年的高考日语作文,出题者在命题的同时,通常会提出几个要点作为写作提纲,可以极大地帮助考生提炼作文构思。写作提纲如同一张建设蓝图,为考生事先勾画出作文全篇的框架和轮廓,考生遵循这个提纲将平时积累的材料进行消化,做出整理后,分成若干部分写入框架中,最终形成有一定质量的作文。构思布局可按照先总体后细节的原则,即先经过总体构思,有了一个总体的安排和设计后,再布局哪些地方要详写,哪些地方要略写,先写什么后写什么等细节。只有这样,写出来的文章才会逻辑严密,

条理清晰,切题达意,才有可能得到满意的分数。

5.7.3　高考写作的遣词造句

高考日语作文是对考生日语知识和基本技能的一个综合性的检测,写作训练可以培养考生对所学日语知识的整理能力。考生在几年的日语学习过程中,接触到许多语言基础知识,通过作文的撰写可以检验考生的基础知识是否扎实？是否具有用日语表达的能力？能否联系实际认识和分析问题？利用撰写作文的机会,围绕某一个问题,将零碎地、不系统地学习的知识进行归纳性总结。

语言表达能力是一个人将来在职场中应该具备的最基本的能力,那么如何能够得以提高呢？考生可以从以下几个方面进行学习和训练。

1) 系统学习和复习语法知识

作文写的每一句话能让人看明白,这是最基本的要求。在掌握考试大纲规定的词汇量基础上,要认真学习和复习日语的语法体系,掌握基本句型、常用语法要点(助词、助动词)等。关于这些,我们在前一章节中都做了总结,按照这些资料有序地进行复习,相信能够帮助考生避免语法知识的错误使用,写出标准流畅的句子,充分表达自己的想法。

2) 学会运用优美的遣词造句

具备生动的语言表达、简单的成语和谚语、地道的谓语表达形式,这是提高写作水平的第一步。我们在助词和助动词以及词汇篇各类词语的归纳说明时,特意选用了语言流畅、通俗易懂的例句,以提供给考生学习和阅读。如果能够模仿这些例句,把它们变成自己的语言运用在作文里,你的日语表达就成功了。作文的水平通常体现在遣词造句上,如果考生能够巧妙地运用所学的词语,写作水平自然就会大大提高了。

3) 在生活中多做联想训练

当复习到「春」这个词的时候,我们的联想轨迹是：春天是温暖的(春は暖かいです)——春天百花盛开(春は百花が咲き乱れています)——春天拥有五彩缤纷的颜色(春は色とりどりの色をしています)——春天万物生长(春は万物が成長しています)——春天是春暖花开的季节(春は暖かくて、花が咲く季節です)——春天的后面便是炎热的夏天(春のあとは暑い夏です)……按照这个思路联想下去,将这些语言表达写进你的作文里,于是一个春意盎然(春たけなわ)的春天景色便展现在我们眼前,万物复苏、生机勃勃。通过类似的联想训练,那么学

生就会逐渐具备写作的灵感。

4）在学习中多朗读优秀范文

坚持每天朗读日语各类体裁、各类题材的文章，有利于培养自信心。朗读可以促使口、耳、心一起运动，口读、耳听、心记。朗读有利于接受文章美感的熏陶，培养形象思维能力，使人感情丰富，富有想象力；朗读有利于开朗个性的培养，可帮助战胜胆怯心理，保持一个良好的心情，促使自己乐观积极向上。朗读可以培养人的交际能力，锻炼语言能力，消除不良情绪。朗读也有助于提高记忆力，可大大提高学习效率和写作能力。

5）平时注意名言金句的积累

为了提升作文格调，增加文采，避免口语化表达、苍白无力和索然无味，就要多掌握一些富有哲理感和美感的名言金句，让文章的层次越级升华。在网络上看到这样一段描写：当梦想照进现实的时候，每一天早晨闹钟响起的时候，是起身一跃还是翻身盖被，才是证明自己的最好答案。作者构建了一个为梦想而奋斗的人士在早晨闹钟响起时的选择场景：立即起床代表着拼搏奋斗，翻身睡觉代表着对现实的妥协，不求上进。如此强烈的对比瞬间将读者拉入情景，引导年轻人深思、回味梦想与现实的关系，激励人们选择上进。

名言金句重在浓缩精华，观点明确，引人深思；表达上则有简短精练、对仗工整、易于传播、富有韵律、朗朗上口、强化记忆、铭刻在心等特点。任何输出前都需要有大量的输入。写作水平的提高需要注重平时的积累，博观约取。在平时的阅读里、观影中、所见所闻中看见好的句子、段落，要养成随手记录的好习惯。量变引发质变，看得多才能培养语感。巧妙地运用各种名言金句，会让你的作文具有"大珠小珠落玉盘"的美感。即使是简短的一句话，也可以延伸出更多的含义，引发共鸣，提高传播量，增强扩散的影响力。

6）在复习时多做写作训练

一篇文章的创作过程很能锻炼人的思辨能力。每年的高考作文都已确定文章主题，提出的要求也限定了文章的范围，但是考生如何用文字来表达主旨要点，要经过再三思考，即古人所说的"推敲"。要成功地把自己大脑里的东西具象成文字，并在作文中顺畅表达，思辨能力的养成显得格外重要。写作训练是一个记忆的重建，童年往事、家乡山水、同桌好友、青涩恋情、久远见闻……通过写作训练，脑海中的这些重要经验和信息被提炼出来，经过不断的写作得到强化。

优秀的写作能力是勤学苦练出来的,这是不容置疑的。考试时如能用上所学的语言知识、积累的名言金句,发挥丰富的联想,写出一篇合格乃至优秀的作文的目标是可以达成的。一篇优秀的作文,首先是保证地道的日语表达,其方法便是尽量用通俗易懂的语言传达自己的想法和主张,要避免让拙劣的文字表达出现在作文的字里行间,切记不要把文章写得文理不通、晦涩难懂。

5.7.4 高考写作的写作技巧

高考日语作文是历年考试的最后一关,不少考生有时会因为前面部分时间掌控得不好,直接影响到作文写作的心情和水平的发挥。考生应该给作文留下足够的思考和写作的时间,将心情平静下来从容写作文。

1) 写作的基本程序

在高考前的作文写作训练时,考生可以按照以下的程序来练习写作。

(1) 仔细审题,确定体裁。看到命题作文题目后,不要马上动笔,要逐字逐句审阅写作要点,理解题目。不仅要吃透题目的字面意思,还要领会题目的内涵意义和具体要求。在正确理解题目的基础上,确定应该采用什么体裁来写作。不同体裁的作文有不同的表现形式和要求。

记叙文体裁的作文要突出"五个 w 一个 h",即时间(when=いつ)、地点(where=どこ)、人物(who=だれ)、事件(what=なに)、原因(why=なぜ)、如何(how=どのように)。

议论文体裁的作文的开启段落要提出问题及其现状、起因等,文章采用三段式或是四段式阐述观点、举例佐证。正文部分可采用正反两方面论证的手段,结尾要紧扣主题再次强调观点,表明自己的态度和主张。观点不能模棱两可,要发表评价或感想。

应用文体裁的作文则要求符合信件、电子邮件等的书写格式规范,符合题目要求,传递信息准确。内容要分层次表达,书写要条理清晰,交代事情要完整,不要遗漏双方的姓名、写信的时间、必要的寒暄语等重要内容。

(2) 构思框架,列出提纲。在充分审题、确定体裁的基础上,就可以构建作文的框架了。可以用列提纲的方式提醒自己写作的思路,作文将分几段来写,段与段之间是什么关系,每一个段落要表达什么内容,采用怎样的事例或论据写才有说服力。有了一个详细的提纲,作文的框架就基本搭建起来了,接下来的工作就是往各个部分填入具体的内容事实了。

在列提纲的时候，考生也可以将细节材料用关键词的形式写下来提醒自己，这样开始写作文时效果更好，效率也更高。提纲是按照段落来构建的，在段落里要列出细节。然后根据确定好的几个段落，再安排准备好的素材，选出切实可用的内容。需要注意的是，选择的材料要紧扣主题、围绕中心论点。

在日语写作中，除了语法知识和词汇量以外，在文章结构上也是有章可循的。通过解读记叙文"美丽的秋天"（美しい秋）和议论文"保护环境"（環境の保護）两种不同体裁的范文结构，考生可以模仿范文构思提纲，精心选材，再着手进行写作的练习。两篇范文为我们提供了样板。

（3）完成写作，检查润色。经过上述仔细审题，确定体裁，构思框架，列出提纲等步骤后，我们就可以开始写作了。在写作的时候，考生要正确使用文体、语体、时态、语态乃至标点符号、书写格式，同时注意采用多种表达恰当的语言形式遣词造句。20分钟左右完成草稿后，应做作文的通篇检查，修改明显的错误和用词不妥之处，同时进行加工润色。最后要留下5～10分钟左右用清晰美观的字体将草稿誊写到试卷上。

2）作文的写作模板

（1）开启段的写法。作文的开启段落是一篇文章的开场白，目的是介绍文章的主题和观点，引导后文的开展，主要介绍作文主题产生的背景、社会影响等，表达语言要简洁、概括、确切，不必展开叙述或议论。

（2）正文的写法。正文是文章的主体部分。它是展开主题，对主题进行叙述、分析、论证，表达作者的见解和阐述事例或论证的中心部分。文章光有想法和主张是不够的，必须经过科学的论证，拿出事例来说明，才能保证观点的合理正确，让人信服。因此作文主体部分的论证或事例是极为重要的，它决定了观点是否成立，决定了作文的成败。

正文部分要求作者对提出的问题从各个方面、各个角度进行分析、论证、阐述，从而证明自己的观点。

（3）结尾的写法。一篇好的作文除了有引人入胜的开头，还应该有耐人寻味的结尾。要以全文内容为依托，用简洁的语言把主题思想明确地表达出来，把写作意图交代清楚，使文章的中心鲜明突出。

记叙文可以事情的终结作为全文的结尾，干净利落，不枝不蔓，自然而然地收束全文。议论文则要升华主题，在主题的基础上自然延伸，透过现象揭示本质，丰富和深化主旨内容。

高考日语写作真题模板分析见表 5-21、表 5-22。

表 5-21　高考日语写作真题模板分析—1

段落	作文内容	句子序号	模板分析
作文主题	最近読んだもの（2019 年试题）		
开启段	近期、「平和とは」という文章を読みました	第一句	扣题展开：提出读物名称
	この文章は大体、「戦争はけんかと同じ、人を傷つけます。違う国同士がしっかり話し合って、お互いのことを分かり合えば、戦争は起こらないだろう」ということを述べました	第二句	介绍内容：一个复合长句论述这篇文章的基本内容
正文 1 段	この文章を選んだ理由は、「社会はイライラという感じがあり、あるところにいつも戦争があります」と感じているからです	第一句	说明原因：选择这篇文章阅读是因为内心的感受
	この文章を通して、主に二つの啓発を獲得しました	第二句	通过阅读获得的两个启发
正文 2 段	一つ目は、平和とは、幸せに生きていることです	第一句	第 1 个启发：幸福地活着
	だから、自分も他人も 大切にするべきです	第二句	感受 1：珍惜自己和他人
	もう一つのは、実は、世界の平和は「心の平和」から出てくるのです	第三句	第 2 个启发：世界和平来自"心灵的和平"
	そのために、私たちは「絶対争いを避ける」という気持ちを持つべきです	第四句	感受 2：要避免绝对争端
结尾段	世界中の争いをなくすことは、とても難しいですが、身の回りの小さな争いならやめることが、私たちにもできると思います	第一句	扣题总结，提出观点和主张：虽然消除战争很难，但我们可以杜绝身边的诸多小争端
作文出处	知乎・小南日语（https：//zhuanlan.zhihu.com/p/142006999?ivk_sa＝1024320u）		

表 5-22　高考日语写作真题模板分析—2

段落	作文内容	句子序号	模板分析
作文主题	細やかな幸せにも感謝の気持ち（2017年试题）		
开启段	近年急速な科学技術の発展に伴い、「幸せ」に対する人々の考え方も変わってきています	第一句	扣题展开：人们对于"幸福"的认识发生了改变
	便利な道具や刺激の高い娯楽が増えたため、私たちは日々遭遇する細やかな幸せを軽視しがちになっていると思います	第二句	提出问题：出于某些原因，人们容易轻视日常遇到的细微幸福
正文1段	私はつい最近何でもないようなことにふと幸せを感じました	第一句	阐述事例：我对某些小事情突然感到幸福
	学校からの帰り道、道端に咲いた一輪の花が目に入りました	第二句	发生的地点：从学校返回家里的路途中
	人工的に整備されたこの道の中で、ただ一輪、力強く生きている姿に私は感動しました	第三句	发生的背景：一朵顽强盛开的鲜花映入眼帘
	そしてそれを見つけたことに小さな幸せを感じ、私のストレスに満ちた心が少し和らぎました	第四句	内心感受：发现的幸福感，缓解充斥内心的压力
结尾段	あの時の細やかな幸せは今も胸に焼きついています	第一句	扣题总结：那时的细小幸福至今仍在心中燃烧着
	たとえ自分のいる場所が困難に満ち溢れたところでも、諦めずただ前を向いて生きるべきだということを教えてくれたこの花に、私は今でも感謝しています	第二句	提出主张：现在依然感激给自己人生启迪的那朵小花，即使自己所在的地方充满了困难，也不应该放弃，要朝着前方勇敢地生活
作文出处	哆啦外教网		

　　作文各部分的写作方法有很多种，因文而异，不管怎样落笔，整体内容都应与正文一线贯通，首尾遥相呼应，结构浑然一体，这样才有可能唤起阅卷老师心灵上的共鸣和美感。

3) 正文的表现方式

正文是作文的主要部分，占据作文的最大篇幅，应占全文三分之二以上。因此，这一部分内容要充实，论据或事例要可靠，论证要有力，主题要明确。为了满足这一系列要求，同时也为了做到层次分明、脉络清晰，常常将正文分为1～3个段落来表现。正文的构成有以下几种形式：

（1）并列式：每个段落阐述一个论据或事例，段落之间是并列的关系，从不同角度论证或叙述中心论点。从事实到感受、从具体到抽象、从个别到一般，分层次进行阐述，横向反映作文的逻辑关系。因此，构思段落结构时需要考生对作文整体构思与局部之间关系做出全盘考虑。

（2）推进式：就是用层层深入的方式进行论证或叙述，提出中心主题后，逐渐深入，层层推进，最后得出结论。

（3）综合式：作文就其本质而言，是作者运用敏锐的观察力对客观现象进行分析并得出结论。这反映了考生基于事实或现象的理性认识。没有认识上的飞跃，就不会形成富有创造性、独创性的观点和主张，其深刻程度与考生的认识程度成正比。

4) 逻辑和论证的关系

所谓"逻辑"，就是根据所给的论据或事例得出正确结论、内心感受到的思维规律，以及在合理地解释某种现象的基础上被认可的因果关系。

高考作文的目的之一是检测考生是否具有较为严密的逻辑思维能力。因为在作文中始终贯穿合理的逻辑是作文生命力的体现。论据或事例是否准确？得出的结论是否合适？即使有确凿的论据、客观的事例，如果论述不当，逻辑混乱，得出的结论或者主张也有可能变得不可信。考生在练习写作时，经常会在不知不觉中犯逻辑思维错误，因此有必要预先认识这种错误。作文中容易发生的逻辑思维错误有：

（1）推论错误。例如：因为下雨了，地上都是水，所以如果地上都是水，应该是下雨了。

（2）归纳错误。例如：如果没有窗户，太阳光就进不来，所以屋里有阳光的原因是有了窗户。

在论证的方法上，考生应该学会在缜密思考的基础上再做出较为严谨而富有逻辑的论证。这也是考查考生思维能力的一个方面。每一个观点或主张的提出，必须经过周密的观察，或者阅读、思考，以最充分、最确凿的典型材料作为立论的

依据。要让人看到你的充分论据和事例，让人感到确实是这样，不得不承认你的作文观点的合理性，如图 5-1 所示。

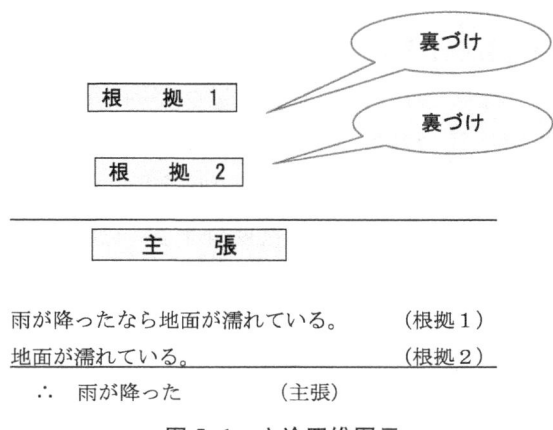

图 5-1 立论四维图示

5.7.5 高考写作的高水平要求

1) 作文的规范写作

（1）事例客观，具有代表性。作文的基本观点必须来自具体事例的分析和讨论，所提出的问题在现实生活中有一定的实际意义，通过阐述事例，提出了自己的认知和看法。

（2）论据翔实，富有确证性。作文能够做到旁征博引，论据恰当；提出对论据所持有的看法，有主证和旁证；作文中所用的材料应做到言必有据，准确可靠，准确无误。

（3）论述严谨，富有逻辑性。作文提出问题、分析问题和解决问题要符合客观事物的发展规律。全篇文章形成一个有机的整体，判断与推理井然有序，首尾呼应。

（4）结构明确，层次清晰。作文必须以命题者提出的几点要求来构成全文的结构布局，以多方论证或举例的内容构成文章的主体，以明快的分析辉映全篇。此外，作文的整体结构、标点符号、书写格式、写作字数要求规范得体。

（5）语言准确，表达简洁。作文最基本的要求是要让人能够看懂。因此文章要讲得清，说得明，想得深，说得透，做到深入浅出，言简意赅。

作文要保持一定的品位，遵守一定的礼仪。措辞切忌粗略，不忽视敬体、敬

语、尊称、敬称等是应该遵守的基本原则。作文的品位和格式源自写作者的心灵、感情的流露。无论外表怎样包装,若缺少内在的精神涵养则谈不上高雅的品位。

2) 作文的必要修改

修改作文是写作的最后环节,是保证作文质量的最后一道关口。在平时的训练中,修改作文可能不是一次性行为,需要经过反复的修改,才能最后定稿。作文初稿完成以后,在审阅后认为基本表达了自己的想法的前提下,就要提交给指导老师。老师评阅后再根据指导老师指出的作文中存在的问题,进行认真的修改。

修改作文是整个写作过程中的一个重要环节。和撰写一样,既要考虑内容,也要考虑形式,要围绕主题、材料、结构、语言等几个方面进行,一般修改作文要考虑以下几个方面的问题:

(1) 主题思想是否明确。特别是作文中的观点和主张、事例或论据是否明确。有些考生的作文没有中心观点,这一部分想说明这一个问题,那一部分想说明另一个问题。相互之间又没有多大关联,最后一个问题也没说清楚,让人看后不知所云,不知道写作人要表达什么观点,要说明什么问题。因此,在修改时,首先要考虑自己的作文观点是否正确。

(2) 写作材料是否有根据。论据或事例的选用是否恰当,发生的背景、地点等是否都已交代清楚,所采用的论据是否能很好地证明论点。如果不够,还应该补充新的证据,以增强作文的说服力。

(3) 语言表达是否流畅。作文中是否还有语法错误,语言是否含糊不清,表达是否存在文体上不统一,语言是否简洁明了,措辞是否准确生动。

生动流畅是语言的一种魅力,它浸润于字里行间,流畅的语言会使枯燥无味的叙述变得生动有趣,使深奥抽象的推理变得直观形象。作文语言的生动流畅并不一定要过多地使用修辞手法和华丽的辞藻,还可以通过新颖的事例材料、多变的表达形式、活泼的句式来表现。

3) 作文的优秀标准

一般认为作文的语言如同普通文章的撰写,要求概念准确、判断严密、推理合乎逻辑。与普通文章的不同之处在于,高考作文是要提交给阅卷老师审阅、评分的,语言表达更要求生动活泼、富有文采,举出的事例要有亮点,列举的论据要真实可信,这样才容易吸引人,可读性才会增强,才有可能触动阅卷老师的心灵。这就是说,高考作文讲究语言表达的流畅性、准确性、生动性,这样,作文才会达到很好的信息传达效果。

优秀的高考作文应该具有科学性、创造性、真实性、客观性等优点。

（1）科学性：以科学的世界观和方法论为指导，以客观、真实的材料为基础，用严格的科学态度进行材料分析、总结规则，然后求得合理科学的结论和主张。

（2）创造性：以新的视点和方法来分析论述材料，并提出新的见解、新的结论。创造性就意味着见解独到，在别人认识的基础上，发现别人没有涉及过的视角，提出不同于他人的新的见解。

（3）真实性：采用的材料真实可靠，是自己熟悉的人或事，有清晰的背景，事情的经纬经得起推敲；不存在虚伪、捏造的论据，能够得到一般人的普遍认可。

（4）客观性：作文的论证合理性和作文的观点，不仅能得到指导教师的理解和接受，更有自信获得阅卷老师的认可。

以上4点是关于优秀作文的评判标准。考生在考前训练时，可在以下几个方面有意识地进行系统的写作训练，争取写出优秀的作文。

（1）选择有意义的材料。从选题上来讲，这就是一种能力的考查，评判这篇作文写出来有没有价值，有什么样的价值，价值的深刻性、新颖性怎么样等。

（2）表达独创性的观点。作为高考作文来说，一定要有自己独到的见解，决不能人云亦云。哪怕你的观点是从书本上获得的，也要换一个角度，有自己的论述过程。

（3）表现有新意的观察。新意是指对人或事物有新的发现，哪怕是一点点。新，即指新的观察、新的角度、新的认识。

（4）做出合理的论证。论据要严密、符合逻辑。不能随意想象，也不能虚构杜撰；不能渲染夸张，也不能缩小淡化。作为论据的材料必须准确无误。从大的事件到具体细节，甚至一句话、一个数据的引证，都不允许有丝毫虚假。如果论据不真实，论点就成了空中楼阁，就会削弱文章的逻辑力量，影响作文的表达效果。

基于以上高考日语听力、词汇、语法、阅读、写作五个方面关于考试策略、考试出题倾向的总结提示，我们认为，考试策略应根据教学内容、学生特点有针对性地作出规划；有效考试策略的形成需要一个循序渐进的培育过程，应贯穿于高考日语学习和备考的始终。教师在组织日语教学和复习的过程中，应通过指导学生规划学习、适时调控并反思学习效果等，引导学生有效利用学习资源、调整学习态度，帮助学生发现并掌握适合自己的考试策略。

6 基于核心素养的研究思考及建议

培养学生的核心素养是世界教育改革的发展趋势,也是我国全面深化课程改革,落实立德树人根本任务所追求的重要目标之一。2020年修订的新课标对高中日语课程标准的修订关注发展学生的核心素养,日语课程目标也从发展学生的"综合语言运用能力"提升为提高学生的"日语学科核心素养"。本研究前面分析了国际上关于外语核心素养的界定及内容构成,论述了发展具有中国特色外语学科核心素养的价值,着重分析了2003年版普通高中日语课程标准的主要问题,并对课程标准修订中应关注的问题进行了阐述,包括要特别重视育人价值的体现,应进一步关注学生思维品质的培养。在此基础上,本研究围绕2010—2022年高考日语的评价框架、试卷难度、试题构成、备考策略等几个方面做了较为全面的考察和分析,既有详细的大数据统计,又有核心考点的归纳,更有考试策略的提出,层层递进、逐步深入、探求真谛。

6.1 高考日语历程及回顾

高考日语作为高考外语学科的一个语种,肇始于我国恢复普通高等学校招生全国统一考试的1977年,迄今已走过了46年的历程。在这期间,高考命题随着《普通高中日语课程标准》的变化,经历过若干次的变革。高考日语命题思路究竟呈现出怎样的发展趋势,本研究以历年高考日语题型的布局、考点的设置为重点,对高考日语试卷的沿袭和变革,即高考日语发展变化的历程做一概括性考察和评析。考察结果可以归纳为如下8个方面:

1) 考查单词量基本稳定,词汇等级变化不大

按照考试大纲的规定,高考日语的词汇量约为2 400个,此词汇量接近于日

本语能力测试 N3 级所要求的 2 500 个的词汇量。从近十几年的词汇考点来看，词汇等级在 N5～N3 级的范畴内，没有大的起伏变化，汉字词汇较多，考生凭借汉字基本能看懂 50% 左右的试卷内容，考点大都是贴近日常生活、学生生活中常用的词汇。这意味着考生的日语能达到 N3 级的水平就有可能获得较好的考试成绩了。

2）听和写受到重视，处于初级状态

写作题于 1998 年、听力题于 2001 年分别开始增设，这充分体现了教育部高考命题指导思想的变化。日语写作作为检测考生日语表达能力的重要手段，目的在于真实地展现考生的观察力、联想力、想象力、思考力以及日语表达的流畅性。不过，高考日语作文要求不高，字数限制在 300～350 之内，有中文写作基础的高中生完全可以根据命题来谋篇布局。听力试题虽说让考生头疼，但是 20 余年来的听力试题难度并不大，基本限于日本语能力测试的 N4 级，甚至 N5 级的水平。

3）语法考点数量逐渐下降，难度不高

受传统外语教学观念和教学法的影响，外语一直是作为知识性学科来考查的。从 2011 年起，基于新课标的高考日语试卷对词汇、语法、日本文化知识进行综合考查，由此语法试题的数量大大减少。作为主要测试平台的"日语知识运用"部分的 40 道试题中，语法考点约占 20～25 题，几乎与词汇试题数量持平。

4）增设日本文化常识试题，选材愈加社会化

为了引导考生更多地关注日本的政治、历史、社会、风情、民俗等，2010—2022 年高考日语"日语知识运用"部分的第 55 题特意加入了考查日本文化常识的题目。出题者在选取题材和设计试题时，特别注意选取具有鲜明特色的材料和内容。考生答题时，不是依靠语言本身，而是需要对日本社会文化、生活习惯、表达习惯、思维方式、风土人情具有较全面的了解，才有可能做出正确的选择。

5）技能类试题逐年增多，知识类试题不断减少

近年来，听力、阅读、写作等以检测语言技能为目的的试题逐年增加，而用以考查知识记忆的题目有的则被淘汰（如词汇试题中的"汉字注假名、假名注汉字"），有的则被合并（考查语法知识的试题不再独立设置）。这些改革直接反映出高考日语命题思想由知识本位转变为能力本位的转变轨迹。

6）题型设置由繁到简，信息量逐渐增大

从 2010—2022 年大数据的统计可以看出，高考日语试卷呈现逐年长度加长、信息量逐渐加大的趋势。具体表现在"读、听、写"三个方面，考生"阅读、听力"的

接受量、"写作"的产出量在逐年增加,因此高考日语试卷近13年来的难度也逐渐加大。与此同时,高考日语试卷的题型由繁到简,大题数目明显减少,虽然试卷长度明显增加,但整个试卷的布局显得更加简洁、清晰、明朗。

7)语言的语境受到重视,单句背景试题减少

高考日语试卷改变了以往针对独立语言知识设计考点的做法,开始对语言发生的语境日趋重视。篇章背景的试题在增多,单句背景的试题在减少,单词背景的试题在消亡。这一趋势反映了日语教学理念和认识的转变,即语言只有放到具体的语境和篇章中才有真正的生命力。

8)语言语用能力被强调,体现交际意识培养

近年来的高考日语试题努力为考生模仿、构建现实生活中的交际情景,引导考生在"特定交际情境下,以特设交际身份去完成指定的交际任务",以身临其境的态势来答题,交际意识和交际能力越来越被强调。

综上所述,高考日语的命题思路呈现出"以主题为引领,情景为依托,语篇为载体,任务为驱动"的四大发展趋势。为此,我们团队顺应高考日语迅猛兴起的形势,从2019年开始组建科研团队,将课题的重点由日本语能力测试指导转向高考日语的指导与训练,着手编辑了《高考日语指导与实践》系列和app测试训练体系。我们在努力为每年成倍增长的高考日语考生提供必要的学习资料和数量充足的试题的同时,也希望为战斗在高考日语指导第一线的老师提供指导经验、考试攻略、解题技巧、必备知识等方面的帮助。

6.2 高考日语试题基于核心素养的三个维度

对2010—2022年高考日语试题的考察和研究结果表明,基于核心素养的高考日语试题的研究并不多见。其中的原因是,我们国家对于核心素养的研究与欧美的发达国家比较起来相对较迟。2012年我国才开始出现相关的研究文献,将发展学生的素养作为目标提上日程,到2016年发布的《中国学生发展核心素养》才正式确定了符合我国国情的核心素养。高中日语核心素养在新课标(2017年版)里面才出现,就受到人们的关注。近年来高考日语也呈现对核心素养考查的趋势,但由于我国对核心素养的研究相对较晚,且数量不多,所以基于核心素养的高考日语试题研究有待进一步加强。

自国家提出落实立德树人的教育宗旨以来,每个学科纷纷围绕核心素养开始建立属于其自身独有的学科素养。对于日语学科而言,日语教育关注素质、能力及正确的价值观三个方面的培养,关注学生适应社会的发展。新课标(2017年版)在此基础上提出高中阶段的日语学科核心素养,将其概括为"文化基础、自主发展、社会参与"三个维度的核心素养总体框架。该三个维度是高考日语试题命题的导向,高考试题是该三个维度素养的落实,它们相辅相成。通过对2010—2022年的高考日语试题分析可知,13年的试题里三个素养都有涉及,特别是"文化基础"与"社会参与"受到的关注程度较高,试题设置和新课标教育目标的一致性程度也得到了充分的体现。综上所述,由于教育宗旨的需求和落实核心素养的需求,我们可以预知日语核心素养必将是未来高考日语的重点关注对象。

6.3 高考学生基于学习活动的认知提升

高考日语是对中学外语学习结果的一个重要的检测手段,是每个考生经过学习和考试后获得的认知结构变化和认知能力的提升。根据学习类型和学生个体的不同,其学习结果会存在差异。

从认知过程的分类方面来说,首先,对知识点的认知能够复述或识别已经记忆的知识;对知识点的理解能够领会所学日语知识的含义,能简单解释或举例。其次,对文章和语篇的分析能够对语言材料的组成进行分解,并阐明各部分性质、特征;对知识的运用能够将知识与真实情境问题联系起来,达到解决问题的目的;评价体系还能根据标准客观公正地对事物做出判断。最后,创造力的体现能整合语言各方面的资源,生成新的成果。

如图6-1所示,智力因素和关键能力、非智力因素和必备品格、价值取向和正确价值观几大要素可以共同决定解决高考日语中的真实情境问题。

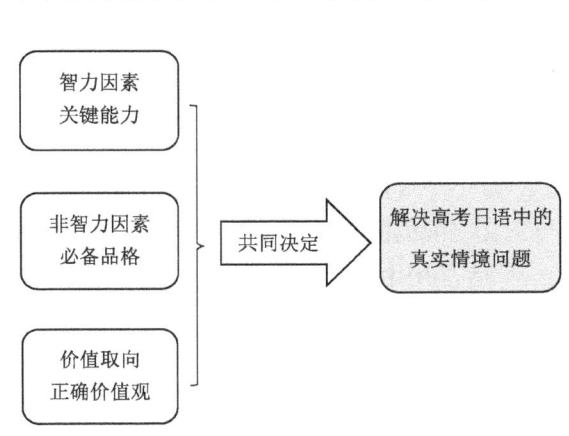

图6-1　智力因素、非智力因素和价值取向与高考日语的关系

6.4 高中日语学科核心素养现状及原因分析

高中日语的教学应坚持以学科核心素养为引领,落实立德树人的根本任务,提高人才培养质量,提升学校的竞争力。日语学科核心素养是由语言能力、文化意识、思维品质、学习能力四个因素组成的。日语学生通过对主要学科的学习,在逐步具备运用日语进行表达的能力,提高思维能力和理解能力的同时,也要求增强自主学习能力,成长为具有正确价值观、较高综合素质和关键能力的人。

本研究对广东省3所中学(广州越秀外国语学校、中山小榄外国语学校、佛山三水外国语学校)开展调查,发现这3所中学均开设有日语学科三年制教育。通过对学生基本情况、语言能力现状、文化意识现状、思维品质现状、学习能力现状的问卷调查,分析高考日语学科核心素养在学生层面的培养现状及存在的问题,以及存在问题的原因所在。

6.4.1 日语学科核心素养存在的问题

1) 语言能力方面

主要体现在听、说、读、写、译五项能力上。调查结果显示日语学科的学生比较侧重语法知识的学习,大多认为掌握了语法结构和规则,对读、写能力的培养与形成有一定的作用,听、说能力明显落后于读、写能力。在日语表达方面,很多学生不敢开口用日语表达,不能准确地运用所学习的语言知识与日本人进行沟通交流。日语写作方面,多数学生只重视语法规则,少花心思去构建作文的思路以及写作的提纲。

2) 文化意识方面

日语学科的学生对日本的文化知识有一定的了解,能初步认识对象国的语言与文化之间的关系。但也有相当部分学生不能很好地理解中日两国文化间的差异性,容易用中国式的思维方式去思考日本文化,对不同国家文化的理解水平有待进一步提高。

3) 思维品质方面

日语学科的学生基本具备比较和观察事物的能力,但在学习过程中,缺乏对知识的探究精神和质疑精神。学生理解问题、分析问题、处理问题的能力不够强,逻辑性较弱。在语言学习中,批判性思维能力是思维能力的重要组成部分,但大

多数学生欠缺批判性思维能力。

4) 学习能力方面

日语学科的学生一般比较重视专业课程的学习,但学习态度处于被动学习的状态,缺乏学习的主动性和积极性,即学生学习的自觉性、自控能力有待提高。此外,学生的日语学习方法比较单一,很少有学生主动探索适合自己的学习方法,学习效率不太高,学习渠道单一,不能合理利用网络等资源进行学习。

6.4.2 日语学科核心素养存在问题的原因

1) 教师方面的原因

有部分日语教师只关注教学和升学率,未能及时学习新的教育教学理论,也不及时关注新的教学研究成果,导致教学实践缺乏理论指导。例如日语教师在教学中只关注学生日语词汇和语法等知识的掌握情况,很少为学生创造日语表达的机会,忽视了对学生进行必要的口语训练。也有部分教师存在职业倦怠现象,不关注学生的思想道德品质,这样不利于学生学科核心素养的培养。

2) 学生方面的原因

原因一是学生的外语学习基础较差,很多学生因为英语成绩短时间内难以有较快的突破而选择了学习日语;原因二是学生的日语基础知识从零开始,掌握得不够牢固;原因三是学生主动学习的积极性不高,过于依赖课堂和教师,课外自主学习的时间不够,不能有效利用网站、影视等资源进行学习;原因四是学习方法存在不恰当的问题,很多学生不善于思考并寻找适合自己的学习方法。学生的性格因人而异,自控能力、抗挫折能力、人际交往能力等方面也存在差异性,只有寻找到适合自己的学习方法才能提高学习效率。

3) 课程设置方面的原因

中学日语学科的课程存在一些问题。例如开课的时间较晚,很多中学从高中阶段才开始系统的日语学习。日语学科的课程不多,在短短三年时间内难以达到高考日语的理想水平。课程的内容大都是针对高考试题的指导和刷题,导致学生没有兴趣考虑外语语言之外的核心素养等问题。

4) 教学评价方面的原因

日语学科评价比较单一,大都由日语任课教师来进行,基本上没有学生和家长的参与。这种单一的评价结果不能全面评价学生的学习能力和思想水平。日语学科的学生缺少自我评价、相互评价,导致学生不能正确地认识自己,不能客观

地进行自我反思。日语教师对学生的评价侧重于日语语言能力的测试,这种评价很难检测出学生的文化意识、思维品质和学习能力。

6.5 提升高考日语学科核心素养的若干建议

6.5.1 关于日语学科的教学目标和理念

1) 教师应加强核心素养学习,建立新的教学理念

新的教育理念对教师提出了新的要求。教师要不断学习新知识、新理念,用新的理论来武装自己。教师应主动了解学科核心素养的内涵,将核心素养渗透于日语学科教育中,改变教学方法,要正确看待学生的素养教育问题,正视学生发展的不平衡,根据学生的实际情况,采用不同的教学方法,做到因材施教;要尊重学生、鼓励学生,善于发现学生的优点,正确对待学生的缺点,提高学生学习日语的积极性和主动性,提高学生的学习能力;要留给学生思考和讨论的时间,培养学生的思维能力;要向学生补充介绍日语的文化背景和知识,提升学生的文化素养;最后,教师要善于创设情境,培养学生的语言应用能力。

2) 学生的主体地位要突出,有效落实核心素养

学习动机是推动学生学习的内在原因,学生应时常进行学习反思,思考学习日语的目的,将高考日语的成绩与个人的发展结合起来,以此激发自己强烈的学习热情,变被动学习为主动学习。同时,学生要端正学习态度,掌握正确的学习方法,提高学习效率,并有效利用网络、日文电影、日文歌曲等提升语言能力、文化意识、学习能力等,从而不断提高中学阶段日语的学科核心素养。

3) 教学目标要不断改进,优化课程设置

优化课程设置旨在提高学生的语言能力、文化意识、思维品质、学习能力四大核心素养,其教学目标应该包括语言能力、文化意识、思维品质、学习能力。日语课程设置中,语言技能类可通过口语、视听、泛读、写作来实现,文化知识类可通过学习日本概况、日本礼仪、日本文化和赏析日本影视来达成目标。此外,还可开设校外课程,将其作为培养日语学科核心素养的重要途径。在校外课程中,可以通过丰富多彩的社团活动和定期举办艺术节等方式提高学生的学习兴趣,培养学生的日语学科核心素养。

4）评价方式需要转变，关注学生的全面发展

在培养日语学科核心素养的过程中，必须改变教师单一的评价方式，让家长、学生都能参与到评价中来。首先让学生自评。这是学生认识自我、分析自我、提高自我的过程，自评可以让学生清楚地认识自己，让自己成为学习的主人；其次让学生互评。学生之间相互评价，有利于加强沟通、培养团队合作能力；再次由教师评价。教师不能单一地从考试成绩方面进行评价，要结合学生的平时表现对学生进行综合评价；最后还可以让家长评价。家长参与到评价中来，可以加强家庭与学校的联系，让家长对学生在学校的情况有更多了解。多元化的评价，能够避免教师片面看待学生，让学生看到自己的优缺点，促进学生的全面发展。

6.5.2　关于高考日语试题的思考和建议

根据前面对历年高考日语试卷的评价框架、难度分析、核心考点、试卷分析，以及日语试题对核心素养的考查要求，本研究提出以下若干研究思考和建议。

1）强化教材的基础知识，回归教材求真

回顾 2010—2022 年的高考日语试题，一个很明显的特点就是，日语试卷的命题注重考查教材中的基础知识，尤其是日语语言运用的选择题，每年的考查点都取材于教材。基础性知识是日语学科考查学生对日语基本词汇、语法概念、语言技能的理解和掌握情况的核心。重视基础知识的考查无疑是高考日语试题和日语水平考试命题的关键。这足以告诫考生在高三的复习备考时必须重视和强化教材的基础知识的实际运用，回归教材本真。将教材中的基础语法知识进行归纳整合，在此基础上拓展教材基础知识的内涵和外延，使学生构建起较为完整的知识体系，才能更好地运用基础知识和语言技能解决考试中遇到的问题。

2）注重与现实生活的联系，利用好真实情境作为主题素材

2010—2022 年的高考日语试题中表现出来的第二大特点就是，试题依托实际生活中的真实情境。我们知道真实情境是高考试题命题的关键要素，是日语试题考查具体问题的载体，服务于试题考查的内容，且这些真实情境多数注重与日常生活的联系。如 2010—2022 年全国 13 套试卷的作文题均源自实际生活中具有一定社会价值和意义的主题，同时也是学科核心素养的重要内容。为此，高考日语第一线教师在组织考生复习时可利用好生活中的真实情境素材，例如"祖国、家庭"这样有意义的话题，不仅包含学生需要掌握的词汇和相关语法知识，还包含相应的价值观和道德原则，将这些真实的主题情境进行详细分析、概括与整合，让

学生在头脑中建立写作过程的整体框架,最后达到自主设计内容、完成对主题的探究和写作的目的。

3) 关注"创新意识"素养的培育,加强语言运用能力

从13年的高考日语大数据中可知,语言运用能力的考查十分显著,而知识运用是教师培养学生核心素养中探究语言本质、建立创新意识素养的关键。所以教师在培育和提升学生日语核心素养的过程中,要倍加关注这方面素养的培育,同时还要加强语言运用关键能力的培育。例如在教学中,特别是在学生之间以及教师与学生之间的互动与交流中,教师可以引导学生将"语篇"与其内含的价值观建立起有机的联系,促进学生学习和参与相关活动。

作为一线的中学日语教师,应该了解中学阶段日语教学的目标,努力提高学生的日语学科素养和语言运用能力。在高考日语的复习阶段,教师应充分意识到历年日语试题的重要价值。学生只有在真题的练习和体验中才能获取知识,形成语言运用的关键能力。所以教师在复习时应合理安排教学,适当引导学生进行真实案例的探究,利用好历年高考试题,使之服务于教学。

4) 充分利用对比分析,培育"宏观辨识与微观探析"素养

"宏观辨识与微观探析"是高中日语学科核心素养培育中不可或缺的内容,它要求从宏观层面认知事物及其变化,也要求从微观层面去认知变化,是学生解决真实语言辨析问题时重要的思维角度。高考试题有自身独有的作用,适合培养学生这两种辨析能力及素养。在培养该素养方面,教材中就有很多有趣的对比案例。以"授受关系"为例,这是高中阶段日语学习的重要内容之一,是日语中具有代表性的言语行为,它体现的是一种"赠答文化",反映的是人际关系和内外意识。在实际教学中,教师可以设计有意义的情境"妈妈每天为我做了什么事情",引导学生讨论"妈妈为我做……"(…てくれる)和"我请妈妈做……"(…てもらう)在语言表达以及情感方面的差别。这个过程既是学生理解语言的过程,也是引发学生重温母子情感的过程。学生在学习和互相交流的过程中能够重新体会到家庭的温暖和亲子间的深厚感情,从而促使他们去思考"自己能为家人做什么"(…てあげる)。在这样的语言实践活动中,教师既能引导学生掌握语言知识、技能及文化,也潜移默化地让学生感受和学习到"家庭与个人、集体与个人、国家与个人"应有的关系。

5) 重视构建"概念认知与推理思维"素养,使日语复习高效完成

对于学生来说,随着日语学习内容的增多,学生们自然就会遇到更多的语言

知识和句型，我们要让学生了解"认知、思维、推理"素养维度下的教学目标是对新知识、新语法、新句型进行思辨、推理的有效学习。例如日语是黏着语，不同于汉语的孤立语和英语的屈折语，学生在比较两种语言差异的同时就训练了比较思维能力。

实际上，对语法知识的概括总结，对语篇的论证及表述，对练习活动方案的设计与实施，对学习效果的反思与评估等各个教学环节的成功实施，都依赖学生具有一定的思维品质。让学生能够准确完成知识点的识别与应用，答案的选择与使用，理解每一个知识点的要领，领会阅读语篇中包含的真理，并能分析处理得到的信息。引导学生思考，运用所学知识能真正解决现实问题，这样真正体现学以致用，达到培养学生的知识记忆和知识探究的能力，提升学生在面临实际问题时解决问题的应变能力，增强复习效率，提高考试成绩。

总之，如果教师的考前引导和组织得当，就能有效地提升学生相应的思维品质。因此进一步深入研究在日语教学中适宜促进学生哪些思维能力发展以及如何促进学生思维有效发展等问题，应是日语教学研究者和实践者高度关注的课题。高中日语课程标准在修订过程中也应充分考虑日语学习与思维品质的关系，尽可能地给出在不同年级、不同教学内容中如何培养学生思维品质的具体要求和指导方案。

6.6 高中日语学科的未来展望

现在普通高中课程的任务是促进学生全面而有个性的发展，为学生适应社会生活、高等教育和职业发展做准备，为学生的终身发展奠定基础。而普通高中课程的培养目标则是在义务教育的基础上，进一步提升学生的综合素养，着力发展学生的核心素养，使学生成为有理想、有本领、有担当的时代新人。具体总结为如下三点：

（1）培养具有理想信念和社会责任感的人。
（2）培养具有科学文化素养和终身学习能力的人。
（3）培养具有自主发展能力和沟通合作能力的人。

未来日语学科的课程目标是培养具有中国情怀、国际视野、多元文化沟通等正确价值观、优良品格和关键能力的人，体现出日语学科的语言能力、文化意识、

思维品质、学习能力四大核心素养。至于日语课程内容的目标,可以从表 6-1 所示 2003 年与 2017 年教学目标的比较看出两者的差异,推断出未来日语教学的前景。

表 6-1　2003 年和 2017 年教学目标的比较

2003 年目标	2017 年目标	
	核心素养的 4 个内涵	课程内容的 6 个要素
语言知识 语言技能 文化素养 学习策略 情感态度	语言能力 文化意识 思维品质 学习能力	1—主题 2—语篇 3—文化理解 4—学习策略 5—语言技能 6—语言知识

6.6.1　语言交流的情境受到关注

针对日语课程内容的改革,必然涉及启发学生如何使用日语进行思维的问题。例如依托交流的真实情境,启发学生思考这些问题:与谁交流?何时交流?为何交流?交流什么?如何交流?这些涉及情境、对象、主题、内容、方式等诸多问题,就是学习策略、学习方法、文化意识、思维意识四大维度的目标。2017 年课程目标从 2003 年课程目标的单一追求"综合语言运用能力"向"日语学科核心素养"和"日语实践活动能力"的养成转变,具体内容如表 6-2 所示。

表 6-2　2003 年和 2017 年课程目标的比较

2003 年课程目标	2017 年课程目标	
综合语言运用能力	日语学科核心素养	日语实践活动
语言知识、语言技能、 文化素养、学习策略、 情感态度	语言能力、文化意识、 思维品质、学习能力	以主题为引领 以情境为依托 以语篇为载体 以任务为驱动

6.6.2　语篇能力的体现和提高

语篇是基于词汇和句型的学习,就是要整合日语语言知识与技能,结合主题

内容的探究与表达,深入篇章结构的内涵,从而提升思维能力与学习能力。语篇的重视和体现有助于学生语篇能力的提高,换言之,高考试题和复习所选取的语篇要能够满足学生语篇能力的体现和提高的要求。

1) 语篇教学的发展过程

在经历了日语学习第一阶段语音、词汇、语法、句型等层次的教学后,开始进入第二阶段的渗透语篇层次的教学,从教学设计到实施都要围绕语篇进行。让学生认识到语言即语篇的体现,语音、词汇、语法、句型都是语篇的有机组成部分,它们不是并列关系。语篇包括的内容有口语与书面语、语篇的衔接与连贯、语篇的结构模式、语篇的类型。

2) 语篇教学的理论依据

语篇教学的理论依据是篇章语言学,它的研究对象是使用中的语言,即研究人们如何在真实的语境中运用语言来实现交际目的。该研究关注四种关系,即语言形式与意义的关系、语言的使用与语境的关系、语言使用者之间的关系、语言与文化和意识之间的关系。

3) 语篇教学的核心内容

语篇教学的核心内容涵盖语言材料(完整真实的口语书面语材料,同时伴随一定的社会文化背景);语篇结构,有微观结构(语法结构、词汇、句子之间的衔接手段)和宏观结构(句子之间的逻辑语义关系);语篇模式(句子语法、语篇语法);语言分析(说话内容、说话目的);语篇能力(学习语言、使用语言、完成任务)。

4) 语篇的教学类型

语篇的教学类型包括:口头形式(演讲、访谈讨论、影视作品、漫画动画、电视专题片等),书面文章(新闻报道、邮件信函、日记博文、记叙论述、文件公函、通告广告、调研报告、文学作品、社论评论、网络信息、即时通信等),其他形式(目录指南、图表标识、日程告示、地图图例、菜单食谱、条款规定、操作指令等)。

5) 语篇类型的多模态

语篇类型以多模态形式呈现,既包括口头的、书面的,也包括声音的和图像的,并以不同的文体形式呈现。外语教学提倡多模态外语教学,即强调把多种符号模态(语言、图像、音乐、网络等)引入教学过程,充分调动学生的多种感官共同参与到学习过程中来,刺激学生同时产生多方面联想,从而达到增强记忆、拓展思维的效果。

6)语篇的教学提示

首先语篇的选择应充分体现所选的主题内容,在力所能及的情况下尽可能呈现生活中多模态的语篇类型;其次是关注人文性与实用性,使学生能够接触到真实、多样的语篇材料和语篇形式;再次是教师在组织日语教学过程中,通过组织学生探讨语篇结构以及语言的表达特点,帮助学生形成语篇意识,把握不同语篇的结构和特点,提高学生理解信息、表达观点和态度的能力;最后通过语篇所承载的文化和价值观等内容,提高学生对不同语篇的鉴赏能力,丰富情感与生活体验,树立正确的价值观、人生观和世界观。

日语教学的最终目的是要使学生能够使用目的语言来获取信息、展开交流。而信息的获取和人们之间的交流都是在一定的环境中展开的。相对于以词汇和句子结构为中心的教学而言,语篇教学是以话题为中心,以阅读、对话、听力和写作等内容所构成的整体作为教学单位,通过语法和词汇在语篇中的多次循环、反复打好语言基本功。

6.6.3 文化理解纳入核心素养中

什么是文化理解?文化理解是指对不同国家、地域和民族文化的理解与尊重,是对中华文化的深入理解与认同。文化理解涵盖物质和精神两个方面。物质文化主要包括饮食、服饰、建筑、交通等,精神文化主要包括哲学、科学、文学、艺术、价值观等。

1)文化理解的内容

文化理解的内容包括以对方易于理解的方式讲述身边的人和事,介绍熟悉的中华文化现象等。在高中日语课程中如何引入文化理解的内容?如何培养学科核心素养中的"文化意识"?可以通过表6-3中2003年课标"综合语言运用能力"中的"文化素养"和2017年新课标中的日语学科核心素养中的"文化意识"的内容比较,看到未来高中日语素养教育的发展趋势。

表6-3 2003年和2017年文化理解的比较

文化素养	文化意识
文化背景知识言语行为特征 非言语行为特征 日本文化中的知识性	对多元文化的感知、认识和理解 发现中日及其他国家的文化元素 拓宽国际文化视野 增强对中华文化价值观的认同感

2) 文化意识的形成

文化意识的形成可以帮助学生增强民族自信心，使他们具备中国情怀、尊重和包容人类文化多样性的品质。文化意识主要包括感知与比较、尊重与包容、认同与传播三个维度。形成文化意识的表现是，能从所接触的语篇或现象中发现日本文化和其他国家文化的元素与特点、对比中日文化及中外文化之间的异同、加深对中华文化的理解和认同。

3) 对于文化的理解

对于文化的理解是指理解日本或其他国家在生活、人文、社会、自然等方面的情况及其中所承载的文化信息。以日本为主但不限于日本，也包括对中华文化和世界其他国家、地区文化的理解。在认知上学会对比和分析不同文化，在情感态度上学会尊重和包容不同文化，在行为上体现交际的得体性和有效性，认同与传播中华文化。

4) 对日本流行文化的关注

对日本流行文化的关注，让学生对动漫的兴趣成为学习日语的动机之一。这似乎是一个积极因素，但就日语课程的育人目标而言，仅仅如此显然不够。关注文化是各国外语教育的一个重要环节。文化理解的语篇，可以提供很多的空间，可以让学生去思考、分析，并将这些文化知识吸收到日语学习、课内外的教学活动中来。

5) 文化理解的教学提示

文化理解应结合主题，关注语篇所承载的文化内涵和价值取向。教师在组织日语教学的过程中，要引导学生通过体验、探索、分析等多种形式的学习活动，提高学生对文化的感知、比较和鉴赏能力，加深对不同文化的理解，引导学生用所学的日语知识以对方易于理解的方式介绍中国的人物事件、身边的大事小情，初步探讨中外文化的内涵，培养学生尊重和包容多元文化的品格。

6.7 学科核心素养在日语课堂中的培养

6.7.1 核心素养的背景及定位

2014年4月，核心素养（Key Competences）这一新的概念首次出现在教育部

印发的《关于全面深化课程改革落实立德树人根本任务的意见》中,"核心素养"被置于深化课程改革、落实立德树人目标的基础地位,成为下一步深化教育改革的关键因素和未来基础教育改革的灵魂。

以"核心素养"为中心的课程改革,将核心素养作为课程设计的依据、出发点和落脚点,并落实到课程标准中。2017年颁布的高中日语新课标新增核心素养以及基于核心素养制定出来的质量标准。在高中各科课程标准修订过程当中又明确了学科核心素养,将"立德树人"变得具有可操作性,更加具体。

我国正处于日语新课改具体实施的关键阶段,以核心素养为教育目标的新一轮课改正处于"深水区",需要集中精力推动课改进入一个高质量持续发展的阶段。在这样一个教育背景下,通过以"素养"为核心的课程实施来促进个体发展和社会发展,培养具有核心素养的新国民。世界各国的课程标准中强调"关注学生的发展,培养学生核心能力"的趋势,推动了学生核心素养模型的制定。从该定位可以看到,"核心素养"的培养和发展,在当代教育改革中占有重要地位与作用。

6.7.2 思维方式和批判性品格的培养

语言教学要加强语言的输入。现在日语教材有各种版本,高考日语的教师应该以一种版本为主,其他版本作为辅助素材,还要广泛收集和利用各种书面和网络资源。可以利用多种日语素材以及新闻日语素材来培养的学生听力能力,在听的同时,鼓励学生开口说日语,培养他们开口说日语的能力,使学生能结合自己的生活和思想实际来思考问题和表达思想。同时结合听力素材的内容了解目的语言国家的人文和思维方式,培养语感。还要进行批判性思维品质的培养,掌握有益的思维方式,提高学生分析问题和解决问题的能力。

6.7.3 渗透思维品质和文化素养的教育

利用阅读教学培养学生的思维和认知能力。把教材作为培养学生核心素养的基本素材,结合教学目标和任务,开展培养学生综合语言能力的教学活动,有机渗透思维品质和文化素养方面的教育。对教材里面的文章要精读学习,听、说、读、写要结合起来训练。此外,还要广泛收集课外阅读素材,保证足够的课外阅读数量。除了培养学生有效的学习策略外,还要利用阅读素材进行思维和认知能力方面的训练,让学生了解日本文化和背景知识,通过阅读与作者进行文化交流和思想沟通。要对指定的素材布置课外阅读作业和思考题,利用网络进行同学和师

生间的学习交流,培养学生的思维和认知能力。

6.7.4 增加思想品德方面的教育元素

利用写作等课堂内外活动培养素质。由于日语初学者的学习素材的思想性和思维性偏于浅显,可以考虑在课堂活动中注意融入思想性和思维训练方面的要素和要求,可以增加思想品德方面的教育元素。高年级的学习素材思想性和知识性较强,要注意结合我国实际情况,融入社会主义核心价值观和思想品德教育要素。利用写作课来培养学生的学习策略和提高思维品质是值得探索的途径,还可利用各种课堂活动和游戏等增加学习能力和思维品质方面训练的内容。

另外,还要向课外自然延伸,让日语成为生活的一部分。通过校园文化、日语活动营造浓烈的日语学习氛围,让学生敢于开口,大声朗读,克服学习语言的障碍,减少学习语言的焦虑情绪。用极大的热情学习日语,逐步实现由功利性学习到兴趣性学习的转变。从基本会话、基本表达,从东西方文化的碰撞中去感悟语言的魅力,旨在培养学生学会欣赏、接纳不同的文化,帮助他们认识到学习日语不只是为了考大学,而是让他们感受到"日语是我们看世界的一个窗口"。

6.8 结语

本研究是在日语学科核心素养指导下进行的高考日语研究。本研究选取了近13年的高考日语试卷进行考察和分析,从大数据的统计上来看,数量是很充分、很真实、很准确的,不会导致个别维度、试题特点统计结果的不精确。高考试卷是检验外语语言知识和学习成果的有效手段。作为一线高校日语老师,同样有必要认真学习和领会学科核心素养的内涵与外延,积极落实核心素养的教学,为国家教育教学改革奉献力量。

我国对外语学生核心素养的培养必然成为将来高考外语教育和教学的大趋势,本书的每一个章节始终贯穿着核心素养的阐述。我们提出语篇教学实践要以情境为依托,以语篇为载体,以任务为驱动的课堂设计。通过图片、录音及文字等形式多样的语篇设定主题情境,引导学生自主学习、合作学习、探究学习,让学生通过梳理、表达、交流等途径分析语篇特点与写作要点。在此基础上,提倡教师引导学生在上述交际情境中使用语言知识完成教学任务,激活学生的语言运用能

力、增强文化意识、发展思维品质、拓展学习能力。我们认为高中日语教学承担着培养学生核心素养的首要任务，一线教师应该突破原有教学方式的局限性，积极创新教学实践，突出学生在课堂中的主体地位，提升学生的日语水平，让核心素养真正落实到课堂中。

  本团队的研究者基于多年的日语教学和研究经验，于2019年1月开始撰写，耗时三年时间最终得以完成书稿。本书凝聚了研究者们的智慧和心血。但是由于我们都是高校的日语教师，对于高考日语基于学科核心素养建立的内容要素、认知水平、评价指标的实用性，还需要通过中学第一线的日语教师的验证，并在高考日语实践中加以完善。现在我们的教学也许还不能完全体现高考日语及新课标的日语学科核心素养，但是我们今后需要努力奋斗的目标是，将理论研究和教学实践做到完美的结合。

参 考 文 献

安蓉,姜一凡,惠超越,2021.高考日语现状与问题分析[J].试题与研究(10):4-5.
程青,姜芳,2018. 2016—2018年日语高考试卷比较分析[J].文化创新比较研究(29):83-84.
程青,钱锦超,姜眭欣,2018.江苏省日语高考教育现状研究[J].知识文库(5):23.
程晓堂,2015.英语学习对发展学生思维能力的作用[J].课程·教材·教法,35(6):73-79,127.
褚宏启,2016.核心素养的概念与本质[J].华东师范大学学报(教育科学版),34(1):1-3.
高升,1998. 1998年起高考日语试卷题型修改情况[J].课程·教材·教法,18(4):41-42.
高升,2010.课标·教材·评价三位一体 强化高考日语"文化"考查(上)[J].日语知识(9):32-33.
高升,2010.课标·教材·评价三位一体 强化高考日语"文化"考查(下)[J].日语知识(10):30-31.
高展,2020.传统和合文化对学生评价的启示[J].上海教育科研(12):27-31.
核心素养研究课题组,2016.中国学生发展核心素养[J].中国教育学刊(10):1-3.
教育部,2014.教育部关于全面深化课程改革落实立德树人根本任务的意见[J].华夏国学(4):13-16.
黎伶俐,2021.新课标背景下的高考日语全国卷阅读理解内容效度研究[D].长沙:湖南师范大学.
李隽峰,1984. 1983年高考日语试题浅析[J].日语学习与研究(4):30.
林崇德,2016.21世纪学生发展核心素养研究[M].北京:北京师范大学出版社.
林崇德,2017.构建中国化的学生发展核心素养[J].北京师范大学学报(社会科学版)(1):66-73.
林洪,2017.从《高中日语课程标准》修订看日语核心素养的确立及意义[J].东北亚外语研究(2):68-75.
刘洋,2021.关于高考日语阅读命题变化的研究[J].高考(12):31.
刘义民,2016.国外核心素养研究及启示[J].天津师范大学学报(基础教育版),17(2):71-76.

裴新宁,刘新阳,2013.为21世纪重建教育:欧盟"核心素养"框架的确立[J].全球教育展望,42(12):89-102.

唐智松,徐竹君,杨士连,2018."核心素养"概念的混沌与厘定[J].课程·教材·教法,38(8):106-113.

武鑫,马云鹏,2017.核心素养视域下普通高中日语课程标准的修订[J].教育科学,33(4):32-37.

杨九诠,2017.学生发展核心素养三十人谈[M].上海:华东师范大学出版社.

杨译,高振华,何彦雨,2021.基于SOLO分类理论的高考日语知识运用题型对语言能力核心素养的考查研究[J].考试与招生(3):58-60.

殷志诚,2018.湖北省高考日语教育现状分析[J].中外企业家(5):15.

张绍华,2022.河北省日语高考教育现状分析[J].衡水学院学报,24(1):114-117.

张卫,2012.从试卷设计看高考日语新课标卷对阅读理解能力的考查[J].考试研究,8(2):41-48.

张卫,2011.试论新课标高考日语学科的测试理念及其实现[J].考试研究,7(5):37-42.

中国教学学会,2019.中国学生发展核心素养总体框架[EB/OL].(06-07)[2022-03-21]. https://www.jianshu.com/p/4f6aff2daa36.

中华人民共和国教育部,2018.普通高中日语课程标准(2017年版)[S].北京:人民教育出版社.

钟启泉,崔允漷,2018.核心素养研究[M].上海:华东师范大学出版社.

周序,2017.核心素养:从知识的放逐到知识的回归[J].课程·教材·教法(2):61-66.